U0578946

权威·前沿·原创

皮书系列为

"十二五""十三五""十四五"时期国家重点出版物出版专项规划项目

BLUE BOOK

智库成果出版与传播平台

内蒙古蓝皮书

BLUE BOOK OF INNER MONGOLIA

内蒙古基本公共服务发展报告
（2024）

REPORTS ON THE BASIC PUBLIC SERVICES OF
INNER MONGOLIA (2024)

组织编写／内蒙古自治区社会科学院
主　　编／苏　文
副主编／霍　燕　王秀青

社会科学文献出版社
SOCIAL SCIENCES ACADEMIC PRESS（CHINA）

图书在版编目（CIP）数据

内蒙古基本公共服务发展报告. 2024 / 苏文主编.
北京：社会科学文献出版社，2024.10. -- （内蒙古蓝
皮书）. --ISBN 978-7-5228-4413-8

Ⅰ. D669.3

中国国家版本馆 CIP 数据核字第 202463LD58 号

内蒙古蓝皮书

内蒙古基本公共服务发展报告（2024）

主　　编 / 苏　文
副 主 编 / 霍　燕　王秀青

出 版 人 / 冀祥德
责任编辑 / 王　展
责任印制 / 王京美

出　　版 / 社会科学文献出版社·皮书分社（010）59367127
　　　　　　地址：北京市北三环中路甲 29 号院华龙大厦　邮编：100029
　　　　　　网址：www.ssap.com.cn
发　　行 / 社会科学文献出版社（010）59367028
印　　装 / 天津千鹤文化传播有限公司

规　　格 / 开　本：787mm×1092mm　1/16
　　　　　　印　张：22.75　字　数：339 千字
版　　次 / 2024 年 10 月第 1 版　2024 年 10 月第 1 次印刷
书　　号 / ISBN 978-7-5228-4413-8
定　　价 / 158.00 元

读者服务电话：4008918866

▲ 版权所有 翻印必究

内蒙古蓝皮书编委会

主　任　简小文

副主任　包银山　刘满贵　乌云格日勒　朱　檬　双　宝
　　　　　史　卉

策　划　吴英达

成　员　（按姓氏笔画排序）

　　　　　天　莹　乌云格日勒　文　明　双　宝　史　卉
　　　　　白永利　包银山　　朱　檬　刘满贵　苏　文
　　　　　吴英达　张　敏　　范丽君　娜仁其木格
　　　　　韩成福　简小文　　额尔敦乌日图

《内蒙古基本公共服务发展报告（2024）》
编　委　会

主　编　苏　文

副主编　霍　燕　王秀青

委　员　苏　文　霍　燕　王哈图　包娜娜　王秀青
　　　　　韩　露　高　岩　李　莹　武振国　照日格图
　　　　　史主生　党敏凯　高世婷　松　林　魏国清
　　　　　皇淑芳　吴俊杰

主要编撰者简介

苏　文　内蒙古自治区社会科学院公共管理研究所副所长，副研究员，主要研究领域为公共服务、基层治理。主编出版《内蒙古"十二五"期间基本公共服务体系建设调查研究》《内蒙古公共服务发展报告（1949～2019）》。主持完成内蒙古自治区社会科学基金等省部级课题 3 项、北京质量协会和旗县委托课题 2 项、内蒙古自治区社会科学院院级课题 7 项，参与完成国家哲学社会科学基金、内蒙古自治区哲学社会科学规划办、厅局委托课题 10 余项。曾荣获内蒙古民政政策理论研究二等奖、第十三届中国内蒙古草原文化论坛优秀论文评选三等奖。内蒙古自治区健康政策研究会会员。2022 年 6 月至 2023 年 7 月在内蒙古自治区呼伦贝尔扎兰屯市挂职锻炼，任扎兰屯市人民政府副市长。

霍　燕　内蒙古自治区社会科学院公共管理研究所副研究员，主要研究领域为公共服务、基层治理、文化旅游产业。出版著作《内蒙古基本公共服务调查报告》（第一作者）、《内蒙古"十二五"期间基本公共服务体系建设调查研究》（第三作者）、《迎接生产力迸发的春天》（编委）等，发表论文 30 余篇。主持课题"内蒙古营造市场化法治化国际化营商环境研究""内蒙古促进文化消费对策研究""内蒙古自治区政府购买公共服务的问题与对策研究""内蒙古养老服务问题研究"等 10 余项。荣获内蒙古自治区党委宣传部、中共内蒙古自治区委员会党校、内蒙古自治区社会科学院"经济新常态与内蒙古发展论坛"征文评选二等奖，内蒙古自治区社会科学院优秀科研成果二等奖。参与的《习近平新时代中国特色社会主义思想分众化通俗宣讲读本（城镇居民篇）》、决策咨询报告《内蒙古文化产业发展研究报告》获省部级领导肯定性批示。

王秀青 内蒙古自治区社会科学院公共管理研究所助理研究员，主要研究领域为公共服务、基层治理。参与出版著作《内蒙古基本公共服务调查报告》《新时代党的创新理论——城镇居民读物》等。主持课题"内蒙古民族团结进步创建与基层社区治理互嵌的探讨""内蒙古提升社会治理法治化水平研究"等4项，参与各级各类课题5项。在《内蒙古统计》《中国民族报》《内蒙古日报》等发表多篇学术论文和理论文章。

摘　要

2023 年，内蒙古基本公共服务均等化、优质化水平不断提升，各族群众共居共学、共建共享以及共事共乐的社会条件不断完善。

在科技文化方面，全区科技创新综合实力显著增强，改革创新基础不断夯实，创新"裂变"效应逐渐显现，引领产业创新能力仍需提升；全区文化事业发展成效显著，文化和旅游服务效能不断提升，资源开发与利用仍需加力。在社会保障方面，养老服务体系加快健全，满足多样化、多层次养老服务需求能力不足；就业局势基本稳定，总量和结构性矛盾持续存在；弱势群体生活状况显著改善，长效救助机制尚待健全；社会保险制度改革持续深化，基金稳定运行能力不强。在医疗卫生方面，优质医疗资源扩容下沉逐步推进，基层服务短板亟待补齐；中医药（蒙医药）振兴逐步发展，科研投入与创新能力有待提升；疾病预防体系不断健全完善，风险应急处置能力需进一步提升。在基础教育方面，各级各类教育发展提质增效，教育治理能力持续提升，教育的优质均衡发展仍需加强。在基础设施建设方面，边境地区基础设施建设逐步加强，数字基础设施快速发展，口岸能力补强持续推进，在政策、产业配套和融资环境方面仍需发力。在环境保护方面，生态安全屏障得到全面加强，全区积极开展生态产品价值实现机制的理论和实践探索，农村牧区人居环境持续改善，宜居宜业和美乡村加快建设，要进一步加快生态产品价值的提升和转化，运用好"千万工程"经验中蕴含的理念方法，持续改善农村牧区人居环境。

总体而言，内蒙古基本公共服务框架初步搭建，在基本公共服务方面取得了显著成效，人民群众的幸福感和满意度不断提升。未来，内蒙古将继续

加强基本公共服务体系建设，为人民群众提供更加优质、便捷、高效的公共服务。

关键词： 内蒙古　基本公共服务　社会发展

目 录 ⟨⟩

Ⅰ 总报告

Ⅱ 评价篇

Ⅲ 科技文化篇

Ⅳ 社会保障篇

Ⅴ 医疗卫生篇

Ⅵ 基础教育篇

VII 基础设施篇

VIII 环境保护篇

皮书数据库阅读**使用指南**

总报告

B.1

内蒙古基本公共服务提质增效，
群众获得感幸福感安全感不断提升

苏　文*

摘　要： 2023 年，内蒙古基本公共服务迈上新台阶，均等化水平不断提升，城乡资源配置更加合理，数字化服务快速发展。科技创新综合实力显著增强，重点领域科技"突围"起步成势，文化和旅游服务效能大幅提升。养老服务体系更加健全、就业局势保持基本稳定、弱势群体生活显著改善，消费市场加速回暖。优质医疗资源不断扩容下沉，中医药（蒙医药）防病治病适宜技术得到普遍推广，居民健康素养水平显著提升。基础教育基点作用持续巩固，上下联动的智慧教育平台体系构建成形，数字化基础设施建设运营水平全面提升。生态产品价值提升和转化效果显著，宜居宜业和美乡村建设再上新台阶。

关键词： 公共服务　高质量发展　数字化　内蒙古

---

* 苏文，内蒙古自治区社会科学院公共管理研究所副研究员，主要研究方向为公共服务、基层治理。

一　总体结论：基本公共服务水平不断提高，数字化公共服务快速发展

2023年，内蒙古自治区在推动经济社会高质量发展的同时，不断提高基本公共服务均等化、优质化水平，为各族群众创造良好的共居共学、共建共享以及共事共乐的社会条件，在新时代继续保持"模范自治区"的崇高荣誉。

在科技创新方面，创新综合实力显著增强，全区有效发明专利数量近10年来增长近5倍，"创新综合潜力"列全国第10位，研发人员占比增幅、规上工业企业中研发企业占比增幅均居全国前列，技术交易合同数增长45.3%、交易额增长17.6%，吸引112个区外研发团队近1700名科技人员加入内蒙古科技创新事业，京蒙协作"科技创新倍增计划"新建创新平台数和启动合作项目数分别增长147%和72%，创新"裂变"效应逐渐显现。

在公共文化方面，文化和旅游服务效能不断提升，全区上等级图书馆占比达到82%，开展各类公共文化演出活动5.35万场次，5C、4C级自驾车旅居车营地总量位居全国第一，冰雪运动群体参与率近40%，全年接待游客2.3亿人次，实现旅游收入3350亿元，接待游客人次和旅游收入均创历史新高①。在社会保障方面，城市"一刻钟"养老服务基本实现全覆盖，居家社区养老服务信息管理服务平台累计服务老年人近173.9万人次；城镇新增就业21.87万人，所有旗县建成运营零工市场，开展补贴性职业技能培训30.4万人次，高校毕业生就业率达到92.5%，"零就业"家庭保持动态清零；实施阶段性降低工伤和失业保险费率、失业保险稳岗返还等助企纾困政策，兑现政策红利42亿元②。

在医疗卫生方面，优质医疗资源提质扩容，医共体牵头医院平均帮助基

---

① 冯雪玉：《2023年内蒙古接待游客2.3亿人次》，《内蒙古日报（汉）》2024年1月19日，第2版。

② 梅刚：《凝聚人社力量办好民生实事》，《内蒙古日报（汉）》2024年1月13日，第1版。

层应用新技术、开展新项目 11.25 个，各级综合医院全部完成互联网医院信息化系统建设，自治区、盟市、旗县（市、区）中医药（蒙医药）适宜技术推广基地实现全覆盖，生活饮用水监测实现全覆盖，持续维持无脊髓灰质炎状态，麻疹发病达到消除目标，全民健康生活方式行动旗县（市、区）启动率达到 100%，居民健康素养水平高出全国平均水平 1.4 个百分点。

在基础教育方面，新增学位 7.06 万个，9 个旗县（市、区）通过国家学前教育普及普惠县验收，10 个旗县（市、区）通过县域义务教育优质均衡发展自治区级督导评估，国家级一流本科课程由 27 门增加到 81 门，新能源、新材料等领域的 20 个本科专业在内蒙古首次布点，共落实各类学生资助资金 48.1 亿元，发放助学贷款 14.04 亿元，生源地信用助学贷款制度持续健全。

在基础设施方面，在全国边境省区中率先启动边境地区"水电路信"基础设施建设行动；实现边防哨所移动通信信号全覆盖，331 国道 4G 信号覆盖率从 47% 提高到 74%，全区每万人拥有 5G 基站数高于全国平均水平；综合算力指数在全国排名第七，在西部省份中占绝对优势；二连浩特公路口岸 TIR 进口业务量居全国首位。

在环境保护方面，全区累计完成造林 556 万亩、种草 1817 万亩、防沙治沙 950 万亩，推动森林食品优势产业进入全国第一方阵；在全国率先发布盟市生态空间总价值量核算成果，累计实现碳汇交易额达 3231.5 万元，蓝莓、黑木耳等林业产品品牌价值评估达 32.55 亿元；内蒙古农村牧区的人居环境整治工作取得了显著成效，有效改善了农牧民的生活条件。

尽管基本公共服务建设取得了较高的成就，但与内蒙古办好"两件大事"、闯新路进中游，以及人民群众日益增长的物质与文化需求相比还有一定差距，仍存在诸多有待改进之处。在科技"突围"方面，科技创新基础薄弱，整体仍处于跟跑、并跑阶段，需要加大投入力度，进一步吸引创新型企业和高端人才。在文化和旅游方面，不仅要加强文化遗产科学保护、传承利用，还要对接市场需求谋划经典旅游路线，提升内蒙古文旅品牌知名度。在发展"银发经济"方面，推动将养老服务纳入京津冀协同发展"观察员"工作事项，协同组建北京"冬南夏北"旅居养老机构联盟，吸引更多老年人来内蒙古"候鸟式"养老。在医疗卫生方面，要深化三级医院对口帮扶旗县医院工作，推广中医药（蒙医药）防病治病适宜技术。在基础教育方面，需要加快推进基础教育优质均衡发展，积极构建优秀师资帮扶交流机制。在基础设施建设方面，要在政策、产业配套和融资环境方面发力，推动边境地区基础设施提档升级，加快数字化基础设施建设。在环境保护方面，要加快生态产品价值的提升和转化，运用好"千万工程"经验中蕴含的理念方法，持续改善农村牧区人居环境。

二　科技文化事业发展成效显著，改革创新基础不断夯实

（一）科技创新实现新突破，引领产业创新能力仍需提升

2023 年底，内蒙古自治区党委部署实施科技"突围"工程，引进和实施空天计量基准大科学装置、钠离子混合型电容储能、特高压多端直流输电外送、稀土热管理纺织材料等重大项目，"突围"开始起步成势[①]。

科技支出大幅增长。2023 年，内蒙古财政科技支出 78.2 亿元，同比增长 81.93%。其中，自治区本级财政科技支出同比增长 163.43%；盟市财政科技支出同比增长 62.99%。2020 年实施"科技兴蒙"行动以来，自治区财政科技支出（累计）达 188.9 亿元，年均增长 47%[②]，有效推动了内蒙古科技创新能力不断增强。

"蒙科聚"创新驱动平台促进科技成果高效转化。"蒙科聚"创新驱动平台作为内蒙古科技创新驱动的总平台，已注册用户达 6000 余人，共吸引

---

① 《内蒙古自治区科学技术厅，孙绍骋在全区科技工作会议上的讲话》，https://kjt. nmg. gov. cn/kjdt/gzdt/kjtgz/202407/t20240708_ 2539773. html。

② 杨帆：《2023 年内蒙古财政科技支出同比增长 81.93%》，《内蒙古日报（汉）》2024 年 1 月 13 日，第 1 版。

3862 家区内外企业、高校、科研院所及服务机构，1036 名技术经纪人，5373 套大型科研仪器对接成果与技术服务，凝练发布成果与技术需求 510 项，推动了一大批高水平成果与科技服务成功对接转化①，全区技术交易合同数增长 45.3%，交易额增长 17.6%。

科技人才队伍建设不断加强。2023 年，全区有 3 人入选两院院士有效候选人，2 人入选"长江学者"，1 人获得国家自然科学基金杰出青年基金资助②。企业科技特派员工作形成"星火燎原"之势，当年全区备案企业科技特派员工作站 114 家，入站企业科技特派员 2488 人，服务企业 6054 家③，通过项目吸引区外 112 个研发团队近 1700 名科技人员加入内蒙古科技创新事业④。

京蒙协作"科技创新倍增计划"成效显著。京蒙协作实施科技合作项目 210 项，从北京引进技术 50 项，在农牧业、新材料、能源、煤化工等领域共建 42 个创新平台，同比增长 147%，其中 10 家重大创新平台实体性落地，新建创新平台数和启动合作项目数分别增长 147% 和 72%，创新"裂变"效应逐渐显现。邀请 46 位两院院士进入中国工程科技发展战略内蒙古研究院专家委员会，为自治区战略咨询奠定了坚实基础⑤。

创新驱动力不断增强。全区有效发明专利数量近 10 年来增长近 5 倍，2023 年内蒙古"创新综合潜力"位列全国第十，研发人员占比增幅、规上工业企业中研发企业占比增幅位居全国前列⑥。乳业、稀土产业的一些技术已达到世界领先水平，煤制油、煤制气等技术也走在全国前列。

---

① 《2023 年公众关注的内蒙古十大科技新闻》，《科技日报》2024 年 1 月 30 日，第 6 版。
② 《内蒙古自治区人民政府，牢牢抓住科技创新这个"牛鼻子"》，https：//www.nmg.gov.cn/ztzl/tjlswdrw/nyzlzyjd/202312/t20231205_2421123.html。
③ 《2023 年公众关注的内蒙古十大科技新闻》，《科技日报》2024 年 1 月 30 日，第 6 版。
④ 及庆玲：《追"新"而行，内蒙古高质量发展动能澎湃》，《内蒙古日报（汉）》2024 年 3 月 13 日，第 5 版。
⑤ 《聚力创新 协力突围——京蒙协作"科技创新倍增计划"疾步向前》，https：//kjt.nmg.gov.cn/kjdt/gzdt/kjtgz/202401/t20240130_2461905.html。
⑥ 《新时代改革开放内蒙古实践，创新致胜科技"突围"》，https：//kjt.nmg.gov.cn/kjdt/mtjj/202407/t20240717_2543974.html。

深入推进科技体制改革。发布"科技人才激励政策十五条",深化科研经费改革,赋予科研项目承担单位和科研人员更大自主权。2020年,开展赋予科研人员职务科技成果所有权或长期使用权试点工作,并将引进的高端人才团队纳入专项资金支持范围,进一步释放科研活力。

尽管在某些领域取得一定进展,但内蒙古科技创新整体仍处于跟跑、并跑阶段。科技创新投入偏少、重大创新平台短缺、基础条件薄弱、创新型企业和高端科技人才匮乏、区域整体创新环境不优等问题突出,科技基础与发达地区相比仍有不小差距。

(二)文化和旅游服务效能不断提升,资源开发与利用仍需加强

2023年,内蒙古聚焦打响"北疆文化"品牌,推动"旅游四地"建设,公共文化事业获得长足发展,文旅市场复苏强劲,文旅经济呈现"供需两旺、高开高走"良好发展态势。

文旅市场主体活力得到有效激发。坚持政策牵引驱动,出台15项支持文旅恢复发展措施和150余项惠民举措,全年接待游客2.3亿人次,实现旅游收入3350亿元,分别是2022年的2.49倍和3.18倍。接待游客人次和旅游收入均创历史新高。

公共文化服务体系持续优化。全区上等级图书馆占比达到82%,共有苏木乡镇(街道)文化站1085个、嘎查村(社区)综合性文化活动中心12522个,覆盖城乡、结构合理、功能健全、实用高效的公共文化服务体系基本形成。开展各类公共文化演出活动5.35万场次,公共文化场馆接待人次是2022年的1.7倍。

文旅产业基础设施得到优化。A级旅游景区总量为458家,较"十三五"时期末增长18.7%;自治区级旅游度假区达17家,较"十三五"时期末增长近1倍。建成高等级自驾车营地、度假区、露营地279个,5C、4C级自驾车旅居车营地总量位居全国第一。

健全完善非遗保护体系。开展非遗传承活动评估,认定自治区级非遗传

承教育实践基地、旅游体验基地以及特色村镇街区 98 个①，举办非遗演艺、节庆民俗等活动 1540 余项，推动内蒙古网上数字非遗馆建设。辽上京皇城南部建筑、后城咀石城遗址获考古新发现②。

冰雪旅游亮点突出。设计推出冬季旅游黄金线路，举办冰雪运动、冰雪赛事等活动，吸引冰雪爱好者开展冰雪运动竞技，带动全民冰雪运动旅游热潮。全区冰雪运动群体参与率近 40%，超过北方地区冰雪运动参与率 32.43% 的平均水平。国家级滑雪旅游度假地总量位居全国第二③。

当前，内蒙古公共文化机构的发展活力有待提升，高水平文艺作品较少，文化遗产科学保护、传承利用还不到位，文旅产业市场监管治理水平有待提高。下一步，需要坚持全区文旅工作一盘棋的大格局，不断提高公共文化和旅游服务供给能力和水平。

三 持续完善社会保障体系，民生安全网越织越密

（一）养老服务体系加快健全，满足多样化、多层次养老服务需求能力不足

内蒙古各级党委、政府将发展农村牧区养老服务纳入经济社会发展规划，将积极应对人口老龄化综合绩效评估列入重要议事日程。"十四五"以来，相继出台了一系列文件，从服务、权益、监管、健康、高质量发展等方面基本构建起较为完善的养老服务发展政策法规体系。一是持续加大财政投入力度。"十四五"以来，内蒙古共争取中央资金 4.94 亿元，投资养老服务建设项目 20 个。自治区本级财政下达补助资金 12.17 亿元，重点用于养

---

① 冯雪玉：《打响"北疆文化"品牌，数说 2023 年内蒙古文旅新发展》，《内蒙古日报（汉）》2024 年 2 月 26 日，第 2 版。
② 《内蒙古自治区文化和旅游厅 2023 年工作总结》，https：//wlt.nmg.gov.cn/zfxxgk/zfxxglzl/fdzdgknr/gzzj/202408/t20240809_ 2552799.html。
③ 《内蒙古自治区文化和旅游厅 2023 年工作总结》，https：//wlt.nmg.gov.cn/zfxxgk/zfxxglzl/fdzdgknr/gzzj/202408/t20240809_ 2552799.html。

老服务设施改善等。二是城市"一刻钟"养老服务圈成效显现。实施居家社区养老服务提质工程，建成居家社区养老服务机构（设施）近 1700 个、家庭养老床位 1 万余张，为有需求的老年人提供"六助一护"养老服务，城市"一刻钟"养老服务基本实现全覆盖。三是农村牧区养老服务水平持续提升。积极发展"一帮一、一帮多、多帮一"等形式的互助养老、"固定+流动"的牧区养老新模式，农村牧区养老服务覆盖率和可及度大幅提升。加快构建县乡村三级养老服务网络，全区已建成苏木乡镇区域养老服务中心 459 个，已建成村级养老服务站 5773 个，较"十三五"时期末增加 2863 个。四是机构养老服务提档升级加快推进。全区共有各类养老机构 692 家，床位总数达到 8.4 万张，入住老年人 4.2 万人，养老机构累计建成护理型床位 4.82 万张，占总床位数的 57.4%。五是积极打造智慧养老新业态。截至 2023 年底，全区 85% 的政府网站完成适老化及无障碍改造。自治区本级和 10 个盟市已建成居家社区养老服务信息管理服务平台，集成呼叫救助、远程看护、上门服务等功能，累计服务老年人近 173.9 万人次。六是深入开展旅居康养。持续深化京蒙协作，建立省际旅居康养互通机制，协同组建北京"冬南夏北"旅居养老机构联盟，区内 24 家养老服务机构成为联盟首批成员，全力打造"颐养北疆"旅居康养品牌。

内蒙古基本养老服务特别是居家社区养老服务起步较晚，城乡之间、区域之间养老服务差异较大，养老服务全覆盖难度大、成本高，居家社区养老服务专业化标准化体系化水平仍有待提升，机构养老服务供给层次不高、结构不优问题还较为突出。需要不断完善政策措施，健全工作机制，强化监督落实，推动养老事业和养老产业协同发展，更好地满足老年人多样化、多层次的养老服务需求。

（二）就业局势基本稳定，总量和结构性矛盾持续存在

坚持就业优先导向，深入实施就业扩容提质五项行动，坚持树立大就业工作观、新就业服务观，推动就业服务标准化、信息化"两化建设"，聚力推进落实稳就业政策措施。2023 年，内蒙古城镇新增就业人数达到 21.87

万人，完成年度计划 20 万人的 109.35%，4 个季度劳动力市场求人倍率分别为 1.31、1.42、1.33、1.30，劳动力供求关系总体平衡，全区就业局势保持基本稳定。一是推动就业优先政策落实落地。修订了《内蒙古自治区就业促进条例》，出台促发展惠民生 35 条举措，103 个旗县区建成运营零工市场 152 个，让"路边揽活"的灵活就业人员有了遮风挡雨的暖心驿站。二是强化就业岗位培训。对参加就业技能培训取得符合规定证书的六类人员，给予一定标准的职业培训补贴，每人累计最多享受 3 次，开展补贴性职业技能培训 30.4 万人次。三是突出抓好重点群体就业。强化重大项目用工需求对接，加大就业帮扶力度，离校未就业高校毕业生就业率达到 92.5%，失业人员再就业 13.1 万人、就业困难人员就业 7.3 万人、农牧民转移就业 260.1 万人，较上年分别增加 2.4 万人、0.4 万人、0.7 万人，"零就业"家庭保持动态清零，就业底线兜得更牢、劳动者"饭碗"端得更稳。四是全力助企纾困稳岗。持续实施阶段性降低工伤和失业保险费率、失业保险稳岗返还等助企纾困政策，兑现政策红利 42 亿元。五是推动创业带动就业。深入实施创业培训"马兰花计划"，满足城乡各类劳动者的创业培训需求。落实稳岗扩岗专项贷款政策，及时将稳岗扩岗专项贷款经营主体名单推荐至当地中国银行分支机构，积极为创业企业提供资金支持。截至 2024 年 6 月底，全区累计发放创业担保贷款 5.9 亿元，发放稳岗扩岗专项贷款 4.6 亿元。六是全力维护劳动者合法权益。推进新时代和谐劳动关系创建活动，全面推行电子劳动合同应用，签订电子劳动合同 20.5 万份，积极化解劳动关系领域矛盾纠纷，开展"流动仲裁庭"下沉基层活动，调解成功率为 76.7%、仲裁结案率为 99.1%，劳动人事争议调解仲裁质效显著提升。

当前，内蒙古就业总量压力仍然较大，结构性矛盾仍然突出，新就业形态下的劳动者权益保障以及青年就业与企业用工匹配度不高的问题，需要通过政策调整、机制创新和服务优化来解决。

（三）弱势群体生活状况显著改善，长效救助机制尚待健全

覆盖全面、分层分类、综合高效的社会救助格局基本形成，166 万余名

困难群众获得感、幸福感、安全感进一步增强。一是稳步提救助保障标准。健全保障标准稳定增长机制，城乡低保平均标准分别达到 840 元/月和 670 元/月，平均增幅达 6.6%，分别居全国第 9 位、第 10 位；城乡特困人员基本生活供养平均标准分别达到 1380 元/月、1020 元/月，平均增幅 5.1%。下拨困难群众救助补助资金 73.33 亿元，全区低保、特困等资金均按时足额发放。二是全力兜基本民生底线。完善最低生活保障等社会救助兜底保障措施，健全社会救助家庭经济状况核对机制，共保障城乡低保对象 154.3 万人、城乡特困人员 9.7 万人，对 36.6 万名脱贫人口和 6.2 万名防返贫监测对象分类实施救助，2.06 万名低保对象享受渐退政策。全面推行由急难发生地直接实施临时救助，全区累计救助 14.71 万人次，支出临时救助金 2.37 亿元①。三是合理扩关爱帮扶范围。实施社会救助扩围攻坚行动，开展低收入人口摸底排查，将 198.2 万名低收入人口纳入常态化监测，精准提供救助帮扶。实施医疗救助 220.17 万人次，帮助 3.38 万名就业困难人员实现就业，资助城乡低保家庭学生 8125 人，实施特困人员等困难对象危房改造 4211 户②。四是持续增救助服务质效。深入开展"兜底解忧暖民心"行动、"提能争先、实干惠民"行动，完善"物质+服务"救助模式，创新困难群众救助帮扶"政策清单"和暖心服务"幸福清单"，推进救助政策和惠民资金"一码扫、码上知"。累计发放价格补贴 137.3 万元，为困难群众减免电费 4186.62 万元③。加强受灾困难群众基本生活保障，走访排查 25.4 万人，实施救助 7551 人次。

内蒙古在社会救助方面取得了一定的成绩，但仍面临资金分配与管理、救助体系完善以及服务精准度和效率提升等方面的挑战。需要不断优化管理机制、完善救助体系和提高服务效率，进一步提升社会救助的效果，确保困难群众的基本生活得到保障。

① 《内蒙古绘就祖国幸福民生新画卷》，《中国社会报》2023 年 12 月 20 日，第 8 版。
② 《内蒙古绘就祖国幸福民生新画卷》，《中国社会报》2023 年 12 月 20 日，第 8 版。
③ 《内蒙古绘就祖国幸福民生新画卷》，《中国社会报》2023 年 12 月 20 日，第 8 版。

（四）社会保险制度改革持续深化，基金稳定运行能力不高

全面贯彻落实习近平总书记考察内蒙古重要讲话精神，多措并举推进参保扩面，强化社会保险制度互助共济功能。深入实施全民参保计划，全区参加基本养老、工伤和失业保险人数分别达到 1747.7 万人、361.8 万人、329.3 万人，较 2022 年末分别增加 53.9 万人、11.9 万人、20.9 万人，基本养老保险参保率提前完成"十四五"规划目标任务①。社保基金运行较稳，2023 年，全区基本养老、失业、工伤保险基金累计收入 1815.01 亿元，同比增长 13.99%；基金支出 1645.02 亿元，同比增长 4.63%，结余 169.99 亿元。一是全面落实企业职工基本养老保险全国统筹任务，印发《内蒙古自治区人民政府关于建设多层次多支柱养老保险体系的意见》，在全国率先推动建立多层次多支柱养老保险体系。实现城乡居民基本养老保险基金盟市级管理，有效维护基金安全完整。推动嘎查村集体经济补助养老保险工作，不断改善筹资结构，提高农村牧区老年人待遇水平。二是稳步提高社保待遇水平。持续上调养老金、失业保险金、工伤保险定期待遇和最低工资标准。以养老保险为例，截至 2023 年底，企业退休人员平均养老金、机关事业单位退休人员平均养老金、城乡居民平均养老金相比"十三五"时期末（2020 年末）的增幅分别达到 13.6%、10.4%、13.3%。三是数字化转型进一步加速。构建"国家社保公共服务平台+社保中心微信公众号+内蒙古人社 App+自助服务终端"线上服务矩阵，推动待遇资格认证、参保缴费等 147 项社保业务实现"线上办"、50 项服务事项实现"掌上办"、127 项服务事项实现"一窗办"②，线上经办服务占比提升到 68%，进一步优化了群众办事体验。财政惠民惠农补贴、社保待遇、就业补贴等实现一卡领取，95 项人社业务实现"一卡办"，看病购药实现"一卡用"。

内蒙古社会保险制度得到长足发展，但仍面临参保扩面难度大、制度衔

---

① 梅刚：《凝聚人社力量办好民生实事》，《内蒙古日报（汉）》2024 年 1 月 13 日，第 1 版。

② 蒙仁轩：《内蒙古打造祖国北疆"智慧社保"服务品牌，同审统办，智防升级》，《中国组织人事报》2024 年 8 月 28 日，第 4 版。

接不顺畅、基金收支矛盾突出、抗风险能力较弱的问题。需要积极深化制度改革、深入开展全民参保计划、防范基金运行风险、加速经办服务数字化转型，让广大群众更好地平等享受社会发展成果。

四 深入推进医药卫生体制改革，持续增进人民健康福祉

（一）推动优质医疗资源扩容下沉，基层服务短板亟待补齐

内蒙古研究制定了《内蒙古自治区全面深化医药卫生体制改革三年攻坚行动方案（2023~2025年）》，组织实施公立医院运营管理、临床重点专科建设、紧密型县域医共体建设和改善医疗服务四项攻坚行动，8个国家临床重点专科建设项目落地，25个自治区临床重点专科建设项目全面启动。一是深化京蒙合作帮扶。持续推动"十四五"京蒙三级医院对口帮扶旗县医院工作，做好巩固拓展健康扶贫成果同乡村振兴有效衔接，联合北京市卫生健康委对4个盟市7个旗县医院开展京蒙"组团式"帮扶指导，全区43家旗县医院与北京市三级医院签订帮扶协议[①]。二是加快推进紧密型县域医共体建设。2023年，安排医疗服务与保障能力提升补助资金12.83亿元，开展县域医疗卫生机构能力提升工程、国家临床重点专科能力建设工程，进一步提升县域医疗卫生机构承担"大病不出县"能力。全区80个涉农旗县（市、区）共成立医共体102个，挂牌89个；95个医共体实施二、三级医院下派帮扶工作。医共体牵头医院平均帮助基层应用新技术、开展新项目11.25个。三是全面推进互联网医院建设。印发《内蒙古自治区互联网医院建设方案》，制定《互联网医疗服务监管系统API接口规范》，全区三级综合医院33家、三级中医（蒙医）医院30家、二级旗县综合医院77家全部完成互联网医院信息化系统建设。通过不断努力，内蒙古医疗卫生资源得到扩容，但下沉基层力度不大，县域医共体信息化

---

① 王坤：《我区持续增进各族人民健康福祉》，《内蒙古日报（汉）》2024年1月29日，第2版。

建设滞后、医保协同作用尚未有效发挥、群众对基层医疗机构信任度不高等问题依然存在。

（二）推动中医药（蒙医药）振兴发展，科研投入与创新能力有待提升

坚持大卫生大健康理念，推动中医药（蒙医药）在"健康内蒙古"全局中释放潜能、激活动能、提升效能。充分发挥中医药（蒙医药）在基本医疗、重点人群健康管理、重大疾病防治中的特色优势和作用。一是健全中医（蒙医）医疗服务体系。中医（蒙医）医院达到 249 家；每千人口床位数达 1.37 张，位居全国第二；每千人口执业（含助理）医师数达 0.8 人[①]，位居全国第五；全区二级以上中医（蒙医）医院建设急诊科、重症医学科率分别达到 80%、38%。二是全面推进服务内涵的提质升级。全区中医（蒙医）治未病中心和康复中心全覆盖，30 所三级中医（蒙医）医院互联网医院全覆盖；"十四五"以来，投入 1.2 亿元支持 60 个旗县中医（蒙医）医院建设"两专科一中心"。基层中医馆（蒙医馆）基本实现全覆盖。三是推广中医药（蒙医药）防病治病适宜技术。印发《内蒙古自治区推进基层中医药（蒙医药）适宜技术推广工作的实施方案（2022~2025 年）》，建立健全自治区中医药（蒙医药）适宜技术推广体系。自治区、盟市、旗县适宜技术推广基地实现全覆盖，100%的社区卫生服务中心、乡镇卫生院、社区卫生服务站和 78%的村卫生室能够提供中医药（蒙医药）服务，群众就医感受和体验显著提升。四是推动中（蒙）西医协同发展。坚持中（蒙）西医结合、中（蒙）西药并用，充分发挥三种医学的叠加优势，积极推动中西医协同"旗舰"科室建设和重大疑难疾病中西医临床协作项目。但是内蒙古中医药（蒙医药）发展仍存在医药人才和科研投入不足、产业创新能力相对较弱、学术经验及特色诊疗技术传承困难等现实问题。需要政府、企业和社会各界共同努力，加大投入力度、加强人才培养和引进、推动科研

---

① 王丰：《高效推动中医药（蒙医药）振兴》，《农村医药报》2024 年 3 月 18 日，第 1 版。

创新和技术进步、完善产业链条和支持政策等，促进中医药（蒙医药）事业的健康发展。

（三）完善疾病预防体系，风险应急处置能力需提升

坚持医防融合，促进健康素养提升，大力推进"以治病为中心"向"以人民健康为中心"转变。不断完善结核病、布病"防、治、管"三位一体工作模式，在全区 7 个盟市开展创建"无结核社区"试点工作。制定内蒙古布病防控九条措施，通过提高布病监测检测质量和规范布病诊疗行为，全区布病患者规范化治疗率为 98.7%，达到 95% 以上要求。充分发挥全区免疫规划信息系统优势，不断提高疫苗接种率，截至目前，以乡镇苏木为单位，免疫规划疫苗接种率为 96.39%，超过国家要求。维持无脊髓灰质炎状态，麻疹发病达到消除目标。强化生活饮用水监测工作，实现自治区监测全覆盖，已完成国家要求监测任务数的 138%。加强儿童青少年近视防控，落实公共卫生干预措施。持续巩固地方病防治成果，维持地方病监测工作全覆盖。积极落实家庭医生签约"六个拓展"，提升家庭医生签约质效，切实发挥家庭医生在高血压、糖尿病等慢病管理中的作用，及时干预，稳步提升县域内就诊率。截至 2023 年，全区共有家庭医生 22450 人，组建家庭医生团队 10634 个，签约率达 59.52%，重点人群签约率达 78.56%。全民健康生活方式行动旗县（市、区）启动率达到 100%，居民健康素养水平达到 29.18%，高出全国平均水平 1.4 个百分点。目前，疾病预防体系面临基层疾控人才短缺、应急物资储备不足、地方病和部分地区传染疾病防控力度有待加强、部门协调配合不足等问题。

五 全力保障教育优先地位，加快建设高质量教育体系

（一）推动各级各类教育发展提质增效，优质均衡发展仍需加强

坚持以人民为中心发展教育，全面贯彻党的教育方针，不断提高基础教

育、高等教育和现代职业教育水平，加快建设高质量教育体系。一是基础教育基点作用持续巩固。不断增加学位供给，2023 年新改扩建 204 所幼儿园、676 所中小学①，新增学位达到 7.06 万个，全区普惠性幼儿园覆盖率达到90.3%、普惠性幼儿园比例达到 78.8%、九年义务教育巩固率达到 98.76%、高中阶段毛入学率达到 95.24%，分别比"十三五"时期末（2020 年末）提高 4.8 个、11.66 个、6.04 个、0.61 个百分点。残疾儿童义务教育入学率稳定在 97% 以上，提前实现"十四五"规划目标。9 个旗县（市、区）通过国家学前教育普及普惠县验收，10 个旗县（市、区）通过县域义务教育优质均衡发展省级督导评估，优质均衡发展迈出新步伐②。二是高等教育龙头作用日益凸显。优化学科专业结构，做优生物、草业、乳业、冶金、新能源等优势特色学科专业，建成 97 个自治区级产业学院，推进高校 11 个集成攻关大平台建设③，持续创新人才培养模式。2023 年，全区研究生招生规模达到 14199 人，同比增长 4.82%，相比"十三五"时期末增幅达到19.57%。国家级一流本科课程由 27 门增加到 81 门。新增本科专业 38 个，新能源、新材料等领域的 20 个本科专业在内蒙古首次布点④。三是加快构建现代职业教育体系。聚焦地区经济社会发展需求，建设 6 个自治区级市域产教联合体，打造 11 个自治区级行业产教融合共同体和 122 个产教融合实践中心。职业院校理工农医类专业占比达到 63.1%，服务自治区重点产业链专业占比达到 77.6%，人才培养与产业发展的契合度显著提升⑤。举办

---

① 刘志贤：《内蒙古加快建设高质量教育体系》，《内蒙古日报（汉）》2024 年 1 月 11 日，第 4 版。

② 《回眸 2023 | 聚焦教育高质量发展 办好人民满意的教育》，http：//nmg. wenming. cn/2022 xbwz/yw_ 54207/202401/t20240111_ 6725833. html。

③ 刘志贤：《内蒙古加快建设高质量教育体系》，《内蒙古日报（汉）》2024 年 1 月 11 日，第 4 版。

④ 《回眸 2023 | 聚焦教育高质量发展 办好人民满意的教育》，http：//nmg. wenming. cn/2022 xbwz/yw_ 54207/202401/t20240111_ 6725833. html。

⑤ 刘志贤：《内蒙古加快建设高质量教育体系》，《内蒙古日报（汉）》2024 年 1 月 11 日，第 4 版。

"订单班""冠名班"448个，为本地企业输送技能型人才4.15万人①。

内蒙古教育事业发展在取得新成就的同时，仍存在教育资源分布不均衡、城乡教育水平差距较大、区域内优秀师资虹吸效应突出等问题。需要加快推进基础教育优质均衡发展，积极构建优秀师资帮扶交流机制，推动高等教育内涵式发展，构建职普融通、产教融合、科教融汇的现代职业教育体系，不断增强服务区域经济社会发展能力。

（二）持续提升教育治理能力，群众对教育的获得感、满意度有待提升

一是深化落实"双减"工作。全部压减义务教育阶段学科类校外培训机构，有序推进学科类校外培训机构隐形变异防范与治理工作，规范非学科类校外培训。指导学校提供假期托管服务，有效缓解家长假期看护问题。二是强化教师队伍建设。探索构建师德师风预警、师德违规案例通报制度，建立完善教师从业禁止以及准入线上线下查询制度。义务教育阶段教师"县管校聘"、高校教师人员总量管理改革有序推进。2023年，各级各类学校专任教师人员达31.77万人，同比增长1.6%，相比"十三五"时期末增幅为7.37%，专任教师学历结构显著优化。三是教育民生福祉持续增进。2023年，共落实各类学生资助资金48.1亿元，发放助学贷款14.04亿元，生源地信用助学贷款制度持续健全②。建设政务服务统一监管系统，16项公共服务接入"蒙速办"，用户累计查询631万次。全面实现义务教育和公办幼儿园入学"一网通办"，大力推进初高中、中职毕业证书和"三优生"等电子证照服务③，有效提升教育政务服务效能。四是教育数字化转型有新成效。积极实施教育数字化战略行动，全面推动国家中小学智慧教育平台在内蒙古

---

① 《回眸2023 | 聚焦教育高质量发展 办好人民满意的教育》，http：//nmg. wenming. cn/2022 xbwz/yw_ 54207/202401/t20240111_ 6725833. html。

② 刘志贤：《内蒙古加快建设高质量教育体系》，《内蒙古日报（汉）》2024年1月11日，第4版。

③ 鲁旭：《2023年全区共落实各类学生资助资金48.1亿元》，《内蒙古法制报（汉）》2024年1月12日，第2版。

的落地应用，实现与国家平台的双向互通访问、统一身份认证、统一运行监测，初步构建上下联动的智慧教育平台体系。2023年，自治区全部中小学完成注册，注册学生数298.42万人、教师数41.61万人，国家中小学智慧教育平台浏览量达9.91亿次。通过平台上传基础教育"优课在线"资源3400余节、普通高中9个学科资源5302件、职业教育在线精品课程55门，不断扩大优质数字资源供给，逐步缩小区域、城乡教育差距，促进教育公平①。高等教育发布一流课程资源72门，为国家高等教育智慧教育平台提供课程208门，120余万人选课学习②。

当前，提高群众对教育的获得感和满意度，需要不断巩固拓展"双减"成果，有效提高教师校内授课覆盖度，深化高校分类评价改革，持续推进教育数字化转型，牢牢把握立德树人根本任务，推动内蒙古教育事业发展取得新进展新成效。

六 聚焦各类基础设施建设，助力地区经济社会发展

（一）加强边境地区基础设施建设，筑牢祖国北疆安全稳定屏障

2023年，内蒙古在全国边境省区中率先启动边境地区"水电路信"基础设施建设行动，内蒙古边防委建立推进边境地区"水电路信"建设工作沟通调度机制，加强相关部门的资源统筹和融合衔接，保障各项工作取得实效。实施边境地区"水电路信"基础设施一体化建设三年行动，聚焦边防部队需求，大力补齐民生服务短板，提升边境地区基础设施公共服务均等化水平。全区护边员总数达到3506名。全面推行草原110、"红色堡垒户"、

---

① 鲁旭：《2023年全区共落实各类学生资助资金48.1亿元》，《内蒙古法制报（汉）》2024年1月12日，第2版。

② 《回眸2023 | 聚焦教育高质量发展 办好人民满意的教育》，http：//nmg. wenming. cn/2022 xbwz/yw_ 54207/202401/t20240111_ 6725833. html。

蒙古包哨所等有效做法，调整设立抵边警务室109个①。在饮水保障方面，围绕建设饮用水源工程、强化应急供水保障、提升饮用水质标准，让边境群众从"有水喝"迈向"喝好水"的新时代，全区累计有61个哨所和1.6万名边民的用水困难得到有效解决。在供电保障方面，扩大电网覆盖，结合地域特点配套风光互补供电设施，提升抵边乡镇供电保障水平，全区累计有63个哨所和1.8万名边民的生产生活用电难题得到解决。在交通建设方面，加强执勤交通设施、抵边公路、乡村公路的建设，升级口岸公路，边境地区构建起四通八达的交通网络。2023年，内蒙古段331国道、55国道全线通车，贯通边境地区等级公路、巡逻路520公里。在通信设施方面，加强移动网络深度覆盖、贯通有线传输网络、提升应急保障能力，满足边防部队、执勤哨点和农牧民通信需求，提升边境综合治理效能。铺设光缆长度达2471公里，新建通信基站208个，104个电信普遍服务试点项目投入使用，实现边防哨所移动信号全覆盖，331国道4G信号覆盖率从47%提高到74%，边境一线基础设施和公共服务正在加快改善②。

（二）大力推进数字基础设施建设，信息化驱动引领高质量发展

作为全国唯一的大数据基础设施统筹发展类综合试验区，内蒙古抢抓获批国家算力网络枢纽节点的战略机遇，全力推进网络、算力和应用基础设施建设，着力打通经济社会发展信息"大动脉"。

在网络基础设施建设方面，2023年全区5G基站数为60446个，新增5G基站20000个，增长率约为50%，在12个西部省区中排名第八。全区每万人拥有5G基站25.23个，高于全国平均水平，相较于2022年底的16.80个同比增长50%。全区5G网络已实现12个盟市市区、103个县级行政区和

① 王皓：《内蒙古全力织密北疆"安全网"——从"奔跑的数据"中看内蒙古的奋进担当②》，《内蒙古日报（汉）》2024年3月1日，第1版。
② 安寅东、孙彦军：《内蒙古边境地区"水电路讯"基础设施建设见功效》，《内蒙古日报（汉）》2024年9月6日，第1版。

914 个乡镇主要区域连续覆盖①。12338 个行政村村委会、学校、卫生室等主要公共机构 4G 网络覆盖率达到 99.88%。

在算力基础设施建设方面，作为 8 个国家算力网络枢纽节点之一，和林格尔数据中心集群在我国"东数西算"工程中发挥重要作用。2023 年全区数据中心完成投资 70 亿元，累计新增服务器 60 万台，全区数据中心服务装机能力达到 260 万台，上架率为 67.4%，总体算力规模突破 5000P。《中国综合算力指数（2023 年）》显示，内蒙古凭借算力建设规模、环境、存力等方面的优势，综合算力指数在全国排名第七，在西部省份中占绝对优势。

在应用基础设施建设方面，全区电子政务外网已形成"纵向到底、横向到边"的布局，实现了自治区、盟市、旗县、乡镇苏木四级纵向骨干网络全覆盖，横向自治区、盟市、旗县政务部门全接入。云计算农畜产品合格证制度的顺利实施标志全国首个畜产品安全追溯地方标准在内蒙古落地执行，实现肉制品生产、加工、运输和销售全过程的信息化管理。遥感、物联网、大数据等数字技术在农牧业领域、农村牧区广泛应用，也给农牧民生产生活带来便利，促进农牧业生产的提质增效。

（三）推动口岸能力补强，打造祖国对外开放新前沿

近年来，内蒙古重点补齐发展短板，做精做强做细口岸通道功能，使通关便利化水平不断提高。一是加强口岸基础设施。紧抓国家推动"两重一新"建设的重大机遇，加快补齐制约口岸发展的基础设施短板。对外开放的 12 个公路口岸已全部通二级及以上公路，口岸城镇实现与区内中心城市的高等级公路连通。满洲里、二连浩特两个重点口岸高速公路接通，沿边331 国道三级及以上公路建成率达到 89.8%。二是全面推进口岸通关便利化。健全高峰延时通关、周末应急通关、重要物资"绿色通道"保障机制，推动满洲里、二连浩特口岸先后试行 24 小时货运通关制。甘其毛都、策克口岸成功试行运行无人驾驶跨境运输，二连浩特公路口岸 TIR 进口业务量居全

---

① 石向军：《我区行政村宽带通达率达 100%》，《内蒙古日报（汉）》2022 年 9 月 9 日，第 2 版。

国首位①，口岸绿色智能转型发展已迈出坚实步伐。推进智慧口岸建设，满洲里、二连浩特口岸列入国家智慧口岸建设试点。三是优化以口岸为中心的通道布局，加快建设便捷高效、大容量、低成本的互联互通大交通战略体系，建成接通满洲里、二连浩特两个重点口岸高速公路和6个口岸一级以上公路，高效对接口岸集疏运设施网络，进一步提高铁路网、公路网、电网技术水平和运输能力。

七　全面加强生态安全屏障建设，增进最普惠的民生福祉

（一）加快探索生态产品价值实现机制，打造产业发展"绿色引擎"

内蒙古从推动绿色发展、促进人与自然和谐共生的高度积极谋划部署，开展了全区生态产品价值实现机制的理论和实践探索。一是不断加强林业生态保护。通过实施"三北"防护林、天然林保护以及退耕还林等生态工程，有效提升了森林草原的质量和稳定性。2023年，累计完成造林556万亩、种草1817万亩，为林业生态产品价值的实现提供了坚实的生态基础。二是推动资源培育与产业升级并进。重点培育形成特色林果、草产业、林草中药材、森林食品、木本粮油五大产业集群。注重培育龙头企业，推动森林食品优势产业进入全国第一方阵。2023年，呼伦贝尔市森林康养产业重点项目完成投资1.08亿元，已立项待投资0.52亿元，蓝莓、黑木耳等林业产品获得"2023年度内蒙古知名区域公用品牌"荣誉，品牌评估价值达32.55亿元。三是开展森林碳汇价值实现试点。在全国率先发布地级市生态空间总价值量核算成果，自2023年以来，内蒙古累计实现碳汇交易量103万吨，交易额达3231.5万元。四是科技赋能助力生态价值实现。引进推广先进技术和品种，提升林业生态产品的品质和产量。推广应用技术成果和优良品种

---

① 高慧：《"硬联通"谋互利 共建繁荣新格局》，《内蒙古日报（汉）》2023年12月12日，第3版。

25 项（种），获得国家林草植物新品种权 10 个，制定发布林草地方标准 32 项①等。这些科技成果的应用不仅提高了林业生态产品的市场竞争力，还促进了生态产品价值的提升和转化。

（二）持续改善农村牧区人居环境，加快建设宜居宜业和美乡村

近年来，随着"十四五"规划的深入实施和乡村振兴战略的全面推进，内蒙古农村牧区的人居环境整治工作取得了显著成效，有效改善了农牧民的生活条件。深入推进农村牧区厕所革命，2021~2023 年新建农村牧区卫生户厕 24.5 万户，普及率提高 8 个百分点。有效治理农村牧区生活污水，实现农村牧区生活污水处理设施运行排查常态化，科学选择适宜的污水处理与资源化利用模式，确保各地污水处理设施正常运行。截至 2023 年，全区累计完成 3780 个行政村生活污水治理，治理率由 2018 年的 11.49% 提高到 34%，农村牧区黑臭水体基本消除。有效处理农村牧区生活垃圾，制定出台进一步加强农村牧区生活垃圾整治、提升村容村貌的 6 项措施，对农村牧区环境卫生突出问题、难点问题进行整治。农村牧区生活垃圾收运处置体系覆盖率达到 77.44%，同比提高 12.34 个百分点。建设畜禽粪污集中收集处理中心，2016 年以来，积极争取中央及自治区资金 23 亿元，在全区 95 个旗县（市、区）整县域推进畜禽粪污资源化利用项目实施，支持养殖场建设畜禽粪污收集、处理与还田利用设施，支持专业化服务组织提供粪肥还田服务，支持区域性粪污处理中心建设，带动县域内畜禽粪肥基本还田②。

---

① 《内蒙古持续筑牢我国北方生态安全屏障》，《内蒙古林业》2024 年第 1 期。
② 《对自治区十四届人大二次会议 第 076 号建议的答复》，https://sthjt.nmg.gov.cn/xxgk/zfxxgk/fdzdgknr/jytabl/rdjy/202408/t20240816_2559308.html。

评价篇

B.2
内蒙古城市基本公共服务满意度
评价报告

霍燕　包娜娜*

摘　要：　本报告采用网络调查问卷的方式调查内蒙古公众对所在城市基本公共服务的满意度情况，对内蒙古各城市义务教育、就业社保、医疗卫生、养老服务、住房保障、文化体育、社会服务7个基本公共服务领域进行满意度单项分析，得出调查结论并提出对策建议。调查结果显示，基本公共服务获得公众认可，但仍有发展的潜力和较大的改善空间；区域间基本公共服务满意度评价整体适中，东中西部发展差距逐步缩小；领域间满意度评价高低不一，养老、医疗等民生问题始终是政府的核心任务。内蒙古应该在以下方面持续发力：加快补齐基本公共服务短板，切实提升基本公共服务均等化水平；强化基本公共服务要素支撑，优化资源配置机制；增强基本公共服务均衡性和可及性，满足群众多层次、多样化需求；扩大基本公共服务供给，提

---

* 霍燕，内蒙古自治区社会科学院公共管理研究所副研究员，主要研究方向为公共服务、基层治理、文化旅游产业；包娜娜，内蒙古自治区社会科学院公共管理研究所副研究员，主要研究方向为公共服务、基层治理。

升基本公共服务效能；加强基本公共服务绩效评估，完善结果运用长效机制。

关键词： 城市基本公共服务 基本公共服务满意度 均等化 内蒙古

公共服务关乎民生，连接民心。《中华人民共和国国民经济和社会发展第十四个五年规划和2035年远景目标纲要》将公共服务划分为基本公共服务、非基本公共服务和生活服务三大类，提出持续推进基本公共服务均等化，不断扩大普惠性非基本公共服务供给，丰富多层次多样化生活服务供给。《"十四五"公共服务规划》明确包含了义务教育、就业社保、医疗卫生、养老服务、住房保障、文化体育、社会服务7个方面的基本公共服务项目，提出补齐基本公共服务短板，加快提升基本公共服务均等化水平。近年来，内蒙古基本公共服务体系日益健全，基本公共服务制度日益完善，基本公共服务水平稳步提升，城乡区域均等化水平不断提高，基本公共服务供给能力全面增强。为推动持续改善基本公共服务，内蒙古自治区社会科学院成立"内蒙古城市基本公共服务满意度评价"课题组，对内蒙古12个盟市和2个计划单列市政府所在地城市的基本公共服务满意度进行全面评价，以期为推进全区城市基本公共服务高质量发展提供资政参考。

一 问卷调查基本情况

本次调查采取网络问卷法，于2024年6~8月在内蒙古12个盟市和2个计划单列市政府所在地城市进行，主要考察各城市居民（18周岁及以上）对所在地政府提供的义务教育、就业社保、医疗卫生、养老服务、住房保障、文化体育、社会服务7项基本公共服务的满意度情况。本次调查共回收有效问卷2017份，调查样本基本情况见表1。

表 1 调查样本基本情况

单位：%

指标	分类	比例	指标	分类	比例
性别	男	43.13	居住地区	呼和浩特市	6.35
	女	56.87		包头市	4.16
年龄	18~25 岁	44.62		海拉尔区	6.00
	26~35 岁	18.89		乌兰浩特市	7.93
	36~45 岁	20.62		科尔沁区	11.45
	46~59 岁	12.10		赤峰市	25.48
	60 岁及以上	3.77		锡林浩特市	5.40
单位性质	国家行政机关	6.69		集宁区	4.26
	事业单位	26.82		鄂尔多斯市（东胜区、康巴什区）	5.95
	国有企业	10.96		临河区	3.32
	私营企业	3.87		乌海市	12.39
	外资或合资企业	0.15		阿拉善左旗	1.49
	个体	6.00		二连浩特市	2.73
	其他	45.51		满洲里市	3.07

二 全区城市基本公共服务满意度总体情况

课题组参考市场调查行业中常用的赋值方法，采用"非常满意=100 分""比较满意=80 分""一般=60 分""比较不满意=40 分""非常不满意=20 分"的等距赋值原理，通过计算满意度五个量级的加权平均值的方式测度某项基本公共服务的满意度，同时，运用简单算术平均方法测量总体基本公共服务的满意度。

调查结果显示，全区基本公共服务平均满意度为 72.52 分。从满意度内部结构看，21.50%的受访者对政府提供的基本公共服务表示"非常满意"，31.59%的受访者表示"比较满意"，两者合计比例达到 53.09%，一半以上的受访者表示满意。38.51%的受访者对基本公共服务持中立态度，表示"一般"。仅有 8.40%的受访者对政府提供的基本公共服务表示"不满意",其中3.59%的受访者表示"非常不满意"(见表2)。总的来看,绝大多数受访者对所在城市的基本公共服务做出了正面(非常满意和比较满意)和中性(一般)的评价,此三项的满意率达到91.60%,说明内蒙古基本公共服务建设取得显著成效,初步实现了幼有所育、学有所教、劳有所得、病有所医、老有所养、住有所居和弱有所扶。在关注成绩的同时,我们也应该看到,38.51%的受访者持中立态度,一定程度上反映了当前内蒙古基本公共服务的供给质量和水平与人民群众对美好生活的向往相比仍存在一定的差距,意味着地方政府基本公共服务的供给效果还有较大改善空间。

表2　全区基本公共服务的总体满意度

单位:%,分

基本公共服务	满意度					满意度指数
	非常不满意	比较不满意	一般	比较满意	非常满意	
义务教育	2.48	3.27	26.13	36.09	32.03	78.38
就业社保	3.22	3.52	34.11	34.16	24.99	74.83
医疗卫生	6.05	6.84	42.74	30.89	13.49	67.78
养老服务	4.66	7.73	50.97	24.64	12.00	66.32
住房保障	3.72	3.57	4.75	36.14	21.81	73.75
文化体育	3.32	5.40	37.73	30.09	23.45	72.99
社会服务	1.69	3.32	43.13	29.10	22.76	73.58
平均分	3.59	4.81	38.51	31.59	21.50	72.52

全区基本公共服务各领域满意度指数排名第一的是义务教育,为78.38分;就业社保、住房保障分别以74.83分、73.75分的满意度指数排在第二和第三位。社会服务、文化体育分别以73.58分、72.99分的满意度指数排在第四位和第五位。养老服务、医疗卫生分别以66.32分、67.78分的满意度指数排在倒数第一位和倒数第二位。第一位的义务教育满意度指数和最后一位的养老服务满意度指数相差12.06分。

三 各调查城市基本公共服务满意度评价

（一）呼和浩特市基本公共服务满意度评价分析

呼和浩特市基本公共服务满意度指数为 66.92 分，在调查的 12 个盟市和 2 个计划单列市政府所在地城市中排第 13 位。从市内民众评价看，义务教育的满意度最高，满意度指数为 72.03 分，其后为住房保障和文化体育，满意度指数均超过 70 分；满意度较低的领域为养老服务，满意度指数仅为 57.50 分。从全区来看，呼和浩特市 7 个基本公共服务领域的满意度均未进入全区前 50%，满意度最高的文化体育，在 14 个被调查地区中排名仅为第 9，社会服务满意度在 14 个被调查地区中居第 10 位；养老服务和住房保障的满意度较低，排名靠后，均列被调查地区的第 13 位（见表 3）。从满意度内部结构看，评价"满意"（"非常满意"和"比较满意"）的占比为 42.19%，居全区第 10 位，评价"不满意"（"比较不满意"和"非常不满意"）的占比为 7.81%，居全区第 5 位。

表 3　呼和浩特市基本公共服务满意度各领域指数及排名

单位：分

领域	义务教育	就业社保	医疗卫生	养老服务	住房保障	文化体育	社会服务	平均满意度
指数	72.03	68.28	60.31	57.50	70.94	70.31	69.06	66.92
排名	12	12	12	13	13	9	10	13

（二）包头市基本公共服务满意度评价分析

包头市基本公共服务满意度指数为 67.24 分，在调查的 12 个盟市和 2 个计划单列市政府所在地城市中排第 12 位。从市内民众评价看，满意度较高的是义务教育和住房保障，满意度指数分别为 71.67 分和 71.19 分；其余 5 个领域的满意度指数均未达到 70 分，满意度最低是养老服务，满意度指数为 62.14 分。从全区来看，包头市 7 个基本公共服务领域的满意度排名均靠后，医疗卫生和养老服务的满意度排名相对靠前，也仅在 14 个被调查城市中排第 10 位；文化体育领域满意度全区最低，满意度指数仅为 64.29 分（见表 4）。从满意度内部结构看，评价"满意"（"非常满意"和"比较满意"）的占比为 53.57%，居全区第 6 位；评价"不满意"（"比较不满意"和"非常不满意"）的占比为 9.52%，居全区第 2 位，负面评价较多一定程度上影响包头市的整体满意度。

表4　包头市基本公共服务满意度各领域指数及排名

单位：分

领域	义务教育	就业社保	医疗卫生	养老服务	住房保障	文化体育	社会服务	平均满意度
指数	71.67	67.86	65.24	62.14	71.19	64.29	68.33	67.24
排名	13	13	10	10	12	14	11	12

（三）海拉尔区基本公共服务满意度评价分析

海拉尔区基本公共服务满意度指数为 72.85 分，在调查的 12 个盟市和 2 个计划单列市政府所在地城市中排第 6 位。从市内民众评价看，义务教育的满意度最高，满意度指数达到 79.50 分；医疗卫生和养老服务的满意度较低，满意度指数为 69.42 分和 66.61 分。从全区来看，海拉尔区的 7 个基本公共服务满意度指数排名均在 14 个被调查地区的中位数以上，义务教育、医疗卫生和住房保障领域满意度在被调查地区中均排第 4 位，养老服务排第 5 位，就业社保、文化体育和社会服务领域的满意度均排第 6 位，基本公共服务各领域的发展较为平均（见表 5）。从满意度内部结构看，评价"满意"（"非常满意"和"比较满意"）的占比为 52.89%，居全区第 7 位；评价"一般"的占比为 39.67%，民众对于政府提供的基本公共服务基本认可。

表5　海拉尔区基本公共服务满意度各领域指数及排名

单位：分

领域	义务教育	就业社保	医疗卫生	养老服务	住房保障	文化体育	社会服务	平均满意度
指数	79.50	74.71	69.42	66.61	75.04	71.57	73.06	72.85
排名	4	6	4	5	4	6	6	6

（四）乌兰浩特市基本公共服务满意度评价分析

乌兰浩特市基本公共服务满意度指数为72.09分，在调查的12个盟市和2个计划单列市政府所在地城市中排第7位。从市内民众评价看，义务教育和就业社保的满意度较高，满意度指数得分为75~80分；其后为住房保障、社会服务和文化体育领域，满意度指数得分均超过70分；满意度较低的是医疗卫生和养老服务，满意度指数得分不足70分。从全区来看，乌兰浩特市的就业社保和养老服务满意度较高，居14个被调查地区的第4位；其次为义务教育，满意度排名在被调查地区中第5位；医疗卫生和住房保障的满意度排名较低，在14个被调查地区中排第8位（见表6）。从满意度内部结构看，评价"满意"（"非常满意"和"比较满意"）的占比为51.88%，居全区第9位；评价"一般"的占比为43.75%，受访者对于乌兰浩特市基本公共服务的满意度整体呈正面评价。

表6　乌兰浩特市基本公共服务满意度各领域指数及排名

单位：分

领域	义务教育	就业社保	医疗卫生	养老服务	住房保障	文化体育	社会服务	平均满意度
指数	79.00	75.25	66.13	66.75	73.50	71.00	73.00	72.09
排名	5	4	8	4	8	7	7	7

（五）科尔沁区基本公共服务满意度评价分析

科尔沁区基本公共服务满意度指数为73.38分，在调查的12个盟市和 2 个计划单列市政府所在地城市中排第 4 位。从市内民众评价看，满意度最高是义务教育，满意度指数超过 80 分，满意度相对较低的是医疗卫生和养老服务，满意度指数为 68.92 分和 65.19 分，其余各项基本公共服务领域的满意度指数在 72~77 分区间。从全区来看，科尔沁区的住房保障满意度较高，在被调查的 14 个地区中排第 2 位；其次为义务教育和就业社保，在被调查的 14 个地区中排第 3 位；排名相对靠后的是养老服务，在被调查的 14 个地区中排第 8 位（见表 7）。从满意度内部结构看，评价"满意"（"非常满意"和"比较满意"）的占比为 60.17%，居全区第 2 位；评价"不满意"（"比较不满意"和"非常不满意"）的占比居全区第 14 位，为 2.60%，受访者对科尔沁区基本公共服务满意度较高。

表 7　科尔沁区基本公共服务满意度各领域指数及排名

单位：分

领域	义务教育	就业社保	医疗卫生	养老服务	住房保障	文化体育	社会服务	平均满意度
指数	80.35	76.97	68.92	65.19	75.50	72.38	74.37	73.38
排名	3	3	5	8	2	5	4	4

（六）赤峰市基本公共服务满意度评价分析

赤峰市基本公共服务满意度指数为 75.65 分，居被调查的 12 个盟市和 2 个计划单列市政府所在地中第 2 位。从市内民众评价看，在 7 个基本公共服务领域中，义务教育的满意度最高，满意度指数达到 81.36 分，其后为就业社保和社会服务，满意度指数分别为 78.72 分和 77.04 分。从全区来看，赤峰市的医疗卫生满意度最高，居 14 个被调查地区的第 1 位，得分为 71.87 分；义务教育、就业社保、养老服务和社会服务四个领域的满意度较高，位列 14 个被调查地区的第 2 位；满意度相对较低的是住房保障，排在第 7 位（见表 8）。从满意度内部结构看，评价"满意"（"非常满意"和

"比较满意")的占比为 60.12%,居全区第 3 位;在义务教育领域,赤峰市受访者对于义务教育的评价中,选择"非常满意"的占比为 44.94%,居全区第 1 位。

表 8　赤峰市基本公共服务满意度各领域指数及排名

单位:分

领域	义务教育	就业社保	医疗卫生	养老服务	住房保障	文化体育	社会服务	平均满意度
指数	81.36	78.72	71.87	71.09	73.89	75.60	77.04	75.65
排名	2	2	1	2	7	4	2	2

(七)锡林浩特市基本公共服务满意度评价分析

锡林浩特市基本公共服务满意度指数为 67.71 分,在调查的 12 个盟市和 2 个计划单列市政府所在地城市中排第 11 位。从市内民众评价看,义务教育领域满意度最高,满意度指数为 74.31 分;其次为住房保障领域,满意度指数为 73.03 分;其余 5 个基本公共服务领域的满意度指数均不及 70 分,养老服务领域满意度仅为 61.10 分。从全区来看,锡林浩特市的住房保障满意度排名相对靠前,在 14 个被调查地区中排第 9 位;文化体育和就业社保领域满意度排名相对靠后,在 14 个被调查地区中排在第 13、第 14 位(见表 9)。从满意度内部结构看,评价"满意"("非常满意"和"比较满意")的占比为 40.37%,居全区第 12 位;在就业社保领域,评价"不满意"("比较不满意"和"非常不满意")的占比较高。

表 9　锡林浩特市基本公共服务满意度各领域指数及排名

单位:分

领域	义务教育	就业社保	医疗卫生	养老服务	住房保障	文化体育	社会服务	平均满意度
指数	74.31	67.34	64.22	61.10	73.03	67.16	66.79	67.71
排名	11	14	11	11	9	13	12	11

（八）集宁区基本公共服务满意度评价分析

集宁区基本公共服务满意度指数为 69.53 分，在调查的 12 个盟市和 2 个计划单列市政府所在地城市中排第 9 位。从市内民众评价看，义务教育、住房保障和社会服务领域的满意度较高，满意度指数超过 70 分；其余 4 个领域的满意度指数为 65~70 分。从全区来看，集宁区的医疗卫生和养老服务满意度排名较高，在 14 个被调查地区中排在第 6 位；就业社保、住房保障和文化体育领域的满意度排名较低，在 14 个被调查地区中仅排在第 11 位（见表 10）。从满意度内部结构看，评价"满意"（"非常满意"和"比较满意"）的占比为 52.33%，居全区第 8 位；评价"不满意"（"比较不满意"和"非常不满意"）的占比为 8.14%，居全区第 4 位。

表 10　集宁区基本公共服务满意度各领域指数及排名

单位：分

领域	义务教育	就业社保	医疗卫生	养老服务	住房保障	文化体育	社会服务	平均满意度
指数	74.65	68.60	67.44	65.81	71.40	67.91	70.93	69.53
排名	10	11	6	6	11	11	8	9

（九）鄂尔多斯市（东胜区、康巴什区）基本公共服务满意度评价分析

鄂尔多斯市（东胜区、康巴什区）基本公共服务满意度指数为 77.02 分，在调查的 12 个盟市和 2 个计划单列市政府所在地城市中排第 1 位。从市内民众评价看，7 个领域中满意度最高的是义务教育，其后为文化体育和就业社保，满意度相对较低的是养老服务和医疗卫生，满意度指数分别为 70.17 分和 71.17 分。从全区来看，鄂尔多斯市的义务教育、就业社保、住房保障、文化体育和社会服务 5 个领域满意度指数居 14 个调查地区的第 1 位，其中义务教

育、就业社保和文化体育服务的满意度指数达到或超过 80 分，分别为 81.50 分、80.00 分和 80.67 分，表现突出。医疗卫生和养老服务的满意度分别排在第 2、第 3 位（见表 11）。从满意度内部结构看，评价"满意"（"非常满意"和"比较满意"）的占比为 78.33%，居全区第 1 位，远高于其他地区；评价"不满意"（"比较不满意"和"非常不满意"）的占比仅为 4.17%，因此鄂尔多斯市基本公共服务整体满意度较高，居全区首位。

表 11　鄂尔多斯市（东胜区、康巴什区）基本公共服务满意度各领域指数及排名

单位：分

领域	义务教育	就业社保	医疗卫生	养老服务	住房保障	文化体育	社会服务	平均满意度
指数	81.50	80.00	71.17	70.17	75.83	80.67	79.83	77.02
排名	1	1	2	3	1	1	1	1

（十）临河区基本公共服务满意度评价分析

临河区基本公共服务满意度指数为 74.20 分，在调查的 12 个盟市和 2 个计划单列市政府所在地城市中排第 3 位。从市内民众评价看，七个领域中满意度较高的是义务教育和文化体育，满意度得分为 76.42 分和 76.12 分，其次为住房保障，满意度较低的领域为医疗卫生，满意度指数仅为 69.55 分。从全区来看，临河区的养老服务水平较高，表现为养老服务的满意度指数位列 14 个被调查地区的第 1 位；医疗卫生、住房保障、文化体育和社会服务 4 个领域的基本公共服务供给水平相当，均居 14 个被调查地区的第 3 位；就业社保和义务教育的满意度排名较低，居被调查地区的第 7 位和第 9 位（见表 12）。从满意度内部结构看，评价"满意"（"非常满意"和"比较满意"）的占比为 59.70%，居全区第 4 位；评价"一般"的占比为 32.84%，民众对于政府提供的基本公共服务基本认可。

表12　临河区基本公共服务满意度各领域指数及排名

单位：分

领域	义务教育	就业社保	医疗卫生	养老服务	住房保障	文化体育	社会服务	平均满意度
指数	76.42	74.63	69.55	71.64	75.22	76.12	75.82	74.20
排名	9	7	3	1	3	3	3	3

（十一）乌海市基本公共服务满意度评价分析

乌海市基本公共服务满意度指数为 72.93 分，在调查的 12 个盟市和 2 个计划单列市政府所在地城市中排第 5 位。从市内民众评价看，义务教育和文化体育领域的满意度较高，满意度指数为 78.48 分和 76.48 分；其后为就业社保、社会服务和住房保障，满意度指数在 70 分以上；满意度较低的是医疗卫生和养老服务，满意度得分分别为 66.72 分和 65.20 分。从全区来看，乌海市的文化体育领域满意度较高，在 14 个被调查地区中排名第 2 位；其余 6 个基本公共服务领域的满意度排名居第 5~7 位（见表 13）。从满意度内部结构看，评价"满意"（"非常满意"和"比较满意"）的占比为 54.80%，居全区第 5 位；评价"不满意"（"比较不满意"和"非常不满意"）的占比仅为 4.80%，在全区排名第 10 位。

表13　乌海市基本公共服务满意度各领域指数及排名

单位：分

领域	义务教育	就业社保	医疗卫生	养老服务	住房保障	文化体育	社会服务	平均满意度
指数	78.48	75.20	66.72	65.20	74.08	76.48	74.32	72.93
排名	7	5	7	7	6	2	5	5

（十二）阿拉善左旗基本公共服务满意度评价分析

阿拉善左旗基本公共服务满意度指数为 65.05 分，在调查的 12 个盟市和 2 个计划单列市政府所在地城市中排第 14 位。从市内民众评价看，住房保障和就业社保领域的满意度较高，满意度指数分别为 72.67 分和 70.67 分；其后为义务教育、文化体育和社会服务领域，满意度指数为 60~70 分；满意度较低的是医疗卫生和养老服务，满意度指数仅为 55.33 分和 56.67 分，未达到 60 分。从全区来看，阿拉善左旗在就业社保、住房保障和文化体育领域的满意度相当，均居 14 个被调查地区的第 10 位；其余 4 个领域（义务教育、医疗卫生、养老服务和社会服务）的满意度排名均最低，居 14 个被调查地区的最后 1 位（见表 14）。从满意度内部结构看，评价"满意"（"非常满意"和"比较满意"）的占比为 36.67%，居全区第 13 位；评价"不满意"（"比较不满意"和"非常不满意"）的占比为 13.33%，对基本公共服务满意度的负面评价居全区首位。

表 14　阿拉善左旗基本公共服务满意度各领域指数及排名

单位：分

领域	义务教育	就业社保	医疗卫生	养老服务	住房保障	文化体育	社会服务	平均满意度
指数	66.67	70.67	55.33	56.67	72.67	68.00	65.33	65.05
排名	14	10	14	14	10	10	14	14

（十三）二连浩特市基本公共服务满意度评价分析

二连浩特市基本公共服务满意度指数为 67.90 分，在调查的 12 个盟市和 2 个计划单列市政府所在地城市中排第 10 位。从市内民众评价看，义务教育领域的满意度较高，满意度指数为 78.55 分；其后为就业社保和住房保障，满意度得分为 72.36 分和 70.91 分；文化体育、社会服务、养老服务和医疗卫生领域的满意度较低，得分均不到 70 分，其中医疗卫生领域的满意度最低，满意度指数仅为 59.64 分。从全区来看，二连浩特市的义务教育领域满意度较高，在 14 个被调查地区中排第 6 位；其次为就业社保领域，在 14 个被调查地区中排第 8 位；其余 5 个基本公共服务领域的满意度排名均在第 12~14 名，各基本公共服务领域发展不均衡（见表15）。从满意度内部结构看，评价"满意"（"非常满意"和"比较满意"）的占比为29.09%，居全区第 14 位；评价"一般"的占比为 61.82%。民众对基本公共服务满意度的中性评价较多，说明当前该地区基本公共服务的供给质量和水平与民众日益增长的多元且异质的基本公共服务需求间仍存在一定差距。

表 15　二连浩特市基本公共服务满意度各领域指数及排名

单位：分

领域	义务教育	就业社保	医疗卫生	养老服务	住房保障	文化体育	社会服务	平均满意度
指数	78.55	72.36	59.64	60.36	70.91	67.64	65.82	67.90
排名	6	8	13	12	14	12	13	10

（十四）满洲里市基本公共服务满意度评价分析

满洲里市基本公共服务满意度指数为 70.69 分，在调查的 12 个盟市和 2 个计划单列市政府所在地城市中排第 8 位。从市内民众评价看，义务教育领域的满意度最高，满意度指数为 78.39 分；就业社保、住房保障、文化体育和社会服务的满意度相当，满意度指数为 70~75 分；满意度较低的是医疗卫生和养老服务，满意度指数仅为 65.48 分和 64.19 分。从全区来看，满洲里市的住房保障领域满意度较高，在 14 个被调查地区中排第 5 位；其余 6 个基本公共服务领域的满意度排名相当，在 14 个被调查地区中排第 8~9 位（见表16）。从满意度内部结构看，评价满意（"非常满意"和"比较满意"）的占比为 41.94%，居全区第 11 位；评价"一般"的占比为 54.84%，评价"不满意"（"比较不满意"和"非常不满意"）的占比为 3.22%，民众对于基本公共服务满意度的正向评价较高。

表 16　满洲里市基本公共服务满意度各领域指数及排名

单位：分

领域	义务教育	就业社保	医疗卫生	养老服务	住房保障	文化体育	社会服务	平均满意度
指数	78.39	71.61	65.48	64.19	74.19	70.97	70.00	70.69
排名	8	9	9	9	5	8	9	8

四　基本公共服务单项满意度评价

本次调查问卷主要围绕义务教育、就业社保、医疗卫生、养老服务、住房保障、文化体育、社会服务 7 个基本公共服务领域开展市内民众满意度调查。调查结果显示，内蒙古基本公共服务具体领域满意度指数如表 17 所示。满意度指数从高到低依次为义务教育 78.38 分、就业社保 74.83 分、住房保障 73.75 分、社会服务 73.58 分、文化体育 72.99 分、医疗卫生 67.78 分、养老服务 66.32 分。7 个调查领域中有 5 个领域的满意度指数高于平均值，医疗卫生和养老服务 2 个领域满意度指数低于平均值。基本公共服务 7 个领域满意度指数高低不一，基本公共服务存在明显的薄弱环节，政府需要给予更多的关注和重视。

表 17　基本公共服务单项满意度指数及排名

单位：分

基本公共服务单项	满意度指数	满意度排名
义务教育	78.38	1
就业社保	74.83	2
住房保障	73.75	3
社会服务	73.58	4
文化体育	72.99	5
医疗卫生	67.78	6
养老服务	66.32	7
平均值	72.52	——

（一）义务教育

义务教育平均满意度指数为 78.38 分，在 7 个调查领域中排名第 1。

教育基本公共服务均等化是教育现代化的基本特征。充分保障适龄儿童少年接受义务教育权利是教育均等化发展的重要体现。在入学便利性方面，42.84%的受访者表示"便利"，32.57%的受访者表示"非常便利"，选择"不太便利"和"很不便利"的占比分别为 14.08%和 2.38%，8.13%的受访者表示"不清楚"。在学校教学质量方面，32.03%的受访者表示"非常满意"，36.09%的受访者表示"比较满意"，26.13%的受访者表示"一般"，选择"比较不满意"和"非常不满意"的占比分别为 3.27%和 2.48%。

保障群众享有公平而有质量的教育是新时代教育的使命。在"享有公平而有质量的义务教育，最迫切需要改进的是什么"这项开放问题中，选择"完善学校硬件设施"和"补充师资力量"的比例基本相当，分别为 22.74%和 22.98%。选择"开展素质教育"的受访者占 21.76%，选择"推动教育资源均衡分布"的受访者占 20.33%，9.47%的受访者选择"加强对困难家庭的教育资助"，选择"其他"的受访者占 2.72%（见图 1）。

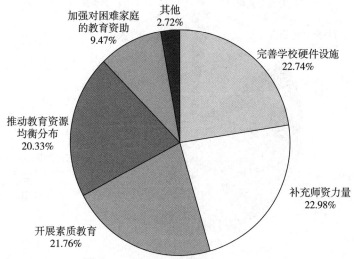

图 1　"享有公平而有质量的义务教育，最迫切需要改进的是什么"调查结果分布

（二）就业社保

就业社保平均满意度指数为 74.83 分，在 7 个调查领域中排名第 2。

落实就业创业扶持政策是稳就业保就业的关键一步。在落实就业创业扶持政策方面，28.06% 的受访者表示"不清楚"，7.14% 的受访者表示"没有"，64.80% 的受访者表示"有就业创业扶持政策"，其中 17.40% 的受访者表示"有，但落实效果不明显"，18.00% 的受访者表示"有，感觉一般"，18.64% 的受访者表示"有，落实比较有效"，10.76% 的受访者表示"有，落实非常有效"。在"实现弱有所扶，最迫切需要改进的是什么"这项开放性问题中，选择"提高最低生活保障水平"和"积极开展困难群众救助服务"的比例基本相当，占比分别为 22.17% 和 22.11%。选择"增加困难残疾人生活补贴和重度残疾人护理补贴""提供法律援助""建立残疾人服务体系"的受访者占比分别为 15.41%、12.85% 和 12.27%。7.33% 的受访者选择"对困难人群开展针对性就业帮扶"，5.38% 的受访者选择"加快残疾人和老年人无障碍环境建设"，选择"其他"的受访者占 2.49%（见图 2）。

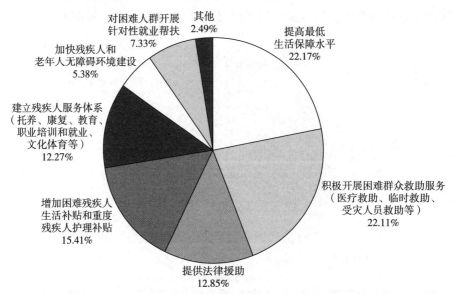

图 2 "实现弱有所扶，最迫切需要改进的是什么"调查结果分布

（三）医疗卫生

医疗卫生平均满意度指数为 67.78 分，在 7 个调查领域中排名第 6。

在常见疾病医治是否方便方面，72.74% 的受访者表示"便利"，其中 26.38% 的受访者表示"非常便利"。17.55% 的受访者表示"不太便利"。选择"很不便利"的占 3.67%，6.05% 的受访者表示"不清楚"。可见，公立医院的均衡分布可以基本满足附近居民就近就医需求。在"所在城市的公立医院看病是否感觉有不必要的检查和费用发生"这项问题中，28.90% 的受访者表示"一般"，20.53% 的受访者表示"没有不必要的检查和费用"。23.55% 的受访者表示"有，比较严重或非常严重"，其中 9.77% 的受访者表示"非常严重"。18.54% 的受访者表示"有，但是可以接受"，8.48% 的受访者表示"没去过医院"。选择"有"和"一般"的受访者占比超过 70%，"看病贵"仍是医疗服务中的突出问题。

（四）养老服务

养老服务平均满意度指数为 66.32 分，在 7 个调查领域中排在最后。

在居住地附近的养老服务覆盖率方面，14.28% 的受访者表示"覆盖率很高"，15.91% 的受访者表示"覆盖率较高"，选择"一般"的受访者最多，占 34.16%，17.50% 的受访者表示"覆盖率低"，其中 7.19% 的受访者表示"覆盖率很低"，18.15% 的受访者表示"不清楚"。可见，只有 30.19% 的受访者对养老服务持正面评价，调查显示近七成受访者期望能够扩大养老服务覆盖面。在"实现老有所养，最迫切需要改进的是什么"这项开放性问题中，排在前三位的选项依次为"提升养老服务质量""提高基本养老金""增加养老机构数量"，占比分别为 22.04%、19.31% 和 14.76%。12.13% 的受访者选择"发展机构养老、居家社区养老、家庭养老、医养结合等多种养老模式"，选择"扩大养老保险覆盖面""提高养老保险缴费比例"的受访者占比分别为 9.48% 和 4.85%。选择"强化养老保障政府兜底责任"的受访者占比为 6.81%，4.61% 的受访者选择"促进养老产业发展"，3.38%的受访者选择"加强孝文化教育"，选择"其他"的受访者占2.61%（见图3）。

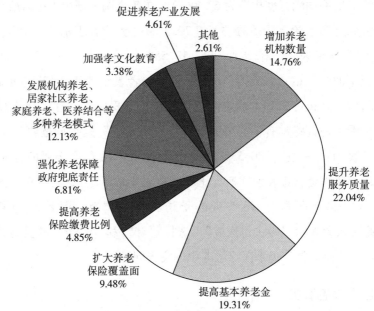

图3 "实现老有所养，最迫切需要改进的是什么"调查结果分布

（五）住房保障

住房保障平均满意度指数为73.75分，在7个调查领域中排名第3。

住房保障事关民生与发展。在老旧小区环境改善方面，选择"非常好"和"比较好"的受访者占比分别为19.29%和22.26%，选择"一般"的比例最高，达到37.58%，选择"老旧小区环境改善差"的占12.59%，其中4.71%的受访者表示"非常差"，8.28%的受访者表示"不清楚"。可见，41.55%的受访者对老旧小区环境改善持正面评价，不超过半数，多数受访者期望能够改善老旧小区环境。在"实现住有所居，最迫切需要改进的是什么"这项开放性问题中，排在前三位的选项依次为"改善性住房贷款政策放宽""增加保障性住房数量""提高公积金缴费比例"，占比分别为24.32%、22.22%和20.11%。18.19%的受访者选择"帮助困难群众改善住房条件"，选择"规范房屋租赁市场秩序"的受访者占 10.70%，选择"其他"的受访者占 4.46%（见图 4）。

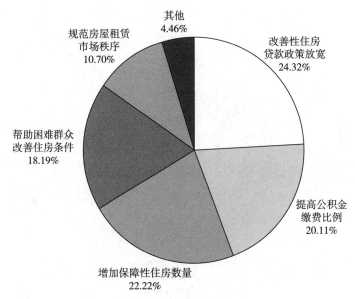

图4 "实现住有所居，最迫切需要改进的是什么"调查结果分布

（六）文化体育

文化体育平均满意度指数为 72.99 分，在 7 个调查领域中排名第 5。

在"您去最近的文化体育活动场所需要多长时间"这个问题中，30.34% 的受访者表示"11~30 分钟"，40.65% 的受访者表示"10 分钟以内"，其中 12.84% 的受访者表示"5 分钟以内"。17.35% 的受访者表示需要"30 分钟以上"，11.65% 的受访者表示"找不到文化体育活动场所"。选择"10 分钟以内"和"11~30 分钟"两项受访者占比合计达到了 70.99%，说明约七成的受访者前去文化体育活动场所的时间比较短，相对便捷。在"提高文化体育活动的多样性，最迫切需要改进的是什么"这项开放性问题中，选项占比由高到低依次排序为"增加场馆类文化体育设施"（25.61%）、"增加球类体育设施"（20.45%）、"增加跑道、健步道"（18.64%）、"增加政府事业单位文体

场馆的开放性"（18.20%）、"提高文体场馆的低费开放水平"（13.95%）和
"其他"（3.15%）（见图5）。

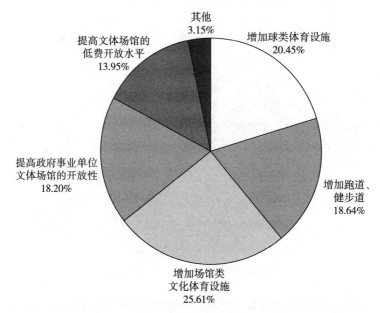

图5　"提高文化体育活动的多样性，最迫切需要改进的是什么"调查结果分布

（七）社会服务

社会服务平均满意度指数为73.58分，在7个调查领域中排名第4。

在居住地附近的儿童友好设施、无障碍设施方面，43.78%的受访者表示"好"，其中21.37%的受访者表示"非常好"；选择"一般"的受访者比例最高，达到40.65%。9.18%的受访者表示居住地附近的儿童友好设施、无障碍设施"差"，其中2.88%的受访者表示"非常差"。6.40%受访者表示"不清楚"。在"您注意到出行盲道设置或者残疾人公厕设置等能否满足残疾人需求"这个问题中，45.61%受访者表示"应该能，设施齐全，维护好"，29.85%的受访者表示"应该不能，残疾人设施很少"，24.54%的受访者表示"没注意"。选择"应该不能，残疾人设施很少"和"没注意"两

项的受访者合计达到了 54.39%。超过半数的受访者希望积极推进无障碍设施建设，便利残疾人等特殊人群。

五　调查结论及对策建议

（一）主要调查结论

1. 基本公共服务获得公众认可，但仍有发展的潜力和较大的改善空间

调查结果显示，内蒙古基本公共服务平均满意度指数为 72.52 分，政府提供的基本公共服务总体上得到了群众认可。人民群众普遍对于基本公共服务水平的变化持乐观态度，74.22% 的公众认为基本公共服务总体状况与上一年相比有提升。其中 29.80% 的公众认为基本公共服务水平有较大提升。说明近年来，内蒙古不断加大基本公共服务投入力度，补齐各项民生短板，提升基本公共服务供给水平，使人民群众的获得感、幸福感、安全感不断提高。但调查发现，当前内蒙古基本公共服务供给水平和供给质量与公众的需求相比有一定差距。公众评价"不满意"（"非常不满意"或"比较不满意"）的占比达到 8.40%，评价"一般"的占比为 38.51%，两项合计达到了 46.91%，说明了当前政府提供的基本公共服务质量和水平尚未很好地满足人民群众多层次、多样化、个性化的服务需求，基本公共服务仍有发展的潜力，还有较大的改善和提升空间。

2. 城市间基本公共服务满意度评价有所差异，但基本公共服务满意度与 GDP 没有明显相关性

调查结果显示，地区经济发展与基本公共服务满意度并不呈正相关，比如呼和浩特市和包头市的 GDP 增幅和总量排名均为全区前三位，但是基本公共服务满意度排名靠后，说明了城市基本公共服务提供的公众满意度与当地经济发展水平并没有明显的相关性。这也表明影响城市基本公共服务满意度的因素是复杂多样的，单纯注重 GDP 的增长并不一定会带来公众满意度的提升。公众生活水平的提高以及由此带来的公共服务期望值的增长也会对

地区基本公共服务满意度产生一定的影响。

3. 区域间基本公共服务满意度评价整体适中，东中西部发展差距逐步缩小

调查结果显示，中部地区［呼和浩特市、包头市、集宁区、鄂尔多斯市（东胜区和康巴什区）］的基本公共服务满意度水平略高于东部地区（海拉尔区、乌兰浩特市、科尔沁区、锡林浩特市、赤峰市、二连浩特市和满洲里市）和西部地区（乌海市、阿拉善左旗和临河区），内蒙古各区域的基本公共服务满意度评价整体适中，东中西部基本公共服务发展差距逐步缩小。

4. 领域间满意度评价高低不一，养老、医疗等民生问题始终是政府的核心任务

调查结果显示，基本公共服务各领域满意度得分高低不一，基本公共服务短板为养老服务、医疗卫生等领域。这与基本公共服务领域的非均衡发展和人民对基本公共服务各领域的期望等因素有关。从各领域看，5 个领域满意度指数高于 70 分，由高到低依次是义务教育（78.38 分）、就业社保（74.83 分）、住房保障（73.75 分）、社会服务（73.58 分）、文化体育（72.99 分）；2 个领域满意度指数低于 70 分，分别是医疗卫生（67.78 分）、养老服务（66.32 分）。满意度指数最高的义务教育与最低的养老服务相差12.06 分。这说明，近年来，义务教育、就业社保、住房保障的相关公共服务及其产品比较好地满足了公众的需求，满意度指数排名相对靠前；而养老服务、医疗卫生排名则相对靠后，属于基本公共服务方面的薄弱环节，养老、医疗等民生问题始终是政府的核心任务。

（二）对策建议

为筑牢兜实基本民生底线，促进公共服务高质量发展，提升全体人民的获得感、幸福感、安全感，内蒙古还应该在以下方面持续发力。

1. 加快补齐基本公共服务短板，切实提升基本公共服务均等化水平

基本公共服务是人民群众最关心最直接最现实的民生问题，加强基本公共服务供给是党和政府坚持以人民为中心最直接最生动的体现。内蒙古各城市基本公共服务满意度指数得分整体不高，基本公共服务发展地区不平衡和领域间不平衡现象并存，全区推进基本公共服务高质量发展的任务依然艰巨。确保到 2025 年基本公共服务均等化水平明显提高，到 2035 年基本公共服务实现均等化，是党中央做出的重要决策，是满足人民群众未来基本公共服务预期的重要举措。要实现这一目标任务，内蒙古要在"幼有所育、学有所教、劳有所得、病有所医、老有所养、住有所居、弱有所扶"上持续用力，完善基本公共服务清单，持续推动基本公务服务领域补短板、强弱项、提质量，进一步强化基本公共服务领域的政策保障，建设更加完善的基本公共服务标准体系，有效满足人民群众基本公共服务刚需，不断提高基本公共服务的可及性和便利性。比如，完善养老服务机构和设施，构建良好的养老服务体系；不断提高医疗卫生服务质量，建立防止因病致贫返贫的长效机制；重点关注残疾人上学、就业和生活保障问题，力争在残疾人事业上取得新成就。

2. 强化基本公共服务要素支撑，优化资源配置机制

一是完善财力保障制度。落实基本公共服务领域中央与地方财政事权和支出责任划分改革要求，优化财政支出结构，加大中央和省级财政对基层政府提供基本公共服务的支持力度。夯实各级人民政府主体责任，优先保障基本公共服务财力需求，推动建立可持续的投入保障长效机制。严格规范基本公共服务动态调整机制，建立健全与经济发展和财力增长相适应的基本公共服务财政支出保障制度和增长机制。二是强化人才队伍建设。充分发挥高等学校、职业学校、科研院所作用，大力培养公共服务人才。调整优化公共服务人才队伍结构，完善公共服务人才保障和激励机制。健全公共服务从业人员教育培训制度，定期组织职业培训和业务轮训，提高公共服务专业化水平。三是优化资源配置机制。完善公共资源与常住人口挂钩、与服务半径挂钩的制度安排，提高公共服务的有效覆盖率。逐步完善精准服务、主动响应的公共服务提供机制，实现从"人找服务"到"服务找人"的转变。加大对相对落后地区的公共资源配置力度，政府项目优先向这些地区倾斜，推动相对落后地区基本公共服务供给达到自治区标准，扩大边境一线基本公共服

务覆盖面。

3.增强基本公共服务均衡性和可及性，满足群众多层次、多样化需求

随着经济水平提高，基本公共服务的财政投入不断增加，基本公共服务体系不断健全，基本公共服务水平不断提高。人民群众对基本公共服务的需求也随之发生变化，从过去的满足于基本公共服务从"无"到"有"，发展到现在的从"有"到"优"。调查结果显示，基本公共服务的供给质量和水平与人民群众日益增长的多元且异质的基本公共服务需求间仍存在一定差距。在推动基本公共服务供给均等化过程中，不仅要增加基本公共服务财政投入，更要完善保障制度，确立基本公共服务标准，推进基本公共服务区域协调发展，促进基本公共服务优质均衡。优化基本公共服务的供给领域和方式，在就业、分配、教育、社保、医疗、住房、养老等各领域，精准识别不同区域、不同人群对基本公共服务的多层次和多样化需求，使基本公共服务供给符合群众实际需求，实现供需匹配。

4.扩大基本公共服务供给，提升基本公共服务效能

一是实现基本公共服务供给主体多元化。促进社会力量参与公共服务供给。社会力量可通过政府购买、政企合作、公建民营等多种方式参与公共服务供给，包括优质托育、学前教育、养老、优质医疗服务等普惠性非基本公共服务。优化营商环境，创新机制吸引社会资本参与公共服务供给，形成政府保障基本、社会多元参与、全民共建共享的公共服务供给格局。二是实现基本公共服务供给方式多样化。探索公共服务智治路径，运用互联网、大数据等现代信息技术手段，以数字治理、技术赋能等方式，精准匹配基本公共服务资源，推进信息技术在教育、就业社保、医疗卫生、文化体育等领域的普及应用，推动基本公共服务线上线下融合发展，优化服务供给流程、有效衔接基本公共服务供需两侧。比如，推广社区公共服务站、社区网络服务平台等新型服务方式，推动差异化便民服务和应用场景的有效对接，提升公共服务效能，实现以人民为中心的服务优化。

5.加强基本公共服务绩效评估，完善结果运用长效机制

一是建立健全公众参与机制，如听证会、咨询会、满意度调查等，了解

群众需求和意见，提高基本公共服务的针对性和实效性。二是构建绩效评估机制，开展基本公共服务达标考核和城市基本公共服务水平评价，委托第三方评估机构开展公众满意度调查，加快建立健全全方位、多层次、立体化的社会公共服务监管体系，确保社会公共服务领域监管全覆盖和无死角。三是完善结果运用长效机制，将基本公共服务质量评价结果与奖励和问责关联，与资源配置挂钩，特别是作为精准定位差距和短板的依据，进而为政府有关责任部门决策提供依据，实现地区间、领域间的财力物力人力等资源差异化配置，突出人民至上理念和公平正义性。

参考文献

胡伟强、余华：《全面脱贫与乡村振兴有效衔接：现实关切、接续理路与研究进路——兼评贺雪峰教授〈大国之基：中国乡村振兴诸问题〉》，《湖南财政经济学院学报》2021 年第 2 期。

姜晓萍、吴宝家：《人民至上：党的十八大以来我国完善基本公共服务的历程、成就与经验》，《管理世界》2022 年第 10 期。

刘少坤主编《内蒙古基本公共服务研究报告（1978～2020）》，社会科学文献出版社，2021。

科技文化篇

B.3
京蒙协作"科技创新倍增计划"
实施及推进研究

李 莹 孙正圆 张 倩*

摘 要： 本研究通过资料搜集、调研走访，梳理了京蒙协作"科技创新倍增计划"实施以来取得的成绩。京蒙科技合作推进了创新平台提质升级、推进了关键技术联合攻关、推进了科技人才智力引育、推进了科技成果转移转化。研究总结了"科技创新倍增计划"推进工作的方式和工作机制，包括"走出去"与"请进来"相结合、集中推进与常态化活动相结合、重大示范引领与一般性合作相结合、自治区引导支持与创新主体自主合作，以及"工作联络、进展反馈、任务调度、信息通报"的工作机制。最后，研究提出进一步推进京蒙科技合作的对策建议，如坚持长效机制，让已有平台和项目发挥最大效能；坚持创新精神，京蒙之间探索更多合作空间；坚持科技自立自强，加快体制机制改革。

* 李莹，内蒙古自治区社会科学院经济研究所副所长，研究员，主要研究方向为城市与区域发展、科技创新与管理；孙正圆，南开大学周恩来政府管理学院博士研究生，主要研究方向为城市与区域合作；张倩，内蒙古自治区社会科学院经济研究所助理研究员，主要研究方向为科技创新与管理。

关键词： 京蒙协作　科技创新　倍增计划　科技创新平台

基于内蒙古自治区与北京市地理位置紧邻、中央政府的政策扶持、京蒙资源互补以及文化交流的需要等原因，内蒙古与北京的区域合作由来已久。从京蒙对口支援到京蒙协作，内蒙古自治区与北京市建立了长效合作关系并逐步形成成熟的合作机制。京蒙协作开展以来，内蒙古自治区充分利用北京市教育、医疗、科技人才优势，补齐各领域短板，为自身发展注入了源源不断的活力。随着科技创新对经济增长的促进作用不断增强，京蒙科技合作不断增多。京蒙科技合作是京蒙协作战略的重要组成部分，是内蒙古自治区以科技进步带动发展，提高自身竞争力与区域影响力的重要手段。通过京蒙科技合作，内蒙古在医疗服务、教育和科技创新等方面取得了显著成效，主要体现在提升医疗服务水平、促进教育资源均衡以及推动科技创新和应用等方面，提升了内蒙古公共服务的质量和效率。以协作推进科技创新带动发展，以发展促进协作，有助于系统加强京蒙优势创新资源对接合作，促进科技成果转化，提升内蒙古科技创新能力，强化科技发展对内蒙古自治区经济发展的赋能，对于内蒙古的高质量发展与新质生产力的形成具有推动作用与深远影响。

2023 年，内蒙古自治区为进一步促进京蒙协作，提出"六个倍增"计划，"科技创新倍增计划"就是其中之一。2023 年 6 月，内蒙古自治区印发《京蒙协作"科技创新倍增计划"实施方案》，在一年多的时间里，内蒙古自治区在落实方案的过程中取得了一定的工作成绩，也进一步明确了政府在科技发展领域的工作方式，推动了工作机制的创新，以下将结合案例具体论述。

一　京蒙协作"科技创新倍增计划"实施以来取得的成效

（一）通过科技合作推动创新平台提质升级

内蒙古要实现科技倍增，就要更加重视创新的引领作用，尤其是重视创新平台对于科技创新的带动引领作用。科技创新平台的搭建可以为科技工作者提供广阔的平台、创新火花相互碰撞交流的渠道，从而让一个地区的创新能力得到指数级的提高。2023 年以来，内蒙古相关科技合作项目、新建创新合作平台数量分别同比增长 72%、147%，取得积极成效①。同时，北京丰富的科技资源推动了内蒙古科技创新平台提质升级。如国家稀土新材料技术创新中心深耕内蒙古稀土资源开发利用，推动我国稀土新材料创新链、产业链、资金链、人才链深度融合；京蒙合作智算中心抢抓绿色算力发展机遇，推动算力产业的绿色转型升级；乌兰察布智算中心通过引进摩尔线程技术与资金全力打造"全国算力保障基地"绿色低碳先行示范区等。这些平台借助北京的科技资源，以平台搭建促进产业集聚与产业升级，为重点产业的科技创新做好了势能储备②。

（二）通过科技合作推进关键技术联合攻关

以政策鼓励多方协作，对推动国计民生和国家重要领域核心技术的发展起到关键作用，体现出我国制度特有优越性③。在内蒙古自治区的科技战略中，"内蒙古所需，北京所能"为双方的基本定位。依托京蒙协作布局，京蒙科技合作在制约农牧业发展的关键领域展开攻关，羊皮提取胶原蛋白肽、"沙漠光伏+设施农业"、玉米密植技术、肉牛核心种质构建与新品系选育等落地性强、指向性明显的农牧业科技联合攻关不断推进。此外，在攻关过程中，京蒙推动实验基地、科研中心、技术应用市场三大主体相互沟通与配合，在特色领域取得了一定成就，例如内蒙古标达科技新材料发展有限公司与中国钢研技术团队联合攻关后，成功开发具有世界领先水平的国内首个自主成套 6mm 厚连续热镀锌铝镁稀土多元合金镀层钢板产品，该产品立足当

① 《孙俊青率队参加"京蒙协作 政协助力"科技创新座谈会》，https：//kjt. nmg. gov. cn/kjdt/gzdt/kjtgz/202402/t20240227_ 2473633. html。

② 《聚力创新 协力突围——京蒙协作"科技创新倍增计划"疾步向前》，http：//news. sohu. com/a/755307937_ 121106854？ scm=1102. xchannel；1553；110036. 0. 3. 0~10007. 8003. 0. 0. 00。

③ 谢宜泽、胡鞍钢：《关键核心技术攻关新型举国体制的政治经济学分析》，《经济问题》2024 年第 7 期。

地特色产业，成功填补了包头市光伏支架原材料及终端光伏装备深加工领域的空白。自 2020 年签署科技合作协议以来，3 年内京蒙合作开发科技项目 294 项、引进技术 298 项[①]。

（三）通过科技合作推进科技人才智力引育

推动高质量发展的关键是形成人才集聚效应，因而必须重视科技人才[②]。北京拥有众多高校和科研院所，为"科技创新倍增计划"提供了充足的人才储备。依托京蒙协作平台，内蒙古自治区以"引"人才和"育"人才相结合的方式，切实提高人才储备量与人才培养水平。例如，针对内蒙古自治区重要农产品马铃薯，由自治区科技部门牵头，中国农科院、北京简耘科技公司与乌兰察布职业学院合作，从北京引进 67 名专业人才，每年培养相关专业毕业生 500 人，其中 97% 以上成为马铃薯种植、马铃薯加工、食品生产等行业的优秀技术工人[③]。此外，内蒙古自治区政府与中国工程院建立起深度合作关系，共同设立中国工程院科技发展战略内蒙古研究院，由引进的院士团队主导为"科技创新倍增计划"提供战略咨询；呼伦贝尔市从中国科学院、中国农科院、中国农业大学等单位引进 7 个高端人才团队；赤峰市引进中国科学院专家 18 人，服务于该市产业创新工作；内蒙古农业大学、内蒙古农业科学院等单位与北京开展深度合作，通过院士讲座、赴京考察等方式提升自身育人水平与科研水平。

（四）通过科技合作推进科技成果转移转化

科学技术成果只有有效转化，为企业提效助力，助力人民过上美好生

---

① 《京蒙协作"科技创新倍增计划"为高质量发展提供科技支撑》，https：//kjt. nmg. gov. cn/kjdt/gzdt/kjtgz/202308/t20230807_ 2358269. html。

② 杨慧慧、刘晖：《科技人才集聚对中国经济高质量发展的影响》，《科技管理研究》2024 年第 2 期。

③ 《招才引智京蒙携手续写创新故事》，http：//szb. northnews. cn/nmgrb/html/2021－12/21/content_ 33520_ 168981. htm。

活，推动地区高质量发展，才能实现科技发展正循环①。因此，需要重视"科技创新倍增计划"实施过程中的科技成果转移转化，助力生产，惠及民生。当前，内蒙古自治区重点发展的畜牧育种、光伏、氢气管道等项目已取得阶段性进展，其成果落地乌兰察布、包头、乌海、锡林郭勒等盟市，造就了一批高新技术企业，并为农牧民提供了更高效的生产工具。如通辽市推动全市 1000 万亩灌溉玉米全面应用密植精准调控技术，实现全市节水增粮 20亿斤②。科学技术成果的应用提升了效率、减少了耗能、降低了污染程度，不仅实现了经济增长与增产增收，还明显降低了劳动强度。

二 京蒙协作"科技创新倍增计划"推进工作的方式

（一）"走出去"与"请进来"相结合

"走出去"注重精准对接，"引进来"注重共赢发展③。在"科技创新倍增计划"的实施过程中，"走出去"与"请进来"重点体现在内蒙古自治区政企学各单位与北京合作单位的工作关系上。所谓"走出去"，第一层含义在于内蒙古自治区结合自身的科技发展情况，积极寻求北京对口单位支持，精准总结需要协助的事项从而与北京单位形成有效沟通，提高京蒙协作与科技发展的效率。2023 年，内蒙古自治区科技厅经广泛收集梳理后，向北京市科委推送了一份罗列 400 多项合作需求的项目清单。清单中各项目发起单位与中国科学院、中国工程院、海淀区、中国科协、北京经济技术开发区等单位进行了对接，奠定了良好的合作前景。"走出去"的第二层含义在于将内蒙古的高新技术产品更好地投送北京市场，将科技成果转换成经济效

---

① 张来武：《科技创新驱动经济发展方式转变》，《中国软科学》2011 年第 12 期。
② 《京蒙协作"科技创新倍增计划"赋能玉米好"丰"景》，http://nm.cnr.cn/xinwensudi/20240620/t20240620_526755582.shtml。
③ 任杰：《科左中旗："走出去"精准对接"请进来"共赢发展》，《通辽日报》2024 年 1 月 2日，第 1 版。

益。"请进来"主要表现为充实人才队伍的引才工作、吸引高新技术企业的科技招商工作等。只有给予人才和企业更好的待遇与更完备的平台，才能让其感受到内蒙古自治区对于人才的重视与发展科技的诚意，从而心甘情愿地留下来。

（二）集中推进与常态化活动相结合

在科技发展中，应秉持循序渐进与积极作为相结合的工作态度，既要遵从科技发展的一般规律，保持长期主义思维而不急于求成；也要以奋发有为的姿态致力于短时间内在重点领域获得突破。在"科技创新倍增计划"的实施过程中，一方面内蒙古与北京建立长效合作机制，鼓励各盟市依托北京科技优势促进自身发展，如鄂尔多斯市先后与北大、清华两所顶尖高校共建实验室与研究院，促进能源产业发展。另一方面，内蒙古自治区针对当下严重阻碍安全与发展、社会需求急切、经济意义重大的领域，提出科技"突围"工程，意在集中力量进行突破与创新。

（三）重大示范引领与一般性合作相结合

在政策的落地过程中，由于执行情景的发散性甚至互斥性，多元主体间的利益纠葛会在执行中被放大，因此需要重视示范区的引领作用。示范区的意义既在于对其他区域进行执行引领，又在于帮助政府审视政策中可能存在的疏漏[①]。京蒙协作背景下内蒙古自治区的"科技创新倍增计划"，通过重大示范引领的方法整合各地区的共同利益，并以自治区的平台争取更高质量的合作，为各盟市甚至县级行政单位的科技合作打造良好的样板，并将先进经验推广至其他地区[②]。一般来讲，具有重大示范引领性质的合作主要关注的是能源、环境保护、支柱产业等内蒙古自治区经济核心问题。在当下的实

---

① 徐小丰、陈世香：《社会政策执行过程中的多重制度逻辑冲突与行动策略——以 T 市公共文化服务体系示范区创建为例》，《华中师范大学学报（人文社会科学版）》2024 年第 2 期。

② 《内蒙古自治区科技厅：深化京蒙科技合作 推动创新内蒙古建设》，https://www.most.gov.cn/dfkj/nmg/zxdt/202302/t20230214_ 184568.html。

践中，国家乳业技术创新中心的科技领域合作计划发挥了示范引领的作用。作为全国唯一的国家级乳业技术创新中心，其在自身领域内实现了科技突破，并基于此成功案例将经验推广到了一系列从事相似业务的中小民营企业中，实现了重大示范引领与一般性合作的结合。重大示范引领与一般性合作相结合既是原则也是方法，对二者进行合理的界定与结合将切实拓展京蒙协作与内蒙古科技发展的广度与深度。

（四）自治区引导支持与创新主体自主合作

在"科技创新倍增计划"实施过程中，内蒙古自治区党委和政府所扮演的角色是多重的。首先，政府作为政策规划者和执行者，发挥引导支持作用，统合各盟市及自治区国有、民营企业有计划地与北京各个单位进行合作。其次，其又是合作过程的参与者，即寻求合作的重要主体之一。在与北京市政府制定大的合作方略时，内蒙古自治区政府深度参与，以符合主体对等原则，并以其较高的权责为关键决策背书和拍板。政府在这一过程中的双重性决定了将规划者与执行者的二重定位完全捆绑，但是，这显然并不符合当前中国地方合作的一般规律，也不利于内蒙古科技的良性发展①。因此，内蒙古自治区非常重视与鼓励创新主体自主合作，鼓励除政府外的主体在大多数领域承担起执行者的责任，而政府除了在重大事项与高级别主体对话时参与合作，其他时候更多的是作为规划者居于幕后。事实上，在京蒙企业、高校、科研机构等合作案例中，自发合作也占绝对多数。自治区政府除与北京市科委等主体进行方向性对话外，更多的是制定合作方向，确立合作与科技创新关键领域，为创新主体搭建平台，鼓励其发挥主观能动性，在与北京的各主体深化合作中助力内蒙古科技发展的大战略。

---

① 参见杨龙、戴扬《地方政府合作在区域合作中的作用》，《西北师大学报（社会科学版）》2009 年第 5 期；柳建文《试论一带一路与民族地区的地方合作》，《广西民族研究》2016年第 5 期；申剑敏《跨域治理视角下的长三角地方政府合作研究》，复旦大学博士学位论文，2013。

三　京蒙协作"科技创新倍增计划"形成的推动机制

对于工作机制的探索也是"科技创新倍增计划"实施过程的主要目的之一。"科技创新倍增计划"形成的"工作联络、进展反馈、任务调度、信息通报"机制可进一步概括为"统筹、跟进、配合、沟通"模式。这套机制是做成一件事的必要步骤与科学方法，也体现了内蒙古自治区政府在落实重大战略时实事求是的工作态度。

在具体推动一个创新项目时，首先要促进各个主体的协调配合，明确各个主体的任务，避免分工不明确造成激励不足或责任缺位。京蒙协作"科技创新倍增计划"在实施过程中涉及两地多主体间的分工问题，常常是先由两地政府洽谈，确立合作的方向与模式，再由各盟市政府联络京蒙高校、企业作为具体推进的实际行为主体，组织敲定合作细节。在这个过程中，任何一方的积极性或责任感缺失都会对合作造成阻碍。因此，明确合作方向后要进一步与企业交流，听取其对于合作前景的期待与对于政府服务保障的需求。例如在鄂尔多斯与中国矿业大学（北京）共建人才科创中心时，自治区科技厅就先行与矿大领导进行了交流，体现了自治区政府的诚意与担当①。在合作过程中，自治区政府对合作的全链条保持参与和关注，并强化企业在"科技兴蒙"中的主体性地位，最大限度保障企业在具体合作中的自主性与积极性。

在建立联络，明确不同主体的分工后，还要重视及时反馈合作过程中的进展，及时解决工作中发现的问题与阻碍，关注创新主体的资金紧张、政策阻碍、技术不足等问题。而这些问题的处理难点一在知晓，二在解决。因此，及时掌握企业面临的困境与问题，并拿出切实有效的解决手段，是重要一环。

---

① 《科技人才局参加京蒙协作"科技创新倍增计划"对接会》，https：//www.thepaper.cn/newsDetail_forward_22426195？commTag=true。

其次，科技创新是一项系统性、复杂性工程，需要金融、人社、税务等部门的配合，以及各盟市地方政府与区内高校、科研院所的参与。学界也提出，当前中国的科技创新更应注重科研体制的深化改革与对科技人才和科技企业的全面保障①。因此，在实现"科技创新倍增计划"的过程中应重视任务的合理调度与资源的合理分配，做到区域总体公平发展并对重点领域与重点区域有适当的倾斜。还应该注意自治区层面各部门的协同，其中税务和金融与科技部门的协同是重点所在。内蒙古每年通过对企业进行税收减免，对高新技术企业发放奖励资金，有效激励了企业创新的积极性。

最后，合作需要维持信息流的畅通，京蒙协作离不开两地信息的交互。内蒙古自治区科技部门秉持"政府引导、企业主导、市场运作、共创共赢"的宗旨，加快加强京蒙协作，与北京市科委推动建设"京蒙协作成果转化平台"，进一步畅通两地政企帮扶沟通渠道，探索区域科技合作创新机制。该平台重点推动优质项目转化孵化，为符合标准的企业提供两地优惠政策，为异地孵化与京蒙交流构建了新的信息平台②。信息的高效沟通也体现在京蒙两地的科技合作上。北京在历史上一直是内蒙古重要的农牧产品市场，但近年来随着人民生活品质的提高，其对农牧产品也提出了新要求。面对这种消费升级，京蒙两地通过沟通，以有目的的科技协作完成农牧产品品质升级。以牛肉为例，近年来北京市场对美洲安格斯牛与日本和牛两种牛肉表现出了明显偏好，北京市通过京蒙协作机制将此消息及时传递给了内蒙古的肉牛养殖地区。科右中旗在了解此情况后，迅速与海淀区、中国农业大学、中国农业科学院、中国畜牧业协会等在京单位建立合作关系，引进安格斯牛与和牛种牛改良原有牛种，进一步加强了市场竞争力，将升级后的科尔沁牛肉更大量输送进了海淀区高校、机关食堂③。

① 黄萃、赵培强、李江：《基于共词分析的中国科技创新政策变迁量化分析》，《中国行政管理》2015 年第 9 期。
② 《2021 京蒙科技成果转化洽谈会在京召开》，https：//inews. nmgnews. com. cn/system/2021/12/27/013246552. shtml。
③ 《科技赋能牛产业 京蒙携手促振兴_ 京蒙协作》，https：//zyhzb. beijing. gov. cn/gzdt2022/gzdtdxbxz/202311/t20231116_ 3302633. html。

四　进一步推进京蒙科技合作的建议

（一）坚持长效机制，让已有平台和项目发挥最大效能

在京蒙科技合作过程中，已经成立了一些高能级的科技创新平台，开发了一些科技合作项目。然而，这些平台能否长时间发挥作用，能否在不断自我更新中持续为科技事业助力，以及这些平台后期能否发挥更大的作用，能否加快推进科技成果的转化和产出，都将直接关乎"科技创新倍增计划"的实施成效，关乎内蒙古科技能力能否持续提升。因此，必须以长期的规划来审视平台运作，并立足京蒙协作框架，持续为现有平台赋能。

首先，平台的长效机制建设基于正确的平台发展预期与发展方法。一个平台、一个项目的运行和实施必然有磨合期，甚至会在推进过程中遇到挫折与反复。此时，政府应当允许企业与高校的试错与损失，不能贸然终止合作，也不能盲目扩大规模。一个良好的平台与协作机制一定是在长期合作中逐渐完善的，最终以点带面，在彼此熟悉与逐渐默契中为各参与主体带来稳定的效益。

其次，内蒙古自治区应健全对于平台的评价机制，对平台进行全链条、全过程关注。在新质生产力的新发展路径要求下，内蒙古自治区可以对相关项目建立生产力视角的评估体系，着重观察其是否能够通过生产模式的更新带动生产方式的升级，从而带动生产力的提升，在长效追踪的过程里推动新一代内蒙古高新产业高质量发展。

最后，内蒙古自治区应营造良好的创新环境。内蒙古自治区应重视平台的长效产出，健全政策激励机制，以社会主义市场经济的逻辑尊重平台中各参与主体的利益，让企业能够切实从创新中获益，从而进一步增加科技投入，形成良好的正循环。政府应该在合作中扮演好组织者与服务者的角色，并在适当时机充当其他主体的诤友与敲钟人，在帮助企业、高校等主体解决困难的过程中引导其自发遵循新质生产力的发展要求，让北京高校与企业感

受到内蒙古自治区的"广阔天地"。这种立足自身发展而非上级政策要求的合作与投资将更为长久，也更为有活力。

（二）坚持创新精神，京蒙之间探索更多合作空间

目前，京蒙协作框架下的内蒙古自治区"科技创新倍增计划"已经取得了诸多进展。结合前述内容，自治区还可以组织相关主体进一步加强协作，探索助力科技发展的新平台与新方式。

首先，内蒙古需要进一步寻找自身优势，促进与北京优势互补，着重发展自身优势产业以增强竞争力。发挥北京的科技和人才优势，筛选出能够落地的重点项目，支持内蒙古科技创新发展。内蒙古发挥场景优势，主动向北京各类科研创新主体精准推送科技创新合作需求。双方形成合力，汇聚创新资源开展创新合作。重点围绕农畜产品加工、智能计算等信息技术、新能源、稀土新材料等内蒙古具有丰富应用场景的领域开展科技合作。此外，通过信息互通及时向本地企业推送北京各类科研院所最新成果。积极发挥"蒙科聚"和企业孵化器等平台作用进行交流对接。

其次，重视人才梯队建设，通过北京的人才多培养本土人才，树立正确的人才观，既不能一味地不顾成本地从外地引进人才，也不应故步自封，忽视科研领域的人员交流与往来流动。对有志赴蒙工作的科技人才应展现诚意并搭建配套平台。根据自治区客观条件与各盟市自身条件，因地制宜地发展科技、鼓励创新，切实以人才政策带动科技发展。

最后，内蒙古自治区应重视关键技术攻关，服务国家重大需求，推动人才队伍体系化、建制化、协同化。当下，部分区内高校存在培养人才与社会需求差距大甚至脱节的问题，因而必须根据国家战略的要求，切实调整人才培养机制与人才培养模式，结合内蒙古特色设置一批交叉学科与急需学科。在将区域内研究型高校作为科技攻关平台的同时，也要注重大专院校与职业高中的建设，重视职业教育对学生技能的培养，以应用类教育发展模式的创新带动自治区"工匠"梯队建设，从而为"科技创新倍增计划"积累人才储备。

（三）坚持科技自立自强，加快体制机制改革

京蒙协作包含领域众多，各领域间亦存在有机联系。进一步推进科技合作，还需要坚持科技自立自强，强调京蒙间的优势互补与协同发展，加快体制机制改革。内蒙古要更多地注意到自身对于北京的技术需求和机制需求，充分吸收北京的先进科技成果，并着重学习北京所拥有的较完善的创新激励与科技促进政策，完善内蒙古自身的科技发展体制，以高效有为的政府促进企业、高校与其他主体乐于创新、敢于创新、善于创新，从而培养科技领域的造血能力。自治区政府尤其是自治区科技主管部门需要将企业服务与人才工作提升到更高的优先级，建立健全奖励与考核机制，提升创新积极性，从而以制度创新带动内蒙古整个科技领域的创新，最终实现科技创新的倍增。加强科技工作与经济、政治、教育、环境等工作的联动与互补。内蒙古自治区发展科技、鼓励创新最终是为了实现自治区的跨越式发展并造福自治区广大人民群众。因此，政府自身必须首先优化工作流程，形成有利于科技工作者大展拳脚的大环境，需要进一步增强对优秀科技人才与高新技术企业的奖励与扶持，在全区形成重创新、爱创新、敢创新的风气。

参考文献

张莹、董晓辉：《京蒙科技合作的典型模式和推进机制研究》，《科学管理研究》2022 年第 2 期。

陆鹏飞、王蕾：《"十四五"推动科技创新引领内蒙古高质量发展的重点问题及对策建议》，《内蒙古科技与经济》2022 年第 18 期。

马宗文等：《借鉴发达国家经验优化我国国际科技合作项目管理的思考》，《中国科学基金》2024 年第 4 期。

张古鹏等：《黄河流域跨区域科技创新合作现状与优化策略研究》，《中国科学院院刊》2024 年第 6 期。

B.4
内蒙古新质生产力的培育与提升

王秀青*

摘　要： 　发展新质生产力是推动高质量发展的内在要求和重要着力点。内蒙古坚持因地制宜发展新质生产力，在农牧业生产领域、能源领域、制造业领域、信息技术领域持续释放新质生产力培育信号。但由于内蒙古在产业结构、科技支撑、营商环境等方面发展薄弱，难以适应新质生产力的发展要求，需要从构建现代产业体系、加大科技创新力度、营造形成新质生产力的产业生态、加快培养高素质人才队伍、进一步优化营商环境等方面加快培育和提升全区新质生产力。

关键词： 　新质生产力　科技创新　内蒙古

新质生产力是以科技创新为主的生产力，是以信息技术、生物技术、新材料技术为代表的新兴产业所带来的生产方式和生产关系的变革，这些新技术提高生产效率、降低生产成本，为医疗服务、文化传播、教育等基本公共服务提供更多创新空间和发展机遇，推动基本公共服务各领域迈入高质量发展的全新赛道。新质生产力的提出，准确地把握了新时代生产力发展的本质特征，指明了先进生产力的演进方向，为内蒙古增强发展新动能、构筑发展新引擎、塑造高质量发展新优势提供重要指引。对于内蒙古而言，培育和提升新质生产力，就是要加快形成适应新质生产力发展要求的新型生产关系，处理好新质生产力发展要素之间的关系，

＊ 王秀青，内蒙古自治区社会科学院公共管理研究所助理研究员，主要研究方向为公共服务、基层治理。

构建体现内蒙古特色优势的现代化产业体系，为内蒙古乃至国家的经济发展贡献力量。

一 新质生产力的概念特征

（一）新质生产力提出背景

2023 年，习近平总书记提出"新质生产力"这一崭新的概念，并在多个重要场合做出了深入的论述和重要的部署，强调"要整合科技创新资源，引领发展战略性新兴产业和未来产业，加快形成新质生产力"[①]。新质生产力的提出具有明确的时代背景与实践意义。习近平总书记指出："我们迎来了世界新一轮科技革命和产业变革同我国转变发展方式的历史性交汇期，既面临着千载难逢的历史机遇，又面临着差距拉大的严峻挑战"[②]。随着中国经济进入新常态，新技术革命和产业变革正在催生新理念、新业态，政策推动和战略部署相互作用引领全新布局，抢占新一轮发展机遇、转换经济发展动能、推动高质量发展，成为我国经济社会发展的迫切诉求。

（二）新质生产力的基本概念

新质生产力作为生产力发展的质变跃迁，是相对于传统生产力而言的。人类社会的不同历史阶段，生产力发展所依赖的技术支撑和工具各不相同。新质生产力强调创新的核心地位，是指通过技术革命性突破、生产要素创新性配置和产业深度转型升级，催生的当代先进生产力。新质生产力以劳动者、劳动资料、劳动对象及其优化组合的跃升为基本内涵，以全要素生产率提升为核心标志，具有高科技、高效能、高质量特征，其本质是先进生产力，是符合新发展理念的先进生产力质态。

[①] 习近平：《发展新质生产力是推动高质量发展的内在要求和重要着力点》，《求是》2024 年第 11 期。

[②] 习近平：《在中国科学院第十九次院士大会、中国工程院第十四次院士大会上的讲话》，人民出版社，2018，第 8 页。

（三）新质生产力的基本特征

一是创新主导特征。创新主导意味着新质生产力的发展摆脱了传统经济增长方式和生产力发展路径，通过颠覆性、突破性、引领性的科学技术的发明、应用，进而提升生产效率和质量，催生新的产业业态和模式，形成新的经济增长点。创新主导还体现在新质生产力对新技术、新知识的敏感度和吸收能力上，新质生产力能够迅速捕捉科技发展的前沿动态和最新发展趋势，并将其转化为自身的发展动力和竞争优势。二是数字化和智能化特征。新质生产力以人工智能、大数据、云计算、强算力等新一代信息技术为核心技术，是生产力在数字经济时代的具体实现形式，新能源、新材料、先进技术等深刻改变了各行各业的生产方式和运作模式，推动生产要素创新性配置，实现了生产过程的智能化控制和数字化管理，不断催生新的生产力和增长点，形成更加高效协同的生产体系。三是开放融合特性。新质生产力打破了传统产业的界限，促进了相同或不同产业间的深度融合和跨界发展，在新兴技术的支持下，新质生产力实现了跨地区、跨行业的资源共享，推动了产业链的延伸和价值链的升级。

二　内蒙古新质生产力的培育现状

（一）农牧业领域新质生产力培育现状

一是农牧业科技创新水平不断突破。近年来，内蒙古越来越重视农牧业的现代化转型发展工作，不断加大投入力度支持农牧业产业的科技创新，培育孵化了"农牧业技术示范基地"和"看禾选种"平台等农牧业科技创新项目，在农牧业选种育种、农畜产品生产加工、生态治理等方面不断取得重要突破和新成效，研发出一批先进的农牧业生产技术和生产装备，培育出一批具有自主知识产权的优良品种，全区农牧业科技贡献率达到61%。二是农牧业综合效益显著提升。全区大力推进高标准农田建设，推广增施有机肥、秸秆还田、轮作休耕等耕地地力提升综合配套技术，加快新型农艺技术、新型农牧业生产模式的推广应用以及新型农牧业机械设备的更新换代，全区的综合机械化率达到87%以上，高于全国15个百分点①，劳动生产率、土地产出率和资源利用率等大幅度提升。三是绿色农牧业发展取得新进展。内蒙古加快绿色农牧业发展，推进奶业、肉业、羊绒业等产业高质量发展，通过建设优势特色产业集群、推动"蒙"字号品牌认证、加强地理标志建设等措施，打造内蒙古绿色有机食品，不断提升农牧产品的附加值和市场竞争力，推动农牧业新质生产力的形成与发展。当前，全区绿色、有机和地理标志农畜产品认证总数达4619个，农畜产品质量安全检测总体合格率达到99%以上。

（二）能源领域新质生产力培育现状

一是新型能源体系不断完善。内蒙古坚持煤电油气风光并举的能源发展策略，深入推动传统能源和新能源融合互补发展，打造符合内蒙古实际的能源发展体系。修订《关于建设国家重要能源和战略资源基地的实施方案》，出台《内蒙古自治区人民政府办公厅关于加快新能源和电网工程审批建设若干措施的通知》《关于进一步加快推动氢能产业高质量发展的通知》等政策制度，为能源高质量发展提供保障。二是能源领域科技创新水平不断提升。内蒙古深入实施"科技兴蒙"行动，支持国家级重点实验室、技术创新中心、工程研究中心建设，涌现出一批具有国际先进技术和行业领先水平的科技成果，例如，北斗卫星技术在大型光伏电站空天地一体化智能运维示范应用、煤矿智能化开采装备和关键技术研究与应用等成果与产业发展的深度结合，提高了能源利用效率，促进了能源结构的优化升级。三是能源绿色发展体制机制不断完善。全区加大新能源发展力度，特别是防沙治沙和风电光伏一体化工程，增加了绿色能源的供应；批复多

---

① 沙咏梅：《以新质生产力赋能内蒙古农牧业现代化》，《北方经济》2024年第6期，第37~39页。

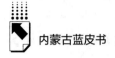
个风光一体化制氢项目，成为全国风光一体化制氢示范项目主要建设地区。同时，内蒙古积极开展绿色电力交易试点，已经吸引 1767 家市场主体参与绿电交易，结算电量达到数百亿千瓦时。重点围绕新型储能、氢能、新能源装备制造、新型电力系统等领域发挥绿电优势，推动新能源与其他产业耦合发展，促进全区在新能源领域快速形成新质生产力，抢占未来产业制高点。

（三）制造业领域新质生产力培育现状

内蒙古坚持以创新驱动为核心，推动全区制造业向高端化、智能化、绿色化方向发展。内蒙古丰富的矿产资源为新材料的发展提供了坚实的基础，全区重点发展钢铁材料、稀土新材料、先进硅材料、先进建材及非金属矿物质材料、先进碳资源，包头稀土新材料产业正在加快成为国家级先进制造业集群。在现代装备制造产业上，聚焦风光氢储四条重点产业链，打造风电装备制造、氢能制造、硅晶新材料等新能源装备制造产业集群。在生物医药产业上，构建起以原料药为主，中药蒙药、化学药制剂、绿色农畜药、生物制品、新药研发等协同发展格局。2024 年 1~7 月，全区规模以上装备制造业、高技术制造业、战略新兴产业均实现高速增长，其中规模以上装备制造业较上年同期增长 41.3%，规模以上高技术制造业较上年同期增长 32.1%，与同期全区规模以上工业经济增速相比，分别高出 33.6 个百分点和 24.4 个百分点。全区绿色能源产品、高端产品产量实现同步高速增长，例如，单晶硅产量同比增长 57.6%，多晶硅产量同比增长约 1.4 倍，规模以上太阳能电池产量同比增长 10.1 倍（见表 1）。

表 1　2024 年 1~7 月内蒙古重点产业及主要制造业产品产量增速

单位：%

按重点产业分	增速	主要制造业产品	增速
能源工业	6.3	单晶硅	57.6
化学工业	8.4	多晶硅	136.7

按重点产业分	增速	主要制造业产品	增速
冶金建材工业	9.9	太阳能电池	1010
装备制造业	41.3	电子元件	22.7
农畜产品加工业	3.5	稀土化合物	270.5
高技术制造业	32.1	稀土磁性材料	61.1

资料来源：2024 年 7 月统计月报，https：//tj. nmg. gov. cn/datashow/index. htm。

（四）信息技术赋能新质生产力现状

数字化、智能化和信息化技术是推动科技创新的核心要素，也是新质生产力发展和培育的重要工具。在数字化基础设施建设方面，全区积极扩大 5G 的覆盖范围，推动 5G 演进技术测试和商用部署，并在多个区域和领域实现了落地应用。例如，呼张高铁沿线实现了全线 5G 专网覆盖，绿色农畜、新能源与新材料、生物制药等产业集群成功开展机器人巡逻、无人车和无人机巡检等 5G 演进技术的创新应用。同时，作为"东数西算"工程的关键节点之一，内蒙古积极推动数据中心扩容提质建设，全年新建、续建数据中心项目 14 个，算力枢纽节点和林格尔数据中心集群的算力总规模达到 4.7 万 P，其中智能算力 4.1 万 P，位居全国前列，为内蒙古新质生产力的培育与提升提供了强大的支撑保障。在推动信息资源产业化方面，全区积极发展大数据、云计算、电子商务等数字经济新业态，在生态环境、医疗健康、交通运输、教育、就业等领域开展数据的多维融合，不断释放数据要素的内在价值。在此基础上，内蒙古还强化人工智能技术算法和算力，构建一体化算力服务中心，从基因测序、医药研发等高端科研领域，再到购物、打车等日常生活场景，满足了不同行业、不同领域算力需求，加速了科学数据资源的优势转化。

三 内蒙古培育新质生产力的主要举措

（一）加大科技投入力度

出台《内蒙古自治区研发投入攻坚行动方案（2021～2025 年）》，明确提出"十四五"期间全区研发经费投入年均增长 20%，到 2025 年，全区研发经费规模达到 370 亿元左右的目标，为内蒙古加大科技投入力度提供了制度引领。2023 年内蒙古深入推进"科技兴蒙"行动和研发投入攻坚行动，持续加大财政投入力度，全区财政科技支出达到 78.2 亿元，同比增长81.9%。设立多项专项资金和项目支持重点领域和重点产业的科技创新，下达 21.2 亿元科技专项资金支持科技创新平台建设、基础和应用研究、科技成果转化等，对呼包鄂国家自主创新示范区、鄂尔多斯国家可持续发展议程创新示范区等重大创新平台下达建设资金 8.5 亿元。

（二）发挥企业创新主体力量

针对高新技术企业、科技型中小型企业等实施"双倍增双提升"行动计划，通过政策扶持、资金投入、平台建设等措施，鼓励和支持高新技术企业、科技型中小型企业快速成长。2023 年全区新增高新技术企业 314 家、科技型中小型企业 950 家[①]，高新技术企业总数达 1887 家，备案入库科技型中小型企业超过 2500 家。同时，完善科技型企业培养体制机制，积极打造科技型中小型企业、高新技术企业、瞪羚企业梯次培养体系，在针对不同科技型企业类型提供政策支持、资金奖励等培养过程中，涌现出一批优秀企业和典型案例，在行业内产生了良好的示范效应。强化企业的创新主体地位，引导科研人员为企业提供精准创新服务，全区备案企业特派员工作站达到

---

① 李贵文：《科技"突围"：以非常之举奋起直追》，《实践（思想理论版）》2024 年第 3 期，第 66～67 页。

133 家，极大地激发企业创新活力；通过"揭榜挂帅""赛马制度"方式，鼓励企业加大研发投入力度，加强企业内部研发机构建设，推动企业成为研发投入重要力量。

（三）深化产学研协同创新机制

深化"4+8+N"合作机制，推动中国科学院、中国工程院、清华大学、北京大学等区外重点科研院所、知名高校、重点企业等与区内内蒙古大学、内蒙古工业大学等高校、科研机构联合开展科研攻关、平台建设以及科技成果转移转化等科技创新工作，进一步促进和带动区内外高校、科研院所之间的产学研长效合作。加快构建协同开放创新平台，支持企业、高校、科研院所共建重点实验室等创新平台，以及研发和成果转化基地、博士后科研工作站等，在乳业、草业、稀土、能源等领域布局建设了一批高质量的创新平台，形成了多元化的创新平台体系。国家乳业技术创新中心、国家草业技术创新中心、半导体硅材料创新中心等平台技术成果显著，在推动技术创新、产业升级和区域发展中发挥了重要作用。

（四）完善科技型人才培养机制

出台《关于实行以增加知识价值为导向分配政策的实施意见》《关于深化项目评审、人才评价、机构评估改革的实施方案》等一系列政策措施，为激发科技人员创新活力营造了良好的政策环境。聚焦重点领域、重点产业创新型领军人才的培养和创新团队的建设，给予创新型领军人才和创新团队稳定的科研经费支持和实验室建设支持；通过"候鸟型""人才飞地"等柔性引才引智方式，与中国科学院包头稀土研发中心等签订"引智协议"，柔性引进科技型人才 30 多人、创新团队 9 个。创新人才培养体制机制，高校、科研院所、企业之间签署协议，联合培养硕士、博士等高学历科技型人才；通过政府、企业、学校三者联盟的形式，推动学校与企业之间的深度合作，如锡林郭勒盟在"技能内蒙古行动"的引领下，构建起终身职业技能培训体系。

四　内蒙古培育与提升新质生产力存在的短板

（一）区域发展不平衡

内蒙古总体上呈现中部发展水平高、东西发展水平低的经济特征。如处于中部区域的呼和浩特、包头、鄂尔多斯等地区经济发展在全区处于领跑态势，而东部区域兴安盟、锡林郭勒盟和西部区域乌海市、巴彦淖尔市等地区经济发展相对落后。2023 年，鄂尔多斯、包头和呼和浩特的地区生产总值远远领先其他地区，其中鄂尔多斯的地区生产总值是阿拉善盟的 14 倍多，如图 1 所示。由于内蒙古东西地域狭长，资源禀赋的差异导致内蒙古各地区在产业结构上存在明显的差异。如鄂尔多斯、包头等城市依托丰富的能源资源，形成了以煤炭、天然气、风能、太阳能以及其他新型产业为主导的产业结构，这些地区在能源新质生产力的发展上具备得天独厚的优势，通过生产要素的重新配置和技术的迭代创新，实现了生产效率、利用效率和资源转化效率的全面提升。而巴彦淖尔、呼伦贝尔、锡林郭勒等地区，资源禀赋决定了这些地区以传统农业和畜牧业为主要产业结构，新兴产业的缺乏导致产业结构单一，难以形成竞争优势。

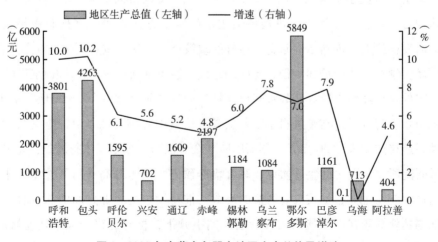

图 1　2023 年内蒙古各盟市地区生产总值及增速

（二）科技支撑和创新水平不足

推进数字化基础设施建设，离不开科技和人才的支撑。科技创新能力和科技支撑能力弱在内蒙古地区表现突出。从科技创新水平方面看，2023 年全国科技创新企业 500 强名单中，内蒙古上榜企业仅有 2 家，占比为 0.4%，且创新度排名相对靠后①，上榜企业主要为煤化工、乳制品等企业，在人工智能等国家新兴产业领域没有相关企业。从 R&D 经费投入水平及强度看，内蒙古自"科技兴蒙"计划实施以来，R&D 经费投入总量呈逐年增长趋势，但是存在基础薄弱、力度不足的特征，科技支撑能力与全国先进地区相比还存在一定的差距，内蒙古 R&D 经费投入总量占全国 R&D 经费投入总量的 0.6%左右，在全国 31 个省区市排名中处于下游水平，R&D 经费增长速度同样位于全国中下游水平②。以上数据表明，内蒙古在科技支撑和创新水平上处于明显的劣势，整体力量有待进一步提升。

（三）产业结构偏重资源型

内蒙古作为我国重要的能源和战略资源基地，产业结构长期以来以能源、冶金、钢铁、化工等资源型产业为主导。例如，2023 年全区采掘业产值占工业总产值的比重较大，煤炭开采和洗选业、黑色金属冶炼及压延加工业、有色金属冶炼及压延加工业、电力及热力的生产与供应等行业，合计占工业生产总值的一半以上。这些产业主要是以原材料为中心的基础性产业，产业转型升级步伐缓慢，缺乏对原材料的精加工、深加工，产品的附加价值较低、竞争力相对较弱。对资源的依赖性极强导致其发展往往伴随着环境污染和生态破坏等一系列问题，同时资源型企业的可持续发展问题也是值得关注的重点问题。近年来，内蒙古积极发展新兴产业，在新能源、生物医药、

---

① 《全国科技创新百强指数报告 2023（企业、高校及研究机构篇）》，http://news. sohu. com/a/681025242_ 119659。

② 刘阳、张福全：《"科技兴蒙"行动以来内蒙古 R&D 经费情况分析与优化对策》，《内蒙古科技与经济》2024 年第 6 期，第 28~34 页。

新材料等方面不断取得新突破。但内蒙古新兴产业的发展尚处于起步阶段，大多呈现点状散发态势，整体的规模和水平有待进一步扩大和提升，新兴产业的有效产业集群还未形成，竞争优势还未显现。

（四）营商环境有待进一步优化

良好的营商环境有助于优化资源配置、提高资源利用效率、激发市场主体创新活力，促进新质生产力的形成和发展。近年来，内蒙古在优化营商环境与推动新质生产力方面持续发力，不断取得新进展。但新质生产力的发展需要一个更加公平、透明、高效和可预期的营商环境，如在市场准入、公平竞争等一些营商环境的重点领域，仍存在一些制度性的障碍和难点堵点问题，经营主体在发展过程中面临的融资困难、人才短缺问题直接影响了企业的运营效率，制约了企业的发展；监督执法尺度不一、评价标准不明的情况打击了企业生产经营信心，这些问题说明内蒙古营商环境有待进一步优化。

五　内蒙古新质生产力培育与提升措施

（一）加快构建现代产业体系

内蒙古要保持战略定力，坚持因地制宜发展新质生产力，聚焦能源、稀土、草业、乳业等领域，以重点领域重点行业的科技创新为引领，通过"两个基地"建设，推动农牧业、能源、装备制造业等传统支柱产业持续迭代升级，集中力量打造新型化工、绿色农畜产品加工、新材料、新能源、现代装备制造、生物医药、数字经济、现代服务业8个产业集群，巩固和提升优势产业的核心竞争力。继续布局壮大新兴产业和未来产业，聚焦新一代信息技术、新能源、生物医药、新材料等战略新兴产业以及人工智能、氢能等未来产业，推动新兴产业实现从点到面的转变跃升，加速构建集现代能源产业体系、现代农牧业产业体系、现代制造业产业体系等于一体的绿色特色优势现代产业体系。

（二）加快科技创新步伐

科技创新是培育和发展新质生产力的核心要素。加大科技创新力度，引导高端资源要素、优质创新资源向呼包鄂乌、赤峰、通辽等创新平台和创新主体聚集，加快促进区内创新力量不断发展壮大。把握科技变革和产业变革的前沿趋势，加速核心技术、核心领域的技术攻关，聚焦绿色低碳科技、量子科技、生物科技、电子元件、新能源等关键产业和核心领域，加大人才、资金、政策的保障力度，保障重点产业的创新链产业链自主可控。构建协同创新体系，积极探索区内创新资源与区外创新资源的协同联动，鼓励科研力量、产业主体在长三角、京津冀和粤港澳大湾区等国内发达地区建设科技创新飞地，充分发挥转化发达地区在资本、技术、人才和数据等高端生产要素方面优势的作用，形成区内外创新主体交叉作用的创新力量。深化产学研协同合作机制，深化企业、高校、科研机构之间的深度合作机制，强化产学研协同创新合作，通过共建研发平台、联合承担项目等方式，构建产学研用一体化协同创新体系，形成攻关合力。

（三）营造形成新质生产力的产业生态

依托全区先进的产业集群建设布局，进一步加强产业集群内部的联系，在集群内部建设产业链供给链创新链人才链融合发展的产业形态。深化产业融合发展模式，加强一二三产业之间的融合，特别是农牧业与现代服务业、现代制造业之间的深度融合，推动形成多元化、高附加值的现代化产业链和价值链，构建农牧业发展的新型业态。立足传统产业的先天优势，加强新兴产业与传统产业之间的融合，构建"主导产业+新兴产业"的新质生产力发展机制，通过科技创新引领传统产业转型升级，推动传统产业向高端化、智能化、绿色化、集约化方向发展。

（四）加快培养高素质人才队伍

人才要素是培育和提升新质生产力的关键要素，要加快高素质人才队伍培

养体系建设，推进构建与新质生产力发展相适应的人才队伍。完善人才培养顶层设计，畅通教育、人才、科技的良性循环，完善人才引进、使用、激励相关制度。实施人才队伍梯次培养模式，针对科技型人才、高精尖人才、新型劳动者等不同的人才类型，因材施教，探索适应不同人才培养的新模式、新技术、新方法，为不同层次和不同领域的人才提供全面的培养和发展机会，推动人才质量提升。创新人才资源流动机制，加快制定和完善人才流动相关规定规范，完善柔性引才政策，支持通过规划咨询、项目合作、成果转化、联合研发等方式实现人才智力资源的共享，构建更加开放、有序的人才流动格局。

（五）进一步优化营商环境

营造符合新质生产力发展的政策环境，围绕企业融资、投资管理、创新创业等领域，加大政策支持力度，特别是针对处于创业初期和成长期的科技型中小型企业，出台更加精准有力的税收优惠、资金补贴、研发资助等帮扶政策。强化政府服务改革，优化科创服务相关产业的市场准入门槛和经营环节，确保各类市场主体平等参与市场竞争。针对科技研究类项目管理，进一步完善有关规定，通过收缩行政性管理对软科学研究、科技项目运行的机制性干预，降低各类研究项目的制度性成本。进一步丰富全区营商环境的内涵，注重诚信经营、社会治安稳定、公共服务优质等社会要素建设，为优质人才资源、优质创新项目和创新成果落地内蒙古提供更高质量的社会保障，为全区人才高地和创新平台建设营造良好的、稳定的、可预期的营商环境。

参考文献

王煜萍、高媛：《新质生产力与经济高质量发展耦合协调研究》，《湖北经济学院学报》2024 年第 5 期。

赵海东：《构建新质生产力驱动的内蒙古现代化产业体系》，《北方经济》2024 年第 3 期。

B.5
文旅融合视角下内蒙古冰雪旅游发展报告

包娜娜*

摘　要：　内蒙古冰雪资源丰富，具有发展冰雪旅游的优势基础。借助承办全国第十四届冬季运动会契机，自治区顺应新时代旅游消费的新需求与新趋势，通过冰雪体育牵引、文化赋能和旅游带动，推进冰雪文化、冰雪运动与冰雪旅游有机融合，抓住当前冰雪经济发展良机，构建全域四季旅游新格局，借势推动内蒙古冰雪产业高质量发展。

关键词：　文旅融合　冰雪旅游　内蒙古

习近平总书记指出："文化产业和旅游产业密不可分，要坚持以文塑旅、以旅彰文，推动文化和旅游融合发展，让人们在领略自然之美中感悟文化之美、陶冶心灵之美。"党的二十大报告对繁荣发展文化事业和文化产业做出重要部署，提出"推进文化和旅游深度融合发展"。文旅融合不仅有助于促进传统文化传承创新与旅游业转型升级，也是民族地区高质量发展和实现共同富裕的重要路径。北京2022年冬奥会、冬残奥会的成功举办，推动了我国冰雪运动跨越式发展，中国冰雪旅游发展迎来重大契机，冰雪运动和冰雪旅游迈入大众化时代。习近平总书记考察黑龙江省时指出："要大力发展特色文化旅游。要把发展冰雪经济作为新增长点，推动冰雪运动、冰雪文化、冰雪装备、冰雪旅游全产业链发展。"冰天雪地也是金山银山，《中国冰雪旅游发展报告（2024）》指出，我国冰雪旅游市场进入品质和创新驱

---

* 包娜娜，内蒙古自治区社会科学院公共管理研究所副研究员，主要研究方向为公共服务、基层治理。

动的新阶段，预计 2023~2024 年冰雪季，我国冰雪休闲旅游人数超过 4 亿人次，冰雪休闲旅游收入达到 5500 亿元。"带动三亿人参与冰雪活动"已从愿景变为现实，冰雪文化氛围逐渐浓厚，冰雪旅游市场不断扩大，冰雪旅游成为人民群众对美好生活向往的重要内容。内蒙古依托冰雪资源优势和民俗特色文化，深入践行"冰天雪地也是金山银山"发展理念，以承办第十四届全国冬季运动会（简称"十四冬"）为抓手，推动冰雪文体旅融合发展，努力将资源优势转变为发展优势，发挥旅游业带动经济社会发展的重要作用，为书写中国式现代化内蒙古新篇章提供有力支撑。

一　内蒙古冰雪旅游发展基础

（一）冰雪资源禀赋得天独厚

冰雪是内蒙古得天独厚的自然资源、生态资源和发展资源，冰雪与草原、森林、沙漠、河湖、温泉、火山遗迹等地质奇观相呼应[1]，构成了内蒙古北国风光的自然美景——既有林海雪原、百里雾凇，也有茫茫雪原、银色沙漠。内蒙古的民俗文化与冰雪有机交融，更增加了冰雪旅游的独特魅力。内蒙古全区各地冰雪期长达 3 个月，全年积雪天数为 7~173 天，积雪深度由西向东增加，厚度为 6~80 厘米。大兴安岭东北部的年均积雪日全国最多，呼伦贝尔市、兴安盟等东部地区年均积雪日在 160 天以上，局部积雪日超过 200 天，平均积雪厚度达 30 厘米以上，雪量充沛、雪质优良。内蒙古地形以高原为主，高原四周分布着大兴安岭、阴山、贺兰山等山脉，三条山脉所形成的高山地形为内蒙古冰雪运动创造了良好条件，中东部的广大地区，其自然地理条件均符合开展室外滑雪的要求。

---

① 李永桃：《打造冰雪经济 让"冷"资源释放"热"效益》，《内蒙古日报（汉）》2024 年 1 月 22 日，第 5 版。

（二）冰雪产业政策不断完善

自治区政府将广泛开展冰雪运动、推动冰雪场地设施建设纳入《内蒙古自治区"十四五"体育事业发展规划》，专项出台《内蒙古自治区冰雪运动中长期发展规划（2016~2025 年）》，在《关于促进文旅深度融合推动旅游业高质量发展的意见》中提出大力发展冰雪旅游，鼓励冰雪产业发展创新。为助推冰雪旅游释放消费潜能，自治区政府策划并实施《内蒙古2023~2024 年度冬季旅游活动实施方案》《内蒙古自治区第 20 届冰雪那达慕实施方案》等一系列活动，扶持冰雪旅游重点项目及国家级滑雪旅游度假地建设。截至 2023 年 4 月，内蒙古自治区文旅厅出台的旅游专列、包机，区外游客招徕的专项奖励政策见表 1。

表 1　2018~2023 年内蒙古出台的促进冰雪旅游发展的政策举措

发布时间	政策名称	出台单位	举措内容
2018 年 6 月	内蒙古自治区冰雪运动中长期发展规划（2016~2025 年）	自治区发改委、体育局、教育厅、旅发委	提出到 2025 年，全区参与冰雪运动人数明显增加，冰雪竞技水平明显提高，冰雪运动产业体系基本健全，冰雪场地设施条件大幅改善，努力将内蒙古打造成"贯穿东西、沿京津冀、连接三北"的冰雪运动和产业大区。到 2025 年，全区冰雪运动产业体系进一步完善，全区产值总规模达到 135 亿元。冰雪场地设施全面覆盖，建成滑冰馆 20 个以上、室外滑冰场 200 个以上、滑雪场 30 个以上，形成设施完备、类型多样、布局合理、功能齐全、满足比赛和群众健身需求的冰雪场地设施网络
2021 年 12 月	内蒙古自治区"十四五"文化和旅游融合发展规划	自治区人民政府办公厅	提出推动冰雪旅游创新发展。科学评价自治区冰雪资源开发价值，引导东部地区相关盟市先行先试，打造一批融冰雪运动、自驾越野、非遗体验、文化展示于一体的高品质冰雪旅游基地，创建一批冰雪主题 A 级旅游景区和滑雪旅游度假地，推出一批兼具民俗风情和冰雪文化特色的主题精品线路。结合冬季节事活动，创新打造内蒙古冰雪那达慕旅游品牌，提升冰雪旅游发展水平和质量

续表

发布时间	政策名称	出台单位	举措内容
2021 年 10 月	内蒙古自治区"十四五"体育事业发展规划	自治区人民政府办公厅	提出开展群众冰雪运动、打造"百万青少年上冰雪"等品牌活动。做好"后冬运"时代的冰雪体育资源开发利用工作,大力推广雪地足球、保龄壶、冰上龙舟等特色体育运动项目
2021 年 12 月	内蒙古自治区"十四五"体育产业发展规划	内蒙古自治区人民政府	提出夯实冰雪运动产业项目基础,完善群众冰雪活动体系,完善冰雪运动竞赛制度,为大众赏冰乐雪、运动技能培训、专业人才培养、冰雪文化普及与推广打造优质载体
2022 年 4 月	内蒙古自治区全民健身实施计划(2021~2025 年)	内蒙古自治区人民政府	将推动冰雪场地设施健身作为主要任务,鼓励各地区通过多种形式因地制宜建设冰雪运动场地设施,引导群众参与冰雪运动健身
2024 年 1 月	关于促进文旅深度融合推动旅游业高质量发展的意见	内蒙古自治区党委办公厅、自治区人民政府办公厅	提出大力发展冰雪旅游。以东部四盟市为重点打造冰雪旅游目的地,提升扎兰屯金龙山、牙克石凤凰山、喀喇沁旗美林谷等滑雪旅游度假地建设水平。到 2025年,建成 4 家国家级滑雪旅游度假地、5家自治区级滑雪旅游度假地。支持发展特色冰雪旅游项目,建设中国冷极村和冰雪文化体验园。打造冰雪那达慕国家级品牌,高水平举办满洲里中俄蒙国际冰雪节、赤峰达里湖冬捕节等活动
2023 年 4 月	内蒙古自治区旅游专列、包机定制服务专项奖励政策	内蒙古自治区文旅厅	对通过专列方式(一次组织 300 人以上)、包机(一次 100 人以上)方式从区外和国外,直达内蒙古自治区境内机场并开展旅游活动的旅行社给予奖励
2023 年 4 月	招徕区外游客入内蒙古专项奖励政策	内蒙古自治区文旅厅	旅行社企业招徕区外入内蒙古过夜游客累计 500 人(含)以上,按照每人 20 元的标准给予奖励;在四星级旅游饭店住宿 1晚,游览 1 个 4A 级收费景区的,按照每人 50 元的标准给予奖励。观看 1 台(含)以上驻景区收费演出项目的额外给予每人 10 元补贴

（三）冰雪旅游基础扎实

截至 2023 年底，内蒙古共有冰雪运动场地 152 个，其中滑冰场 101 个、滑雪场 51 个①，牙克石凤凰山滑雪场、扎兰屯金龙山滑雪场均被选为国家队训练基地。全区拥有 4 个国家级滑雪旅游度假地，数量居全国第 2（见表2），分别为呼和浩特市马鬃山滑雪旅游度假地、扎兰屯金龙山滑雪旅游度假地、喀喇沁旗美林谷滑雪旅游度假地、牙克石凤凰山滑雪旅游度假地。全区各地还建设了多处城市冰雪乐园、雪村等，打造了冰雪那达慕、阿尔山冰雪节、达里湖冬捕节、满洲里中俄蒙国际冰雪节等品牌冰雪旅游节庆，积极推动"冰雪+文化""冰雪+旅游""冰雪+体育"等，形成了多样的冰雪旅游产品，为发展冰雪旅游奠定了基础。

表 2　国内主要冰雪旅游目的地情况

地区	滑雪场*	国家级滑雪旅游度假地	冰雪节庆活动	大型冰雪赛事
内蒙古	51 个	1. 呼和浩特市马鬃山滑雪旅游度假地 2. 扎兰屯金龙山滑雪旅游度假地 3. 喀喇沁旗美林谷滑雪旅游度假地 4. 牙克石凤凰山滑雪旅游度假地	1. 满洲里中俄蒙国际冰雪节 2. 内蒙古冰雪那达慕 3. 阿尔山冰雪节	第 14 届全国冬运会
吉林	74 个	1. 丰满松花湖滑雪旅游度假地 2. 抚松长白山滑雪旅游度假地 3. 永吉北大湖滑雪旅游度假地 4. 东昌万峰滑雪旅游度假地 5. 长白山天池北区长白山滑雪旅游度假地	1. 长白山国际雪文化旅游节 2. 吉林国际雾凇冰雪节 3. 雪博会 4. 长白山粉雪节 5. 长春冰雪节	第 6 届亚冬会，第 1、6、8、9、12 届全国冬运会

① 资料来源：国家体育总局冬季运动管理中心发布《大众冰雪消费市场研究报告（2023~2024 冰雪季）》。

续表

地区	滑雪场*	国家级滑雪旅游度假地	冰雪节庆活动	大型冰雪赛事
黑龙江	84个	1. 亚布力滑雪旅游度假区 2. 双鸭山市宝清县圣洁摇篮山滑雪旅游度假地	1. 哈尔滨国际冰雪节 2. 伊春森林冰雪欢乐季 3. 太阳岛国际雪雕艺术博览会	第3届亚冬会，第1、3、4、5、7、10、11届全国冬运会，第24届世界大学生冬运会
新疆	66个	1. 伊犁哈萨克自治州新源县滑雪旅游度假地 2. 阿勒泰地区布尔津县吉克普林滑雪旅游度假地 3. 可可托海国际滑雪旅游度假区 4. 乌鲁木齐南山滑雪旅游度假地 5. 阿勒泰将军山国际滑雪旅游度假区	1. 人类滑雪起源地纪念日庆典活动 2. 乌鲁木齐丝绸之路冰雪风情节	第4、13届全国冬运会

注：*滑雪场数据来源于国家体育总局。

二 内蒙古冰雪旅游发展情况

2023～2024年冬季旅游期，哈尔滨的冰雪旅游火热出圈。仅元旦假期，哈尔滨市累计接待游客304.79万人次，实现旅游收入59.14亿元，超过三亚。黑龙江、吉林、新疆等地依托冰雪运动打造文化旅游消费新业态，持续为消费经济注入新活力。对于冰雪资源同样丰富的内蒙古而言，冰雪旅游成为填补旅游季节空白、拉动内需、延长文旅产业链的重要渠道。

（一）丰富冰雪文旅产品供给

2023～2024年度冬季旅游期，内蒙古将民俗、演艺、文创、非遗、美食等项目融入冰雪旅游产品和活动中，补齐冬季文化旅游产业短板，提高游客参与度和体验感。围绕"冰雪+节庆""冰雪+赛事""冰雪+自驾""冰雪+

露营""冰雪+康养""冰雪+度假""冰雪+民俗",全区共推出包含第20届冰雪那达慕在内的145项活动。在文化体验产品方面,扩大特色旅游产品和服务供给,丰富游客文化旅游体验,举办冬季马赛暨游牧文化体验季活动、冰雪研学主题活动、非物质文化遗产年货展、中国年传统年俗活动等。在节庆活动产品方面,以民族团结为主线,推出内蒙古特色文化旅游节庆活动,举办冰雪文化旅游节暨冬季趣味运动会、银冬驼文化节、冰雪奇缘嘉年华、年猪文化节等活动。在冰雪展会和演艺产品方面,全区文化展馆和国有文艺院团在冬季举办文化展览和惠民演出活动,不断丰富群众冬季文化生活,推出了冰雪主题舞台精品展演、文化进万家"百团千场"基层文化惠民公益演出、元宵节文化系列活动、音乐节等。在冰雪温泉产品方面,打造冬季冰雪休闲旅游,推动冰雪温泉旅游产品开发,提升游客温泉体验,开展温泉康养活动、温泉节、冬季盐浴沙疗康养季活动等。

各盟市依托气候条件、区位优势和资源禀赋,打造民俗体验、非遗展示、文艺演出、美食品鉴等冰雪文化旅游项目;促进文旅深度融合,推出冰雪那达慕、冬季英雄会、冷极马拉松、冰雪马超等具有北疆文化特色的体育旅游品牌,深化体育与文化、旅游、科教、健康融合发展,丰富体育旅游公共服务和产品(见表3)。

表3 2023~2024年冬季内蒙古各地区大型冰雪活动情况

地区	大型冰雪活动
呼和浩特市	2024第三届呼和浩特欢乐冰雪节、敕勒川冰雪嘉年华、哈素海冬捕节、2023~2024冬季校园冰雪俱乐部冰壶冬令营
包头市	"冰雪奇缘·包您满意"第四届冰雪文化旅游季、第十五届"魅力昆都仑"冰雪节活动
呼伦贝尔市	内蒙古第二十届冰雪那达慕、第二十一届中国·满洲里中俄蒙国际冰雪节、第六届呼伦贝尔(海拉尔)冬季英雄会、中国冷极马拉松、根河冰雪季、第十届鄂伦春冰雪伊萨仁、莫力达瓦冰钓季系列活动、第六届呼伦贝尔雪雕大赛
兴安盟	"童话阿尔山·冰雪大兴安"第十八届阿尔山冰雪节、2023中蒙俄(阿尔山)国际汽车冰雪挑战赛

地区	大型冰雪活动
通辽市	第十届全国大众冰雪季暨通辽市第三届冰雪嘉年华、霍林郭勒市第十二届冰雪节
赤峰市	第十六届达里湖冬捕旅游季、第七届辽上京冰雪文化旅游节、克什克腾旗第十二届银冬驼文化节
锡林郭勒盟	首届全国大学生冰上龙舟锦标赛、全国大众冰雪季-锡林郭勒盟第五届冬季运动会
乌兰察布市	2023年乌兰察布"冰雪之恋"运动季、乌兰察布冰雪嘉年华
鄂尔多斯市	第十三届鄂尔多斯冰雪文化旅游节、第七届鄂尔多斯冰雪那达慕、"冬之恋"第二届鄂尔多斯九城宫冰雪浪漫节、第十届全国大众冰雪季暨鄂尔多斯趣味冰雪运动会
巴彦淖尔市	冰雪文化旅游节、乌梁素海冬钓比赛、巴彦淖尔市冰雪旅游嘉年华、第五届乌梁素海冰雪旅游节
乌海市	第二届乌海湖冰雪世界嘉年华、第十届全国大众冰雪季跨年接力跑活动
阿拉善盟	2023阿拉善右旗万峰驼那达慕大会、巴丹吉林越野峰会

资料来源：郭乐：《"十四冬"背景下内蒙古冰雪旅游产业高质量发展研究》，《冰雪体育创新研究》2024年第11期，第4~6页。

设计推出冬季旅游黄金线路。围绕休闲度假、运动激情、红色研学、温泉疗养、观光摄影、乡村旅游等推出不同主题的"相约草原"系列"十四冬"滑雪观赛之旅，推出25条冰雪旅游精品线路，包含"冰歌雪舞·多彩民俗"畅游冰雪呼伦贝尔之旅3日游、呼和浩特"浪漫青城梦幻冰雪"3日游、"山水相连"中蒙跨境民俗体验之旅5日游等。各线路从东至西贯穿全区，全面满足不同类型的消费群体，让更多的游客既能体验丰富的冬季旅游产品和独具魅力的民俗文化，又能参与充满趣味的体验活动，全面感受内蒙古冬季文旅活动的魅力。

（二）激发冰雪旅游消费活力

内蒙古各地开展丰富多彩的冰雪活动，并推出多项门票优惠措施。2024年春节假期，全区接待国内游客3140余万人次，是2023年的5.76倍，是2019年可比口径的5.11倍；实现旅游收入221.22亿元，是2023年的7.63

倍，是 2019 年可比口径的 6.46 倍①。冬季冰雪旅游逐步成为内蒙古旅游发展的新亮点。以"十四冬"为契机，呼伦贝尔市延长冰雪经济产业链，推进冰雪旅游产业向高端化、差异化、品牌化、特色化发展。据统计，2023年呼伦贝尔市接待旅游人数近 3000 万人次，实现旅游收入近 500 亿元。特别是 2023 年 11 月至 2024 年 1 月，全市旅游人数、旅游收入分别是上年同期的 2.2 倍和 2.7 倍。2024 年春节假期前六日，呼伦贝尔市接待游客131.29 万人次，实现旅游收入 9.09 亿元，分别是上年同期的 9.2 倍和 11倍。2024 年春节期间，"十四冬" 4 个赛区共接待游客 1314.97 万人次，实现文体旅收入 101.17 亿元（见表4）。

表4　"十四冬"期间内蒙古各赛区文体旅游客和收入情况

单位：万人，亿元

赛区	接待人次	实现收入
呼伦贝尔	166.63	11.44
呼和浩特	407.82	43.63
乌兰察布	409.52	23.30
赤峰	331.00	22.80
合计	1314.97	101.17

（三）围绕"十四冬"促进冰雪文体旅融合

北京冬奥会开启了中国冰雪运动新时代，激发了大众的冰雪运动热情，人们开始认识冰雪项目、广泛参与冰雪运动，冰雪运动实现跨越式发展。冰雪运动作为现代体育运动的重要组成部分，代表了综合国力，是体育强国和"健康中国"的重要内生动力。"十四冬"作为北京冬奥会后举办的全国冬季项目综合体育赛事，是规模最大、项目最多、标准最高的一届，为内蒙古冰雪文化体育旅游融合发展提供了良好机遇。"十四冬"在体育竞技之外，

---

① 参见内蒙古自治区文化和旅游厅网站，https://wlt.nmg.gov.cn/zwxx/gzdt/202402/t20240218_2468439.html。

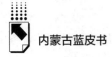

也是文化展示与交流的平台。在呼伦贝尔市海拉尔，比赛开始前，现场观众可以听到具有民族特色的热场音乐，以及国家级非物质文化遗产呼麦。在呼伦贝尔古城国家级旅游休闲街区，民族服饰展演、马头琴演出、特色舞蹈表演、呼麦、沉浸式舞台剧等节目精彩纷呈。

群众性冰雪活动丰富多彩。冰雪赛事吸引冰雪爱好者开展冰雪运动竞技，带动全民冰雪运动旅游热潮，包括冷极马拉松、全国冬泳邀请赛、汽车那达慕、青少年速度滑冰锦标赛等。以"跟着赛事去旅行"活动为引领，内蒙古各地全面推广当地人文和自然景观，提升群众的冰雪运动消费体验，如呼伦贝尔市举办了冰雪那达慕、冰雪伊萨仁、冷极马拉松等161项文旅活动。数据显示，内蒙古冰雪运动群体参与率约为40%，超过北方地区冰雪运动参与率的平均水平（32.43%）①。作为"十四冬"举办地，内蒙古开展"冬运惠民"系列赛事活动近300场次，辐射带动健身爱好者500余万人次。

三　内蒙古冰雪旅游发展问题

随着东北三省冰雪旅游的发展和成熟，内蒙古的冰雪旅游也迎来更多的触动和发展契机，同时也面临严峻挑战。既要在激烈的市场竞争中吸收国内优势城市的优点，又要打造独具内蒙古特色的冰雪旅游项目，这是目前内蒙古冰雪旅游发展的首要问题。

（一）品牌效应不足

内蒙古冰雪旅游缺乏具有知名度的冰雪产品和活动，冰雪旅游品牌在全国的知名度、美誉度和影响力还有待提升。虽然呼伦贝尔的冰雪那达慕活动已举办20届，具有一定的民俗文化特色，但是民众对于呼伦贝尔的印象仍

---

① 《冰雪之花开遍大江南北——"带动三亿人参与冰雪运动"从愿景变成现实》，《中国体育报》2022年5月26日，第1版。

是夏季草原旅游目的地，冬季旅游的产业规模尚未形成。冰雪旅游产业融合水平不高，冰雪优质产品供给不足、主题特色不鲜明、差异化程度较低，多数项目不同程度存在业态相近、产品同质化等诸多问题。

（二）服务体系不够完善

2023~2024 年雪季，选择在内蒙古参与冰雪运动的受访者比重为3.32%，在 31 个省区市中排在第 13 位，在冰雪主要旅游目的地中排名靠后。内蒙古冰雪游览区、滑雪场多分布在大兴安岭北面、阴山山脉南坡、黄河流域附近，优质的冰雪旅游品牌集中在内蒙古东部地区，远离内蒙古中部经济发达区以及京津冀中心消费区，不论是铁路还是民航，交通的通达性和便捷性与东北三省相去甚远。全国 85% 的城市没有直达内蒙古冰雪旅游资源富集城市的航班，有的甚至需要中转三次以上。在旅游设施和服务方面，旅行社分布不合理、数量不足，与经济社会发展水平不协调。冰雪运动与交通、餐饮、娱乐等项目有效衔接不足，与第三产业融合性较低。

（三）宣传营销力度不够

冰雪旅游营销策划、产品开发以及运营管理服务等方面还需要不断创新。冰雪旅游相关活动宣传营销具体操作中，前期预热和后期持续推广营销工作不到位，导致影响力较小。无论是自治区层面，还是盟市和旗县举办的旅游活动，宣传理念传统守旧，与国内知名大型旅游活动的宣传营销相比，还缺乏有效的手段和模式。各地各景区景点的协作意识不强，单打独斗宣传势必影响宣传推广的传播力和覆盖面。

（四）产业体系尚未形成

产业融合不仅是冰雪与旅游产业的融合，更是冰雪与文化、教育、科技等产业的融合，旨在推动相关产业协同发展。当前，冰雪装备制造、冰雪现代服务业培育和冰雪人才教育等冰雪产业还处于起步阶段，雪具、雪服和雪上装备等配套生产企业缺乏，缺少成熟的冰雕雪雕企业，没有形成冰雪旅游完整的产业链。文化产业产品运营主要依托国企，导致运营成本过高、产品所带来的持续附加值较低。此外，由于与内蒙古各地域特色传统文化的融合度尚显不足，以及缺少具有内蒙古特色的冰雪文化产业体系，冰雪文化消费不够大众化，难以形成热门产业。在高水平冰雪体育旅游人才的培养和引进方面，需要加大投入和加强管理，从而提升相关部门和人员的专业能力。

四　文旅融合视角下内蒙古冰雪旅游发展建议

后冬奥时代，在巩固"带动三亿人参与冰雪运动"成果和实施冰雪运动"南展西扩东进"战略目标下，内蒙古应顺应新时代旅游消费的新需求与新趋势，将发展冰雪运动、冰雪文化与冰雪旅游有机融合，抓住当前冰雪经济发展良机，构建全域全季全时旅游新格局，借势推动内蒙古冰雪产业高质量发展。

（一）文化赋能，打造兼具冰雪文化内涵和地域特色的冰雪文化品牌

文旅融合是现代旅游业发展的有效途径。深挖民族文化内涵，文化旅游融合不仅能促进旅游业发展，还是民族文化传承创新发展的重要手段和方式。内蒙古冬季漫长寒冷，在历史进程中，内蒙古人民不仅学会了抵御冰雪带来的严寒，更学会了利用冰雪进行生产活动，将冰雪运动与游牧和狩猎活动紧密联系在一起，很早就发明并开始使用察纳（滑雪板）、察纳杖（滑雪杖）和其日嘎（雪橇或爬犁）。与冰雪共存共生的生活方式培育了内蒙古独特的冰雪民俗，塑造了北疆的冰雪文化基因。

一是要丰富内蒙古冰雪旅游的文化内涵。以内蒙古草原冰雪资源和民俗、文化为依托，如通过蒙古族、鄂伦春族、鄂温克族等少数民族的服饰、饮食、冬捕冬猎等特色，展示内蒙古的冰雪资源和历史文化。二是打造兼具冰雪文化内涵和地域特色的冰雪文化品牌，提升内蒙古冰雪旅游品牌影响力。黑龙江的冰雪旅游出圈，是"哈尔滨冰雪大世界""中国雪乡""亚布力滑雪场"等冰雪旅游品牌数十年努力与积累的结果。内蒙古可弘扬传统

民族盛会，如冰雪那达慕结合了当地天然冰雪资源、蒙古族民俗文化以及冰雪运动，已逐渐成为内蒙古冰雪旅游独特的民俗文化品牌，同样的还有冷极马拉松、冬季英雄会、达里湖冬捕节以及中俄蒙国际冰雪节等活动。要从节庆活动、大型赛事等方面系统谋划，将内蒙古的多元民俗文化与冰雪资源有机融合，提升内蒙古冰雪旅游品牌影响力。

（二）延伸冬季旅游链条，拓展冰雪消费广度和深度，促进内蒙古冰雪旅游提档升级

黑龙江冰雪旅游的火爆出圈为内蒙古的冰雪文化旅游发展提供了思路。

一是冰雪旅游产品的多元化开发，打造高质量的文旅产品。冰雪旅游的受众主要是滑雪爱好者、年轻人和亲子家庭群体，其中，"80后""90后"占冰雪旅游消费人群的53.22%。从冰雪旅游类型来看，中国旅游研究院数据显示，2023~2024年冰雪季我国仍然以冰雪观光休闲为主，只有三成左右的用户会选择两天以上的纯滑雪行程。多数游客仅将滑雪作为体验，62.1%的游客选择冰雪休闲观光，感受冰雪文化。因此在旅游路线设计过程中，应融合人文与自然景观、区位特点和民俗特色，开发特色冰雪旅游线路，如结合冰雪赛事和冰雪运动的冰雪文化游、俄蒙边境游、冰雪非遗游、冰雪民俗体验游等，包含滑雪场、度假区、特色小镇等多种业态，满足游客观光、体验、度假、休闲等不同需求。精准定位目标顾客群体，结合内蒙古的客源地优势和特点。如呼伦贝尔依托"十四冬"的热度和东北冷极、"瑞士同纬"等自然优势开发大兴安岭区域国际冰雪旅游度假目的地，争取国际赛事，打造世界级滑雪胜地；中部以京津冀客源为主，在喀喇沁美林谷等4A级冰雪旅游地基础上形成与崇礼相比有文化资源优势的冰雪旅游地，实现冰雪旅游产品的特色化、差异化和多样化开发。

二是丰富优质旅游产品和服务供给，强化创意设计赋能，创设"打卡"点位，打造具有北疆文化特色的冰雕雪景。将冰雪资源与乡村休闲农业有机融合，发展"冰雪+"新业态，让冰天雪地成为群众致富、乡村振兴的"金山银山"。冰雪消费的广度和深度有较大的拓展空间，围绕"吃住行游购

娱"延伸产业链，发展餐饮、民宿等冰雪配套服务，针对不同消费水平的群体，提供更多的消费选择。

（三）借助"十四冬"，以体育赛事为牵引，激发大众冰雪热情

要抓住内蒙古承办"十四冬"的契机，挖掘市场需求，推动冰雪运动、冰雪文化、冰雪旅游联动发展，将体育赛事带来的"流量"转化为文旅消费的"留量"。

一是将冰雪运动与全民健身结合，引导更多群众体验参与。推动冰雪运动普及发展，持续利用场馆，在举办国内国际高水平赛事的同时，服务民众日常休闲健身；进一步与教育系统联合开展冰雪公开课及研学交流活动，推动青少年冰雪运动普及，实现场馆的可持续有效利用。将滑雪场变成集商业、体育、文旅等多种业态于一体的产业综合服务区。利用公园水域、城市休闲空地建设室外滑冰场，打造群众身边的冰雪运动场地，开发团体型大型冰雪活动，扩大冰雪运动覆盖面，激发大众参与热情。

二是完善基础设施。内蒙古冰雪基础设施与东北三省中心城市相比有差距。中大型滑雪场布局分散，多数在城市郊区。在交通设施建设方面，应完善城市间铁路、公路和民航等立体交通网络，加快交通干线与景区连接线建设，实现机场、高铁站到主要景区的公共交通无缝对接，提升交通的便捷性和通达性，让市民和游客参与冰雪运动更加便利。

（四）优化旅游业态、消费氛围等"软环境"，加强冰雪旅游宣传推介

一方面，规范文化旅游市场，持续优化营商环境。不论是夏季的淄博，还是冬季的哈尔滨，都用鲜活的实践说明了只有政府细致服务、及时回应需求，商家明码标价、诚信经营、用心用情待客，才能赢得网民的点赞和游客的推荐，使"头回客"变成"回头客"。因此在推动冰雪旅游发展过程中，应建设完善文化旅游领域诚信体系，加强旅游市场监管，畅通监督投诉渠道，营造良好旅游市场环境。需要形成全区一盘棋，文旅部门、市场主体、

相关单位以及广大市民积极参与，营造诚信公平的消费环境，提升游客的消费体验。

另一方面，加大宣传推广力度。政府要善用新媒体平台，有目的、有规划地打造城市形象。在旅游市场营销策划和组织上，创新宣传模式，综合运用主流媒体和抖音、小红书、微博等新媒体社交网络平台，用短视频、直播等方式开展线上营销，推出符合当下旅游者需求的内容，擦亮冰雪旅游名片，提升公众对内蒙古冰雪旅游的认知度。

参考文献

董锁成、李宇：《专栏序言——推动"冰天雪地"向"金山银山"转换》，《中国生态旅游》2021 年第 6 期。

郝晶晶、齐晓明、张素丽、侯晓莹：《内蒙古冰雪旅游资源及其利用研究》，《干旱区资源与环境》2017 年第 9 期。

李加洞：《内蒙古冰雪旅游产品开发与发展格局研究》，《内蒙古财经大学学报》2024 年第 1 期。

陈力：《内蒙古冰雪经济破"冰"前行》，《经济日报》2022 年 2 月 10 日。

B.6
2023年内蒙古公共文化服务现状、问题与对策研究

魏国清*

摘　要： 现代公共文化服务体系的建立和完善，是提升社会文明程度的基础性重要保障。本报告在系统梳理2023年内蒙古公共文化服务现状与问题的基础上，提出以人为本增强供给能力，加快推进现代公共文化服务体系建设；改进和完善文化项目推进机制，丰富群众文化活动举办形式；构建多元立体的文化服务业态，推动公共文化服务和旅游公共服务融合发展等对策建议。

关键词： 公共文化服务　群众文化活动　文旅融合　内蒙古

2023年，内蒙古文化和旅游系统坚持以习近平新时代中国特色社会主义思想为指导，认真贯彻落实自治区党委、政府决策部署，聚焦聚力办好"两件大事"，公共文化事业亮点纷呈。继2022年广场舞类作品《森林中的考考乐》获中国文化艺术政府奖"群星奖"，鄂尔多斯市和包头市"国家公共文化服务体系示范区"创新发展复核获优秀成绩，2023年呼和浩特市"国家公共文化服务体系示范区"创新发展复核又获优秀成绩，包头市首次举办文化馆界层次最高、规模最大的行业年度盛会——2023年中国文化馆年会。内蒙古在实现基本公共服务均等化上积极探索，取得了一定成效，但也暴露出一些问题，亟待提出可行性对策。

---

* 魏国清，内蒙古博物院副研究馆员、内蒙古自治区群众文化学会副会长，主要研究方向为文旅融合、公共文化、历史学。

一 内蒙古公共文化服务发展现状

（一）以满足公民基本文化需要为目的，推动公共文化服务标准化、均等化建设

公共文化服务主要指公共图书馆、文化馆（站）、博物馆等提供的服务，也涉及社会力量参与提供的公共文化服务，如内蒙古农村牧区文化示范户政策受到各级媒体关注，就是在政府主导下，社会力量发挥作用的结果。截至2023年底，全区共有公共图书馆117家、文化馆118家，其中自治区级文化馆、图书馆各1家，地级文化馆、图书馆各12家，县级文化馆105家、图书馆104家（不包括文化馆分馆1809家、图书馆分馆2483家）。自治区现有备案博物馆173家，其中国有博物馆130家、非国有博物馆43家，馆藏文物135.1万件/套；现有国家级博物馆37家，其中一级馆3家、二级馆12家、三级馆22家。自治区现有苏木乡镇（街道）文化站1085个、嘎查村（社区）综合性文化活动中心12522个，"覆盖城乡、结构合理、功能健全、实用高效"的公共文化服务体系基本形成。在2020年全国第五次文化馆评估定级中，全区共有上等级文化馆88家，其中一、二、三级分别为31家、42家、15家。在2023年全国第七次公共图书馆评估定级中，全区共有上等级图书馆96家（占82%），其中一、二、三级分别为36家、26家、34家。在2018年组织开展的全区苏木乡镇综合文化站评估定级中，上等级文化站为312个。截至2023年底，全区各级公共图书馆总藏量为2050万册，馆舍总面积为43.9万平方米，年总流通743万多人次，外借书刊541万多册次。

（二）加强顶层设计，制定政策法规，国家政策落地有保障

2016年以来，全区相继印发《关于加快构建现代公共文化服务体系的实施意见》《内蒙古自治区公共文化服务体系建设评价考核办法（试行）》

《内蒙古自治区文化和旅游志愿服务管理办法》《关于推进群众文化活动常态化开展的意见》等一系列文件，明确提出全区公共文化服务体系建设要求、基本标准和推进路径。2019年《内蒙古自治区乌兰牧骑条例》颁布，2022年《内蒙古自治区公共图书馆条例》修订，《内蒙古自治区公共文化服务保障条例》已列入2024年自治区人大立法计划。《内蒙古自治区国民经济和社会发展第十四个五年规划和2035年远景目标纲要》提出"公共图书馆、文化馆、文化站硬件建设和服务管理达到国家标准，实现城乡公共文化服务均等化"的目标。这些政策法规的出台，为公共文化服务体系一体化建设提供了政策支撑和行动指引，是2023年全区公共文化服务成效显著的重要因素。

表1　2016~2023年内蒙古部分公共文化政策法规

发布日期	名称	印发(颁布)单位	重要意义和主要内容
2016年7月	内蒙古自治区关于推进基层综合性文化服务中心建设的实施意见	内蒙古自治区人民政府办公厅	该意见明确到2020年，全区苏木乡镇(街道办事处)和嘎查村(社区)普遍建成集宣传文化、广播电视、党员教育、科学普及、普法教育、体育健身等功能于一体的基层综合性文化服务中心，成为文化建设的重要阵地和提供公共服务的综合平台；明确了基层综合性文化服务中心对农村牧区和城镇社区实行错时免费开放，并根据群众需求设置服务项目和服务目录，采取"菜单""订单"式服务方式，实现供需有效对接，提高利用效率；明确了服务内容和形式等，为开展基层公共文化服务提供了阵地
2019年9月	内蒙古自治区乌兰牧骑条例	内蒙古自治区第十三届人民代表大会常务委员会	该条例是自治区法治建设历程中首部解决文艺团队建设、保护、发展问题的地方性法规，是全区公共文化建设的重要成果。《条例》共27条，对乌兰牧骑的内涵、性质、原则、职能、队员招聘和退出机制、经费保障、职称评审、培训、品牌保护等方面进行了规范，既有利于乌兰牧骑实现统一规范管理，也有效解决了乌兰牧骑队员的后顾之忧

续表

发布日期	名称	印发(颁布)单位	重要意义和主要内容
2021 年 2 月	内蒙古自治区级文化生态保护区管理办法、内蒙古自治区级非物质文化遗产代表性传承人认定与管理办法	内蒙古自治区文化和旅游厅	为加强自治区非物质文化遗产区域性整体保护,有效保护和传承自治区级非物质文化遗产,鼓励和支持自治区级非物质文化遗产代表性项目代表性传承人开展传承活动,上述系列管理办法对自治区级文化生态保护区的基本框架、定义、宗旨、制定依据、指导思想、申报与设立、保护与管理、评估程序等做了规定,对自治区级代表性传承人传承活动的评估宗旨、评估依据、评估原则、评估指标、工作程序、评估管理、评估不合格行为、评估验收 8 个部分做了规定
2021 年 6 月	内蒙古自治区扶持发展农村牧区文化户的实施方案	内蒙古自治区文化和旅游厅、农牧厅	方案明确了指导思想,确定了坚持导向、服务群众、整体规划、均衡发展、政府引导、分类指导、改革创新、突出实效的基本原则;2021~2025 年,全区各级扶持发展农牧民文化户至少 5000 户,其中命名并扶持自治区级文化示范户至少 500 户;从制定扶持办法、发挥行业部门作用、提升文化户服务能力、推进乡村文化旅游融合等方面推动落实,从组织领导、经费保障、制度建设、培训辅导等方面予以保障,每年评选命名自治区级农村牧区文化示范户 120 户,每户按 2 万元标准给予一次性扶持
2021 年 10 月	内蒙古自治区文化和旅游志愿服务管理办法	内蒙古自治区文化和旅游厅	为适应自治区文化和旅游志愿服务融合发展形势,鼓励和引导全区文化和旅游志愿服务活动广泛开展,更好地发挥志愿服务在现代文化和旅游公共服务体系中的积极作用,该办法明确了文化和旅游志愿者基本要素、文化和旅游志愿服务组织范畴、文化和旅游志愿服务工作管理机构和工作流程、文化和旅游志愿服务的范围、文化和旅游志愿服务的保障与激励措施等,对培育和践行社会主义核心价值观,弘扬奉献、友爱、互助、进步的志愿精神具有重要意义

续表

发布日期	名称	印发(颁布)单位	重要意义和主要内容
2021年10月	内蒙古自治区国有博物馆藏品征集规程实施细则	内蒙古自治区文化和旅游厅、财政厅	为使《国有博物馆藏品征集规程》符合全区实际,自治区文化和旅游厅、财政厅依据相关法规,结合各级国有博物馆藏品征集工作实际,制定《内蒙古自治区国有博物馆藏品征集规程实施细则》,共包括四章十四条。第一章总则,主要讲述了制定本办法的依据,藏品征集,征集部门,专家定义,藏品征集遵循的原则,明确责任人、征集经费支出等内容。第二章藏品征集,主要讲述了征集藏品的工作程序。第三章监督管理,主要讲述了不得征集不合法文物,不得挪用其他资金和应接受相关部门的监督检查。第四章附则,主要讲述了文件的解释权和实施时间等
2021年12月	关于推进群众文化活动常态化开展的意见	内蒙古自治区党委宣传部	第一部分"总体要求",提出推动全区群众文化活动常态化、规范化开展的指导思想、基本原则和工作目标。第二部分"主要活动",对主题群众文化活动、全区广场舞大赛、全区群众合唱比赛、创新开展"村晚"、全区农牧民文艺会演、全区大学生艺术节、"百姓大舞台"展演活动等方面做了部署。第三部分"主要任务",对规范文艺团体建设、加强文化能人培育、持续抓好内容生产、提升培训辅导质量、深化文化志愿服务、深入推进结对帮扶等方面做了安排。第四部分"组织实施",从加强组织领导、加大投入力度、加强场地保障、完善激励机制、加强监督检查、加大宣传推广、强化品牌建设等方面,为群众文化活动开展保驾护航

续表

发布日期	名称	印发(颁布)单位	重要意义和主要内容
2022 年 7 月	关于推进博物馆改革发展的实施意见	内蒙古自治区党委宣传部、发改委、教育厅、科技厅、民政厅、财政厅、人社厅、文化和旅游厅、文物局	一是总体要求,提出博物馆改革发展的指导思想、基本原则和发展目标。二是加强分类指导、优化体系布局,针对不同地域、层级、属性、类型的博物馆,明确未来发展定位。三是夯实发展基础、提升服务效能,从优化征藏体系、提升保护能力、强化科技支撑、提高展陈质量、发挥教育功能、优化传播服务、增进国际合作等方面,提出全面推进全区博物馆事业高质量发展的具体要求。四是创新体制机制、释放发展活力,从完善管理体制、健全激励机制、鼓励社会参与等方面,提出深化博物馆领域改革创新的主要思路。五是优化发展环境、加强改革保障,从加强组织领导、政策支持、队伍建设、监督管理等方面,为博物馆改革发展保驾护航
2022 年 7 月	内蒙古自治区公共图书馆条例	内蒙古自治区第十三届人民代表大会常务委员会	此条例明确了政府在图书馆规划布局、合理设立、总分馆制建设及推进图书馆信息化管理、数字化建设、专业化培训等方面的职责;要求新建、改建和扩建图书馆,应符合国家建设标准;要求图书馆提高服务水平和效能,旗县级图书馆总馆负责对所属分馆的业务指导和资源调配,实现通借通还,促进图书馆服务向城乡基层延伸;明确了各级图书馆免费开放时间;要求图书馆应当充分利用馆藏文献信息,采取多种服务形式,提高馆藏文献利用率,鼓励各级图书馆开展送图书下基层活动,扩大服务覆盖面
2023 年 4 月	内蒙古自治区公共文化服务体系建设专项资金管理办法	内蒙古自治区财政厅	为规范和加强全区公共文化服务体系建设专项资金管理,提高资金使用效益,该办法分为总则、资金支出范围、资金分配与管理、项目申报与管理、资金使用和管理、绩效管理与监督、附则等七章。本办法坚持与时俱进,自 2023 年 4 月 30 日起施行,实施期限为 5 年

发布日期	名称	印发（颁布）单位	重要意义和主要内容
2023 年 11 月	关于促进文旅深度融合 推动旅游业高质量发展的意见	自治区内蒙古自治区党委办公厅、自政府办公厅	为加快文化旅游强区建设，促进文旅深度融合，推动旅游业高质量发展，该实施方案从总体要求、深入挖掘文化旅游资源、打造旅游优势品牌、培育特色旅游业态、提升旅游产业能级、擦亮文化旅游名片、保障措施等方面，分打造北疆文化品牌、强化文化遗产保护利用、推动红色文化与红色旅游深度融合等 25 章，呈现北疆文化的价值理念和鲜明特色，为更好满足人民群众高品质精神文化需求提出了工作指引

（三）2023年内蒙古公共文化工作承前启后，亮点纷呈，卓有成效

公共服务效能不断提升。围绕提升北疆文化影响力，举办"舞动北疆"广场舞大赛、"唱响北疆"群众歌咏展演、"阅读北疆"全民阅读、"北疆文化"展苑讲堂等系列活动，评选命名 2023 年度全区农村牧区文化示范户 120户，组织开展"春雨工程""文化筑梦"等文化和旅游志愿服务，组织各级图书馆、文化馆、博物馆、展览馆开展形式多样的社教活动，全区公共文化场馆 2023 年接待人次是上年同期的 1.7 倍。在包头市举办的中国文化馆年会，"我和草原有个约定"内蒙古展区广受好评；累计开展"魅力乌拉特"西部民歌会等各类文化活动 4 万余场次，"送戏曲进乡村"演出 2000 余场次。内蒙古有 3 个地区入选国家春节"村晚"示范展示点，12 个地区入选国家"四季村晚"示范展示点，以"那达慕村晚"为代表的"北疆村晚"名扬全国。

文物保护利用成效显著。在加强文物保护管理机制建设的基础上，推出"融合之路""大河毓秀"等精品展览，组织"黄河从草原上流过——鄂尔多斯历史文化陈列""长城两边是故乡"等展览在区内巡展。创新推出"博物馆之夜"活动，延长开放时间，打破周一闭馆惯例，全区博物馆参观人次创历史新高，据统计，2023 年内蒙古博物院暑期日均入馆游客达 2.3 万人次。全区博物馆事业蓬勃发展，新备案博物馆一家，大力推动博物馆定级评估工作，内蒙古自然博物馆等6家博物馆被评为国家一级博物馆；内蒙古博物院获全国最具创新力博物馆称号；鄂尔多斯博物馆"黄河从草原上流过——鄂尔多斯历史文化陈列"获全国博物馆十大陈列展览精品奖。

非遗保护传承活力增强。拓展非遗与旅游融合发展路径，推出《非遗里的中国·内蒙古篇》《遗·冀》等节目，全方位展示内蒙古非遗保护成果、地域特色。准格尔旗获评"2023年非物质文化遗产优秀城市"，人文纪录片《卓拉的嫁期》入选2023年第二季度优秀国产纪录片。内蒙古通过推出"畅游北疆 多彩非遗"主题展、第四届中蒙博览会非遗展、内蒙古自治区传统工艺与现代创意展等展览，举办内蒙古非遗购物节等活动，不断增强非遗传承与保护活力。

二　内蒙古公共文化服务发展特点

（一）结合巡视工作，推进问题解决

自治区文化和旅游厅结合2023年自治区党委第四巡视组的巡视意见，制定印发《自治区党委巡视反馈文化领域安全生产重点问题和风险隐患整改方案》，落实公共文化设施建设属地主体责任。先后5次召开专题会议，通过视频调度、发函督办、实地督导等方式，督促指导属地政府落实主体责任、细化整改任务，及时研究解决整改过程中遇到的各种难点堵点问题。采取"一馆一策"、逐个盯办等方式，督促指导各地尽快完成文化场馆建设达标任务。全区存在消防未验收问题的134家公共文化场馆中，完成整改125家，其余9家正在按计划推进，为公共文化场馆解决安全隐患做出贡献，提升了公共文化服务水平。

（二）加强统筹谋划,加快品牌打造

自治区文化和旅游厅制定印发了《关于推进北疆文化建设的落实举

措》和《关于打造北疆文化品牌丰富文旅业态的若干举措》，打造北疆文化示范载体，拓展文旅消费新空间。把北疆文化融入旅游线路设计、景区提升，集中推出了"北疆天路""红色之旅"等 20 条北疆文化旅游线路，提升了呼伦贝尔大草原·莫尔格勒河、乌拉盖九曲湾等一批旅游景区的文化内涵。打造了铸牢中华民族共同体意识实践基地，搭建非物质文化遗产展示空间，积极组织乌兰牧骑进景区。研究制定《"我和草原有个约定"区域公共品牌实施方案》，构建以"我和草原有个约定"为统领的"1+N"文旅特色品牌体系。策划推出"北方有佳人""北疆印迹"等一批精品文物展览，多角度展示各民族交往交流交融的动态历史图景。组织策划了"唱响北疆"群众歌咏展演、"舞动北疆"广场舞大赛、"阅读北疆"全民阅读等活动，以北疆文化赋能群众文化活动蓬勃发展，初步成功打造新巴尔虎右旗牧歌故乡"那达慕村晚"品牌，成为在全国叫得响的"北疆村晚"案例。

（三）坚持以文塑旅、以旅彰文，促进文旅深度融合发展

制定印发《关于促进文旅深度融合推动旅游业高质量发展的意见》，将意见细化为 82 项具体任务，逐项明确责任处室、责任单位、责任地区。2019~2020 年配合全国开展的"文化和旅游公共服务机构功能融合试点工作"，共有 7 个试点单位和景区参加，都取得了预期成效。其中，土默特右旗还配合完成了课题研究报告，为 2024 年文化和旅游部、国家发展改革委等九部门联合印发的《关于推进旅游公共服务高质量发展的指导意见》提供了参考。

（四）加快文化事业发展，加强人才队伍建设

自治区文化和旅游厅党组专题学习党政领导班子建设规划纲要及若干措施，听取年轻干部教育监督管理情况汇报，安排部署年轻干部队伍建设工作。建立文化和旅游厅年轻干部信息库。制定印发《区直文旅系统人才队伍建设若干举措》，明确人才工作目标方向、具体举措。组织开展公务员遴

选比选、事业单位公开招聘、人才引进调动等工作。巡视以来，共计遴选选调公务员 6 人，事业单位公开招聘 48 人，柔性引进高层次人才 3 人。制定内蒙古自治区文化和旅游厅、文物局和直属事业单位培训计划，着力提高干部能力素质，提升专业人才业务水平。开展专业类培训 48 个班次，共计培训 13766 人次。

（五）做好项目储备，提升理论研究水平

《关于推动文化和旅游高质量发展助力建设亮丽内蒙古的实施方案》明确项目建设总体方向和目标任务。推荐 11 个项目纳入国家文化保护传承利用工程储备库。组织开展文旅领域大规模设备更新专项行动，征集储备项目 55 个。文化和旅游部全国公共文化发展中心 2023 年 11 月开展的"乡村公共文化服务 2024 年度课题研究项目"中，自治区群众文化学会配合通辽市文化馆申报的"中国民间文化艺术之乡建设内蒙古路径研究"获得立项。这是近十年来，全区在该领域首次获得研究课题立项，标志着内蒙古公共文化服务的理论研究迈上了新的台阶。

三 内蒙古公共文化服务存在问题

（一）加快推进现代公共文化服务体系建设，落实相关政策法规需努力

一是政府保障责任落实需加强。《公共文化服务保障法》对政府主导原则、经费保障和制度建设等做出了明确规定。全区督查发现，有的地方对依法做好公共文化服务工作的重要性、紧迫性认识不足，政府主体责任压得不实，措施形同虚设。一些公共文化机构工作人员对政策法规不熟悉，对依法承担的责任认识模糊，如通辽市某县将全国组织的文化站评估工作列为基层减负事项；有的旗县国家公共文化服务示范区经费保障不到位；反映公众文化需求的征询反馈制度和有公众参与的公共文化服务考核评价制度尚未普遍

建立。

二是资源配置尚需优化。《公共文化服务保障法》规定了国家扶助革命老区、民族地区、边疆地区、贫困地区的公共文化服务，促进公共文化服务均衡协调发展，为特殊群体提供公共文化服务，促进城乡公共文化服务均等化。目前，全区公共文化设施已基本实现全覆盖，自治区文化馆和鄂尔多斯市文化馆面积居全国前列，但区域间、城乡间的建设水平和服务质量仍存在较大差距，特殊群体的文化权益保障还不到位。

三是专业人才非常紧缺。《公共文化服务保障法》对公共文化服务岗位、专业人才和队伍建设做出规定，这些规定在转化为具体工作举措上需要进一步加强。内蒙古自治区文化馆、博物馆、图书馆、文化站的公共文化服务人员初步统计不足万人，与全区 2396 万人相比，专业人才总量不足、缺口较大，其中文博系统全区专业技术人员占从业人员比重不足 30%，而有文艺专长、懂网络、会管理的人才更加紧缺。近万人中，很多文化馆（站）的管理人员都是兼职，缺乏组织开展活动的积极性主动性，督查发现，最基层的村文化室、农家书屋常有"铁将军把门"现象。此外，高等教育、职业教育中除图书馆、博物馆以外的公共文化服务相关专业设置较少，人才培养不能满足现实需要。

（二）改进和完善文化项目推进机制，提升公共文化服务效能需加强

一是公共文化服务效能发挥不够充分。《公共文化服务保障法》对公共文化服务效能有多条规定，这些规定在落实上有短板。有的地方仍将文化馆（站）服务简单视为提供娱乐活动，未能与新时代文明实践工作有效结合，不利于增强文化自信、弘扬社会主义核心价值观。一些地方农家书屋的部分图书与群众实际需求不完全适应。有的文化场所主要服务内容对群众缺乏吸引力。一些地方建设公共文化设施未从实际出发，未充分结合当地经济社会发展水平、人口状况、环境条件、文化特色等实际情况科学规划。有的设施位置偏远，群众使用不便。有的地方存在"重建设、轻管理"问题，公共

文化设施建成后管理不规范、开展活动少、服务效能低，甚至有长期闲置状况。特别是受地域限制，数字公共文化资源少，网络服务不充分。当前数字化、网络化建设主要集中在旗县级以上公共文化场馆，也存在移动终端提供的公共文化产品数量有限问题。

二是通过文化项目吸引社会力量参与需进一步深入。《公共文化服务保障法》诸多条款对社会力量参与公共文化服务做出规定。近年来，全区虽然出现了一些社会力量参与公共文化设施建设、管理及提供公共文化服务的典型事例，也受到国家肯定，但尚未完全形成规模性的多元化公共文化服务投入机制、多主体的公共文化产品供给机制，社会力量参与的广度和深度需要进一步拓展。有的地方仍存在政府包揽"办文化"倾向，引入竞争机制、采用市场手段不充分，向社会购买公共文化服务仍需强化。公共文化机构虽然成立了理事会，但理事会在公共文化机构管理和运营等方面发挥的作用不明显，有的理事会吸纳服务对象和有关方面代表参加流于形式。

（三）存在文化场馆景区化、文化服务导游化、文化活动旅游化倾向

一是该倾向与《公共文化服务保障法》对公共文化服务的重要性表述不符。文博图美等公共文化场馆景区化倾向会弱化全民阅读、艺术普及，文化活动为旅游服务不利于保障人民基本文化权益、促进文化自信自强。文旅融合绝不是公共文化服务机构弱化自身职能，为旅游产业敲锣打鼓；绝不能狭隘地理解为公共文化服务职能就是为旅游服务。

二是该倾向与《"十四五"文化和旅游发展规划》提出的"坚持融合发展"基本原则不符。该规划提出的"推进文化和旅游融合发展"的要求主要是指"推动旅游演艺、文化遗产旅游、文化主题酒店、特色节庆展会等提质升级，支持建设集文化创意、旅游休闲等于一体的文化和旅游综合体"，有的地方未能正确理解，存在过度重视旅游、削弱文化服务问题。

三是如何体现"更广范围、更深层次、更高水平"，如何体现"融"得自然、"合"得协调需思考。深入学习政策发现，并不是文博图美等公共文化服

务机构的主要职能融合于旅游、为旅游服务，而是公共文化服务机构在履行法律赋予的全民艺术普及、传承中华优秀传统文化、弘扬社会主义核心价值观等职能的基础上，在群众文化活动、群众文艺创作、展览展示、全民阅读、优秀传统文化传承中，有机地推广旅游资源、丰富旅游内涵。

四　优化内蒙古公共文化服务对策建议

（一）以人为本增强供给能力，加快推进现代公共文化服务体系建设

一是掌握政策标准，强化落实以人为本。《"十四五"文化和旅游发展规划》明确指出推进现代公共文化服务体系建设包括"健全基层公共文化设施网络"、"促进公共文化服务提质增效"、"广泛开展群众文化活动"、"加快公共数字文化建设"和"推动公共文化服务社会化发展"等内容，全区在政策上积极回应，如《内蒙古自治区公共文化服务体系建设评价考核办法（试行）》就将政府单纯地送文化转为"送文化"与"要文化"相结合，要求公共文化服务要把"端菜"和"点菜"结合起来，以解决群众喜闻乐见的公共文化产品不够丰富问题，但一切政策均需要人来落实，需要以人为本来推进。如建立以能力、贡献为导向的人才评价体系，完善公共文化专业技术职称评价标准，注重岗位工作实绩，畅通基层专业技术人员职称评审通道；对有突出贡献或高层次文化人才实施特殊政策，在职务晋升、职称评定、评优评先等方面给予倾斜和支持。

二是强化公共文化场馆的社会教育职能，与高校、科研单位合作开展研究，推进公共服务教育职能扩展。借助各高校和专业院团的师资力量，成立基层文化馆人才队伍培训基地，策划长期稳定的培训项目，对培训时间、培训对象以及培训内容进行科学设置，使培训工作常态化、系统化、长效化。提升展览讲解质量，满足观众需求；策划高质量的专题讲座、培训等延伸公共文化服务；通过互动、体验项目，吸引公众在观看演出、观

看展览、参加培训时深度参与。充分挖掘北疆文化资源，吸引大中小学在公共文化场馆建立传统文化教育基地、教学实践基地等，配备长期稳定的师资力量，推动美育、历史、非遗等活动讲座向公共文化场馆延伸，使公共文化场馆成为校外课堂，成为提升学生人文素养的重要场地，成为弘扬中华优秀传统文化、培育社会主义核心价值观、开展爱国主义教育的主阵地。特别是要推进公共文化服务学术研究，加强公共文化场馆相关领域的学术研究，提高公共文化服务的文化品位，提升展览、创作、服务管理水平，聚集学术人才，完成学术布局，强化学术合作，将学术研究成果应用于现代公共文化服务体系建设之中，融入社会公众需求中，增强人民群众的获得感和幸福感。

（二）改进和完善文化项目推进机制，丰富群众文化活动举办形式

一是以项目为载体拓展公共文化空间，推动文化服务网络向基层延伸。内蒙古具有地广人稀的特征，且农村牧区人口老龄化与"空心化"趋势显著，这些因素直接影响全面提升公共文化服务的质量和效率，需要积极争取国家专项资金和政府各部门支持，除继续贯彻落实好戏曲进乡村、扶持发展农村牧区文化示范户等政策外，还应落实《公共文化服务保障法》及公共文化设施相关标准，改造现有公共文化场馆，扩大公共文化服务空间。在城市社区、商圈等区域要引入社会力量，创新文化业态，如集合图书阅读、艺术展览、文化沙龙、轻食餐饮等服务的"城市书房""文化驿站""创意市集"等，通过小而美的公共阅读和艺术空间，打造15分钟品质文化生活圈，提升城市居民的文化体验感。在乡村要活化利用当地优秀传统文化资源，推出一批"美""好""新"的乡村公共文化空间，以点带面展示农村牧区特色和历史文化，提高农牧民参与公共文化服务建设的积极性，推进农牧民文化自信自强。同时，要加强公共文化空间的无障碍和适老化改造，提升残疾人和老年人使用文化场所的便利度。

二是加强公共文化内容建设，助力群众乐享高品质精神食粮。内容建设是推进公共文化服务高质量发展的重要抓手，通过构建"多点开花"的公

共文化品牌矩阵，丰富文化产品的内涵，培育精品公共文化项目。要坚持以人民为中心的创作导向，以铸牢中华民族共同体意识为主线，深入挖掘内蒙古历史人文资源和地方特色文化，创作"公共文化+草原文化""公共文化+黄河文化""公共文化+红色文化"等有力量、有温度的主题文化产品。推进公共文化服务数字化建设，充分运用数字技术，创新实施数字图书馆、数字文化馆建设等重点数字文化惠民工程，加强公共文化数字化内容资源和管理服务大数据资源建设，丰富公共数字文化资源供给，打造24小时不打烊的在线服务平台，提高文化资源供给的速度和可获取性。扩大社会参与，激发内容创作活力。要推进政府购买文化服务，积极引导民间艺人、文化户、专业社会组织等社会力量参与公共文化服务，加快多元主体融合发展，实现共建共享。

三是健全公共文化服务机制，提升公共文化服务能力和水平。机制是实现公共文化服务体系正常运转并发挥预期作用的程序和基本机理，是提升公共文化服务能力和水平，扎实推进精神共同富裕的基本保障。要坚持问题导向，重点强化统筹协调机制、财力保障机制、人才建设机制作用，促进公共文化服务资源整合，稳定公共文化服务投入，为提高服务能力和水平提供有效的制度保障。进一步落实文化领域相关政策重点向基层倾斜，完善总分馆等联动机制助力乡村文化建设，对于偏远乡镇、苏木、嘎查、村可通过结对子帮扶机制，加强城市对乡村文化建设的帮扶，逐步形成常态化多元化帮扶机制。健全监督评估机制，加强动态跟踪监测，推动责任落实、政策落实和工作落实，形成"找准短板—掌握需求—精准供给—考核评价"的文化服务闭环。

（三）构建多元立体的公共文化服务业态，推动公共文化服务和旅游公共服务融合发展

一是找准公共文化服务和旅游公共服务的结合点。《公共文化服务保障法》界定，公共文化服务是指由政府主导、社会力量参与，以满足公民基本文化需求为主要目的而提供的公共文化设施、文化产品、文化活动以及其

他相关服务。《旅游法》中有旅游公共服务的概念，但无明确具体界定，如何让"诗"和"远方"在共创美好生活中"融"得自然、"合"得协调，扩大公共文化服务在旅游公共服务中的应用，内蒙古在努力探索："北疆村晚""西部民歌会"等具有影响力的品牌文化活动是公认的重要载体。

二是推进文旅深度融合，把握文化建设和旅游发展规律。文旅公共服务深度融合发展，符合人民对美好生活的向往。文旅公共服务融合主要体现在文旅公共服务场馆融合、功能融合，进一步扩大公共文化服务体系覆盖面，实现公共服务主客共享，如内蒙古博物院已经是著名的旅游接待点，各地博物馆纷纷跟进，在实现文旅资源的整合利用中取得了"1+1>2"的效果，实现了文化和旅游高质量发展的目标；文旅公共服务融合发展实现了文化和旅游优势互补、相互支撑，如依靠产品创新、业态创新、运营创新等，涌现了更多彰显"文化味+烟火气"的产品。公共文化服务向旅游延伸，嵌入旅游景区、旅游线路、旅游驻地、旅游交通服务区有典型案例，下一步需要发挥典型案例的引导作用，进一步实现博物馆、图书馆、非遗传习场所等与研学旅行相融合。

参考文献

李国新：《论文化馆及其主要职能》，《中国文化馆》2021年第1期。

张枨：《内蒙古自治区人大常委会出台乌兰牧骑条例　为"红色文艺轻骑兵"队伍建设添动力》，《人民日报》2020年2月27日。

社会保障篇

B.7

内蒙古健全完善县乡村
三级养老服务网络研究[*]

霍 燕[**]

摘 要: 内蒙古人口老龄化进程中，农村牧区养老问题日渐突出。要补
齐农村牧区养老服务短板，需要健全完善县乡村三级养老服务网络。本报
告以内蒙古县乡村三级养老服务网络设施为研究对象，在概述县乡村三级
养老服务网络设施的概念、服务主体、功能作用的基础上，通过实地调研
和交流座谈等方式，考察梳理了内蒙古县乡村三级养老服务网络建设的主
要举措及基本成效。目前内蒙古县乡村三级养老服务存在建设资金短缺，
网络协同衔接不足，资源不均、供需不匹配，网络建设人才紧缺的问题，
应加强顶层设计，明确县乡村三级养老服务网络功能定位；建立健全多元
投入机制，强化县乡村三级养老服务资金保障；增进多部门多主体协作，
形成农村牧区老龄事业发展合力；加强护理员队伍建设，强化养老服务人

---

* 本文系内蒙古自治区社会科学院 2024 年度决策咨询专项课题"健全完善县乡村三级养老服
务网络研究"（批准号：2024SKJ009）的研究成果。

** 霍燕，内蒙古自治区社会科学院公共管理研究所副研究员，主要研究方向为养老服务。

力资源支撑。

关键词： 养老服务 农村牧区 内蒙古 老龄化

一 引言

发展农村养老服务事关亿万农村老年人幸福生活，事关积极应对人口老龄化国家战略和乡村振兴战略顺利实施。2020 年全国农村养老服务推进会议提出，到 2025 年基本建立城乡融合发展的基本养老服务制度，形成布局完善、功能互补、统筹衔接的县乡村三级养老服务网络[①]。2024 年的中央一号文件提出，要健全农村养老服务体系，因地制宜推进区域性养老服务中心建设，鼓励发展农村老年助餐和互助服务[②]。民政部于 2024 年 5 月联合 21 个部门出台了《关于加快发展农村养老服务的指导意见》[③]，提出加强农村养老服务网络建设要从县乡村三个层级推进。党的二十届三中全会也进一步提出，要加快补齐农村养老服务短板。这些为加快发展农村养老服务指明了方向，提供了政策机遇。

内蒙古于 2001 年进入老龄化社会。从近几年的数据来看，内蒙古人口老龄化水平上升明显。截至 2023 年底，全区 60 岁及以上老年人口达到 546.38 万人，占全区常住人口的比重为 22.80%，高于全国平均水平 1.7 个百分点，排在全国第 13 位[④]。其中，65 岁及以上人口为 370.29 万人，占比为 15.45%（见表 1），按照国际标准内蒙古已经进入中度老龄化社会。据测

---

① 《全国农村养老服务推进会议在南昌召开》，https：//www.gov.cn/xinwen/2020-11/18/content_5562183.htm。

② 《中共中央 国务院关于学习运用"千村示范、万村整治"工程经验有力有效推进乡村全面振兴的意见》，https：//sthjt.nmg.gov.cn/sthjdt/ztzl/xxxcgcddsjdjs/xxzl/202402/t20240204_2464883.html。

③ 《关于加快发展农村养老服务的指导意见》，https：//www.gov.cn/zhengce/zhengceku/202406/content_6957138.htm。

④ 内蒙古自治区民政厅相关统计资料。

算，到 2025 年，全区 60 岁及以上老年人口将达到 557 万人，人口老龄化给内蒙古的养老服务带来很大挑战。

表 1　2020~2023 年内蒙古老年人口规模及占比

单位：万人，%

年龄层/占比	2020 年	2021 年	2022 年	2023 年
60 岁及以上人口数	475.72	487	515.05	546.38
占比	19.78	20.29	21.45	22.80
65 岁及以上人口数	313.89	332	352.95	370.29
占比	13.05	13.83	14.70	15.45

资料来源：《内蒙古自治区第七次全国人口普查公报（第四号）》，《2021 年内蒙古自治区常住人口数据公报》，2022 年、2023 年内蒙古自治区国民经济和社会发展统计公报。

在内蒙古人口老龄化进程中，农村牧区养老问题日渐突出。研究表明，内蒙古城市老年人占城市人口的 16.40%，农村老年人占农村人口的 26.70%，农村老年人口占比高出城市 10.30 个百分点，与全国相比，内蒙古这一差值高出全国约 3 个百分点，内蒙古人口老龄化"城乡倒挂"的局面相对较为严重[1]。与城市相比，农村牧区社会化养老服务起步较晚，乡镇和村级养老服务相对缺乏，应加快补齐农村牧区养老服务短板，健全县乡村三级养老服务网络，改变养老服务纵向发展不平衡的局面，推动将养老机构专业服务延伸至嘎查村级邻里互助点、农村牧区幸福院[2]。健全完善县乡村三级养老服务网络，既有利于逐步实现养老服务城乡均等化，也有利于优化完善农村牧区养老服务体系，还有利于推动内蒙古养老服务事业高质量发展。

二　构建县乡村三级养老服务网络概述

加强农村牧区养老服务网络建设要从县、乡、村三个层级推进。本报告

---

[1] 苗佳田：《内蒙古以务实举措推动农村养老服务高质量发展》，http://nm.people.com.cn/n2/2024/0424/c410141-40821997.html。

[2] 张艳霞、吴佳宝、刘远东、朱启臻：《县乡村三级养老服务网络构建路径研究——基于江苏省的调查》，《中国农业大学学报（社会科学版）》2022 年第 1 期。

所指的县乡村三级养老服务网络包括旗县级特困人员供养服务机构、苏木乡镇区域养老服务中心、嘎查村级养老服务站点（含幸福院）。

（一）旗县级特困人员供养服务机构

旗县级特困人员供养服务机构以满足辖区内失能（失智）特困人员集中供养需求、失能照护需求为重点，同时面向辖区内其他经济困难失能（失智）老年人、高龄失能老年人、计划生育特殊家庭失能老年人提供专业照护服务。根据需要设置失能照护专区或认知障碍照护专区，增设康复设备、智能看护设备等，重点改造护理型床位，全面提升旗县级敬老院失能照护能力，满足失能（失智）老年人长期照护需求。鼓励具备条件的旗县级特困人员供养服务机构转型升级为养老服务指导中心，指导县域养老机构联合体建设。拓展旗县级养老服务指导中心对区域内其他养老机构的技术指导、互助协作、应急支援、人员培训等功能，建立服务对象转介和服务资源流动机制，提高服务效率和资源利用率。

（二）苏木乡镇区域养老服务中心

在苏木乡镇敬老院或卫生院基础上改（扩）建或新建，为本区域老年人提供住养服务和居家社区养老服务的机构。按照"一乡镇一中心"的原则，科学布局、合理设置苏木乡镇区域养老服务中心，做到统一设施标准、统一基本服务、统一功能设置。苏木乡镇区域养老服务中心既能满足低收入老年人及高龄、独居、空巢、失能或部分失能、计划生育特殊家庭老年人和重点优抚对象住养服务需求，又能为本区域特殊困难老年人提供协调指导、全日托养、日间照料、居家上门、服务转介、协助宣传等服务。

（三）嘎查村级养老服务站点（含幸福院）

嘎查村级养老服务站点是由苏木乡镇人民政府统筹指导、嘎查村级组织主办、社会参与建设运营的公益性养老服务场所，以行政村为单位设立，为

本嘎查村及周边老年人就近提供居家社区养老服务。嘎查村级养老服务站点接受苏木乡镇区域养老服务中心业务指导，设施设备、人力资源与苏木乡镇区域养老服务中心、敬老院、农村牧区幸福院相互支持补充。发展为老志愿服务队伍，采取"一帮一""一帮多""多帮一"等形式帮扶高龄、失能等生活困难老年人，鼓励支持社会组织、志愿服务团体以及爱心人士为农村牧区老年人提供志愿服务。

农村牧区幸福院是由村级主办、政府支持、社会参与、政府统一规划建设的公益性养老服务场所，在苏木乡镇驻地或较大的行政村设立，实行集中居住、分户生活、统一管理、互帮互助的养老模式。积极支持幸福院提升服务功能，坚持按照"自治、自愿、自理、自助"的原则，组织入住老年人尽其所能，开展亲友互助、邻里互助、结对互助等帮扶。幸福院运行管理以基层党建引领、村民自治和农村社区治理融合发展的形式，创新推动"五社联动"机制，实行能人带动型、党员带动型等互助服务、自我服务与专业社工服务、志愿者服务相结合的运行管理模式。

关于嘎查村级养老服务站点和农村牧区幸福院的功能配备及服务的老年人群体详见表2。

表2 养老机构概念界定

设施类型	功能配备	主要服务对象
嘎查村级养老服务站点	助餐、助洁、助娱、紧急救援、代买代缴、探访问候等服务	为本嘎查村及周边的分散供养特困人员，农村牧区空巢留守、孤寡、独居、计划生育特殊家庭等老年人提供居家社区养老服务
农村牧区幸福院	日常照料、康复理疗、家政服务、就餐就医等服务	为本村生活能够自理，无精神障碍性疾病、无传染性疾病老年人提供服务；特困人员、最低生活保障对象、计划生育特殊家庭老年人、空巢留守老年人以及其他生活困难老年人优先

资料来源：内蒙古自治区民政厅：《内蒙古自治区村级养老服务站建设运营指引》，2023年5月；《内蒙古自治区农村牧区互助养老幸福院建设和运行管理办法（试行）》，2023年6月。

三 内蒙古推进县乡村三级养老服务网络建设的主要举措

（一）高位推动、政策引领，增强农村牧区养老服务发展新动力

一是强化党政推动。自治区各级党委、政府将发展农村牧区养老服务纳入经济社会发展规划，将积极应对人口老龄化综合绩效评估列入重要议事日程。连续两年（2023 年、2024 年）将农村养老服务设施建设项目列入民生实事重点项目，作为对盟市、旗县党政领导班子绩效考核重要指标，通过"以奖代补"给予资金支持，优化县域养老服务设施布局、拓展乡镇敬老院区域服务功能、完善关爱服务体系。

二是加强政策引领。"十四五"以来，内蒙古相继出台了一系列文件，从服务、权益、监管、健康、高质量发展等方面基本构建起较为完善的养老服务发展政策法规体系，为老龄事业健康发展提供政策保障（见表 3）。为深入推进县乡村三级养老服务网络建设，按照统一设施标准、统一功能设置、统一基本服务等要求，内蒙古自治区民政厅制定出台 1 项总体性文件，即《内蒙古自治区关于加快发展农村牧区养老服务的若干政策措施》；制定 3 项规范指引，即《内蒙古自治区农村牧区互助养老幸福院建设和运行管理办法（试行）》《内蒙古自治区苏木乡镇区域养老服务中心建设运营指引》《内蒙古自治区村级养老服务站建设运营指引》；明确 1 个建设标准，即推进苏木乡镇区域养老服务示范中心建设设计标准化，构建了比较完善的"1+3+1"农村牧区养老服务政策体系，指导各地结合实际推动建设和运营①。

---

① 内蒙古自治区民政厅相关调研资料，调研时间为 2024 年 7 月 18 日。

表3 "十四五"以来内蒙古出台的关于养老服务发展的部分政策法规

文号	政策名称
内民政发〔2020〕100号	《关于推进养老服务高质量发展的若干措施》
内政办发〔2021〕26号	《内蒙古自治区人民政府办公厅关于建立健全养老服务综合监管制度促进养老服务高质量发展若干措施的通知》
内民政发〔2021〕116号	《内蒙古自治区"十四五"养老服务体系发展规划》
内政办发〔2021〕81号	《内蒙古自治区"十四五"老龄事业发展规划》
内政办发〔2021〕88号	《内蒙古自治区促进养老托育服务健康发展的实施方案（2021~2025年)》
无	《内蒙古自治区养老服务条例》
内民政发〔2022〕55号	《关于加强对特殊困难群体探访工作的意见》
内党办发〔2022〕28号	《关于推进基本养老服务体系建设的实施方案》
内民政发〔2023〕137号	《关于加强内蒙古自治区养老服务人才队伍建设的若干措施》
内财社规〔2024〕11号	《内蒙古自治区养老服务补贴资金管理办法》
内民政发〔2024〕41号	《加快发展牧区养老服务的实施方案》

（二）试点先行、示范引领，构建县乡村三级养老服务新格局

内蒙古自治区2022年在乌兰察布市察右前旗、化德县，呼和浩特市和林格尔县，兴安盟科尔沁右翼中旗4个旗县开展农村养老服务转型升级试点工作，总结了可复制可推广的经验做法。乌兰察布市对已有幸福院进行全面的修缮改造，以旗县养老服务中心为中枢、乡镇互助幸福院为支撑、村级幸福小院为基础，打造县、乡、村三级养老转型升级试点服务网络，因地制宜探索出一套"集中居住，分户生活，统一管理，互助服务"的农村牧区养老服务新模式。开展幸福院"三修三改"服务，即修房、修路、修院落，户内水冲厕所改造、清洁能源供暖改造、适老化改造。开展区域养老服务中心"五化同步"服务，即服务区域化、管理一体化、运营社会化、助老数字化和医食普及化。通过"三修三改""五化同步"，优化养老服务功能，提升养老服务质量。同时，建立"系统+服务+老人+终端"智慧养老服务平台，发展互助养老，初步形成多政策激励、多资源整合、多业态并存、多产

业融合的养老服务格局①。

呼和浩特市和林格尔县②高标准建设三级养老服务网络，全力推进养老服务加快发展。2023 年，县级全面建设具备餐饮、住宿、健身等功能的和林格尔县智慧养老指挥调度综合服务中心（霞光敬老院），以推进居家环境适老化、医疗保障常态化、服务供给精细化、人文关怀多元化为抓手，通过增设适老化扶手、安装紧急呼叫按钮、加宽卫生间门框，实现卫生间适老化改造全覆盖，同时在楼外侧增加 100 米无障碍扶手及坡道，精准满足老年人的生活需求。乡镇级建设多元化、多层次、多方位的区域养老服务中心。2024 年，投入 412 万元将位于盛乐镇盛乐新村院内的养老服务中心打造成为和林格尔县标准化、规范化、专业化、设计高、标准高、质量高且功能多的乡镇区域养老服务示范中心，为全县的农村五保、城市特困、高龄、空巢、失能半失能老人和残疾人等特殊困难群体提供社会化的餐饮、住宿、医疗、护理、康复、保健、日间照料等服务。村级依托农村互助养老幸福院、村级养老服务站等开展互助式、便捷式、高效式养老服务。2023 年，完成 9个互助养老幸福院和 65 个村级养老服务站建设。2024 年，积极争取上级资金 295 万元，依托行政村党群服务中心，通过实施维修、改造、装饰和购置设施设备等方式，持续建设 60 个村级养老服务站和 35 个互助养老幸福院，全面构建多元化养老服务体系，逐步满足全县老年人多层次、多方位、多样化的养老服务需求。

兴安盟科尔沁右翼中旗③打造科右中旗养老服务指导中心。建立农村养老综合信息服务平台，实施"线上+线下"一体化服务运营，实现各级数据互联互通，满足老年人养老服务需求。截至 2024 年 4 月底，旗养老服务指导中心筛查录入农村老年人信息 2.85 万条，招募志愿者（好邻里）178 人，监测互助服务 800 次，应急支援 30 人次，兑换积分 59 例。同时，在旗级层面投入 19 万元采购无障碍家具，实施地面防滑改造等，将科右中旗社会福

---

① 内蒙古自治区民政厅相关调研资料，调研时间为 2024 年 7 月 18 日。
② 内蒙古呼和浩特市和林格尔县民政局调研资料，调研时间为 2024 年 5 月 28 日。
③ 内蒙古兴安盟科尔沁右翼中旗民政局调研资料，调研时间为 2024 年 6 月 25 日。

利中心打造为特困人员供养示范机构。苏木镇层面，投入486万元实施南北部敬老院改造提升工程，购置适老化生活家具352件，同时对给排水、地面防滑、门窗等进行了维修维护。嘎查村层面，投入34万元对3个农村互助幸福院实施改造工程，辐射周边20余个嘎查艾里。内蒙古推进县乡村三级养老服务网络建设试点实践取得了良好效果。

（三）整合资源、优化布局，构建农村牧区养老服务新机制

一是多元化投入。按照"渠道不乱，用途不变，各负其责，各计其功"的原则，统筹多方资金用于农村养老服务升级发展。例如，乌兰察布市利用住建资金开展清洁能源供暖改造，利用乡村振兴资金开展水冲厕所改造，利用民政专项资金开展适老化改造。整合政府债券资金、京蒙帮扶资金、福彩公益金等，开展院落环境整修等项目，既放大了政策投放的多重效益，又解决了分散投资、重复投资的问题。二是多资源整合。依托敬老院、互助幸福院、党群服务中心等现有设施进行改建升级和功能拓展。鼓励新建设施与医疗设施同址或邻近建设，人口较少的相邻苏木乡镇可以联合建设。合理设置功能设施，确保规模适度、布局合理、管用适用。三是多平台衔接。县乡村三级网络上下联动、互相支撑，其中县级养老服务中心负责旗县域内养老服务信息搜集发布、成果和资源展示、技能培训等；乡级区域养老服务中心统筹本乡镇服务资源，提供助餐、助浴、助洁、助急、助行、助娱等服务；村级养老服务站点与乡级养老服务中心功能互补，为本村老年人提供休闲娱乐、生活照料、精神慰藉、紧急救援等服务。[①]

（四）完善服务、强化管理，推进农村牧区养老服务新提升

一是完善管理模式。旗县、苏木乡镇养老服务中心采取法人管理模式，选优配齐管护人员。嘎查村级养老服务站点由嘎查村干部兼职或通过公益性岗位配备管理人员和工作人员。积极引入优质社会力量运营管理，形成了

---

① 内蒙古自治区民政厅相关调研资料，调研时间为2024年7月18日。

"政府主导、社会运作，保障基本、适度超前，公益定位、市场经营"的一体化管理服务新格局。二是强化信息赋能。搭建盟市、旗县、乡镇、嘎查村联动的智慧养老平台，服务需求方通过平台查询养老服务资源和老龄政策，服务供给方通过平台收集和分析老年人的多样化服务需求，政府部门通过平台实时查看养老机构日常运行情况[①]。

四　内蒙古县乡村三级养老服务网络建设取得的成效

（一）养老服务水平明显提升，基本满足了多样化服务需求

内蒙古通过改善农村牧区养老服务条件，拓展乡村养老服务设施功能，提高农村牧区养老服务能力，有效解决了农村牧区留守老人、空巢老人、失能老人、低保户等困难老年人的集中供养问题；为乡村老年人提供上门服务，丰富社区日间照料服务内容，着力构建居家社区机构相协调、医养康养相结合的养老服务体系，取得明显成效。

旗县级特困人员供养服务机构建设方面，苏尼特右旗中心敬老院于2018年投入使用，占地面积12700平方米，总建筑面积4760平方米，共设置床位87张，目前入住特困老人50人（城镇特困供养人员12人、农村牧区特困供养人员38人，其中全失能老人12人、半失能老人11人），入住率为57.47%，可提供生活照料、康复护理、休闲娱乐等"吃穿住医葬"全方位服务[②]。

牧区居家养老服务网络建设方面，按照"9073"养老服务理念，锡林郭勒盟3%的老年人由机构养老，7%的老年人集中到牧区养老园区养老，90%的老年人居家养老。锡林郭勒盟集中力量解决90%的牧区老人居家养老问题，提出以"统一规划、统一标准、统一建设、统一验收、统一交付"

---

① 内蒙古自治区民政厅相关调研资料，调研时间为2024年7月18日。
② 内蒙古锡林郭勒盟苏尼特右旗民政局调研资料，调研时间为2024年6月24日。

作为标准化引领的工作思路，采取"改造现有资源，建立信息化平台，增设备、增资金、增队伍"的措施，2023 年以来，投资 1210 万元建成苏木乡镇区域养老服务中心 17 处，改造提升互助幸福院 15 处、嘎查村级养老服务站点 101 处[①]。

居家社区养老服务方面，苏尼特左旗充分利用社区资源为居住在家的老年人提供社会化、专业化服务，打造居家社区养老服务站 3 处、社区养老服务中心 1 处，为全旗老年人提供"六助一护"居家社区养老服务，实现"一刻钟"居家社区养老服务全覆盖[②]。

医养康养相结合方面，锡林郭勒盟 23 家养老服务机构全部与辖区医疗机构合作。部分地区将医院分诊室建立在养老园区（如锡林浩特市颐和苑养老服务中心、东乌珠穆沁旗阿音奈综合养老服务中心），保障老年人健康养老。积极探索基层养老服务与基层医疗服务融合发展，在正镶白旗伊和淖尔苏木卫生院嵌入式建设牧区养老服务中心，既合理利用资源又有效服务老年人。关注老年人身心健康，在养老服务机构提供蒙医心身互动治疗服务，在养老园区开设"孟克健康课堂"，累计服务群众 12.5 万人次[③]。

（二）养老服务设施不断完善，助推了乡村振兴战略顺利实施

近年来，中央一号文件持续关注农村养老问题，要求健全县乡村衔接的三级养老服务网络，加快乡镇区域养老服务中心建设，推广日间照料、互助养老、探访关爱、老年食堂等养老服务。2023 年，内蒙古自治区《关于推进基本养老服务体系建设的实施方案》明确，到 2025 年每个乡镇要依托党群服务中心、农村敬老院、农村幸福院等设施建设养老服务中心。截至 2024 年 6 月底，全区每个旗县已建有一所特困供养服务机构；建成苏木乡镇区域养老服务中心 459 个；建成嘎查村级养老服务站点（含幸福院）5773 个，较"十三五"时期末增加 2863 个；全区建成牧区养老园区 8 个

---

① 内蒙古锡林郭勒盟民政局调研资料，调研时间为 2024 年 6 月 21 日。
② 内蒙古锡林郭勒盟苏尼特左旗民政局调研资料，调研时间为 2024 年 6 月 20 日。
③ 内蒙古锡林郭勒盟民政局调研资料，调研时间为 2024 年 6 月 21 日。

（见表4），农村牧区养老服务更加便利可及。内蒙古通过加强县乡村三级养老服务网络建设，提升了农村牧区养老服务质量，补齐了农村牧区养老服务短板，完善了农村牧区公共服务体系，助推了乡村振兴战略的顺利实施。

表 4　内蒙古牧区养老园区基本信息

序号	机构名称	成立时间	机构性质	总投资（亿元）	建筑面积（平方米）	户数（户）	床位数（张）
1	锡林浩特市爱祺乐牧民养老园区	2014 年	公建民营	1.04	30000	495	990
2	阿巴嘎旗哈乐穆吉养老服务中心	2014 年	民办	1.00	30140	323	646
3	苏尼特左旗中兰养老服务中心	2023 年	公建民营	0.69	26016	258	350
4	苏尼特右旗吉日嘎郎综合养老园区	2019 年	公建民营	0.63	22800	280	560
5	东乌珠穆沁旗阿音奈牧养老园区	2022 年	公建国营	1.76	47000	468	936
6	西乌珠穆沁旗百思乐牧区养老园区	2015 年	公建民营	0.30	17200	255	510
7	正镶白旗宝音泰牧区养老园区	2023 年	公建民营	0.72	19305	113	113
8	正蓝旗蒙龙养老院	2018 年	民办	0.98	21477	188	376

资料来源：内蒙古锡林郭勒盟民政局调研数据，调研时间为 2024 年 6 月 21 日。内蒙古 8 个牧区养老园区全部坐落于锡林郭勒盟。

（三）养老服务城乡差距明显缩小，提升了基本养老服务均等化水平

内蒙古通过有效整合各项专项资金和城乡社会资源，集中配置农村牧区养老服务设施，大力发展农村牧区养老服务业，促进相关产业发展，构建与

内蒙古实际相结合的农村牧区养老服务体系，推进了城乡养老服务均衡发展，城乡共融步伐进一步加快。内蒙古自治区社会科学院基本公共服务满意度调查结果显示，基本公共服务满意度城乡差距从高到低依次为社会保障（8.54分）、公共安全（8.19分）、公共教育（8.08分）、公共就业（7.96分）、公共文化（7.82分）、公共交通（7.79分）、医疗服务（7.64分）、生态环境（7.61分）、公用事业（7.47分）、政务服务（7.34分）、公共体育（6.65分）和养老服务（2.77分），社会保障服务满意度城乡差距最大，养老服务满意度城乡差距最小（见表5）。

表 5　基本公共服务满意度城乡差距比较

调查领域	城镇满意度得分	乡村满意度得分	二者差距	排序
社会保障	84.13	75.59	8.54	1
公共安全	84.15	75.96	8.19	2
公共教育	82.90	74.82	8.08	3
公共就业	82.44	74.48	7.96	4
公共文化	83.80	75.98	7.82	5
公共交通	82.39	74.60	7.79	6
医疗服务	82.88	75.24	7.64	7
生态环境	83.49	75.88	7.61	8
公用事业	82.71	75.24	7.47	9
政务服务	83.24	75.90	7.34	10
公共体育	82.47	75.82	6.65	11
养老服务	80.66	77.89	2.77	12

资料来源：霍燕、包娜娜：《内蒙古基本共服务调查报告》，内蒙古人民出版社，2022。

五　内蒙古县乡村三级养老服务网络建设面临的挑战

县乡村三级养老服务网络的建设旨在为老年人提供更加便捷和全面的养老服务，但县乡村三级养老服务网络建设资金短缺，部分地区县乡村三级养老服务网络协同衔接不足，养老服务资源分配不均、供需不匹配，服务网络建设人才紧缺等问题仍然存在。

（一）县乡村三级养老服务网络建设资金短缺

资金是制约农村牧区养老服务体系不断优化的关键因素，对于欠发达的边疆民族地区来说，更显得捉襟见肘。一是财政投入机制有待完善。除政府拨款、福彩公益金配套投入外，其他渠道投入很少。调研发现，一些旗县公办养老机构正面临资金来源渠道单一、缺乏后备资金等难题。二是缺乏运营资金。一些旗县由于地方财政压力较大，无法配套相关资金，所有项目均依赖上级资金，影响项目的长效运行。例如，一些幸福互助院助餐服务、旗县中心敬老院、为老服务中心智慧养老平台、居家社区养老服务等运营经费供应不足。运营资金成为制约养老机构发展的重要问题。三是部分旗县养老资金尚未纳入本级财政预算。《内蒙古自治区人民政府办公厅关于全面放开养老服务市场提升养老服务质量的实施意见》提出，要将养老机构床位一次性建设补贴、床位运营（等级评定）补贴、机构责任保险补贴和护理人员特殊岗位津贴、护理人员意外伤害投保补贴等按规定比例列入预算。但调研发现，一些旗县囿于有限财力，尚未将这部分养老资金纳入地方财政预算。

（二）县乡村三级养老服务网络协同衔接不足

养老是涉及老年民生和老龄事业的重要议题。农村牧区养老服务的推进，涉及县乡村三个层级以及多个政府职能部门，让各部门有效协同，是主体责任制度落实的必然要求，更是县乡村三级养老服务网络有效运转的关键所在。调研发现，部分地区县乡村三级养老服务网络协同衔接不足，各职能部门自身定位有待明确。内蒙古2024年4月发布的《加快发展牧区养老服务的实施方案》的贯彻和执行尚需基层各职能部门通力合作，以形成积极应对人口老龄化的合力。

（三）县乡村三级养老服务资源分配不均、供需不匹配

我国的养老服务体系"重城市、轻农村"现状和老龄化"城乡倒挂"的发展趋势是截然不同的。同时，由于内蒙古地域辽阔，各地农村牧区经济发展水平和自然条件差异较大，客观上形成了县乡村三级养老服务资源分配不均、供需不匹配的局面。一是农村牧区养老服务需求更迫切。老龄人口规模较为直观地反映了养老需求大小，老龄人口越多、养老需求越大。第七次全国人口普查数据显示，60周岁及以上人口中，生活不能自理的老年人城市占2.5%，乡镇占3.2%，农村牧区占3.5%。可见，农村牧区生活不能自理老年人养老服务需求更大。二是养老服务供给"一床难求"和"床位空置"的现象同时存在。调研发现，锡林郭勒盟8个牧区养老园区入住率均达到100%，且有入住需求的牧区老人还有很多。然而锡林郭勒盟共有各类养老服务机构和场所238家、床位9184张，入住老年人4451人，平均入住率为48.46%，不足一半。

（四）县乡村三级养老服务网络建设人才紧缺

一是养老护理员缺口大。截至2023年底，全区约有80万失能和部分失能老年人，若按1∶5的失能、半失能照护比计算，约需护理人员16万人。然而，全区在岗养老护理员不到1万人，缺口达15万人，养老服务行业正在面临全线"用人荒"。二是养老专业人才不足。社会工作者、营养师、照护师、康复师、心理师等专业技术人才紧缺，院长等高端管理人才也紧缺。同时，全区养老护理员持证上岗率不到30%，专业化发展不足。三是人才流失严重。由于劳动强度大、薪酬待遇低、社会认可度低、职业发展空间有限、政策层面侧重于硬件投入却忽视了人才培养等诸多因素，受过专业教育的人员不愿从事老人护理，有一技之长的从业人员流失严重，养老机构的护理员流失率居高不下。社区养老服务机构全科医生聘用难、留住难，机构可持续发展程度低，极大地影响了行业发展。

六 内蒙古完善县乡村三级养老服务网络的对策建议

（一）加强顶层设计，明确县乡村三级养老服务网络功能定位

健全县乡村三级养老服务网络发展顶层设计，在数量上各类考核指标应坚持老年人需求导向和适应农村牧区特点，避免将城市养老服务机制简单移植到农村牧区，建议不再设置牧区苏木乡镇区域养老服务中心服务覆盖率等指标项，避免"一个标准""一个模式"的一刀切做法。政府投资建设的养老机构要顺应牧区地广人稀、人口居住分散的特征，因地制宜，制定适应不同地区特点的差异化考核指标，精准补短板、强弱项，避免资源浪费。功能定位上，优化升级旗县级养老服务设施，在旗县支持建设以失能照护为主的养老机构，根据需要设置护理型床位和认知障碍照护专区，着力满足农村牧区特困和低收入老年人失能（失智）照料、康复护理和临终关怀等刚性需求。增强、拓展苏木乡镇区域养老服务功能，整合现有资源，组建牧区流动式专业养老服务队（站），配置"流动为老服务车"，采取"走出去、接回来"的服务模式。因地制宜建设嘎查村级养老服务站、邻里互助服务点和互助养老幸福院。

（二）建立健全多元投入机制，强化县乡村三级养老服务资金保障

按照国家《关于加快发展农村养老服务的指导意见》要求，将政府设立的农村牧区特困人员供养服务设施（含敬老院）运转费用和特困人员救助供养所需资金全部列入财政预算。一是健全以地方为主、自治区适当奖补的农村牧区养老服务政府投入机制，盟市、旗县人民政府落实资金投入主体责任，自治区通过转移支付资金补助、统筹福利彩票公益金等方式对各地给予支持，并适度加大对财政困难地区和新建示范项目的奖补力度。地方政府主导养老服务的制度设计与政策制定、养老服务的标准制定与统筹监管，为市场、社会组织等服务主体参与养老服务供给创造有利条件。二是动员和引

导企业、社会组织、个人等社会力量，通过捐赠、设立慈善基金等方式，为农村牧区养老服务提供支持和帮助，减轻政府养老服务供给的负担。三是支持基层政府加强资金统筹，鼓励农村牧区集体经济有关资源和收益用于养老服务体系建设。四是引导支持各类金融机构在依法合规、风险可控的前提下，加大对农村牧区养老服务的金融支持力度，比如提供项目信贷支持。

（三）增进多部门多主体协作，形成农村牧区老龄事业发展合力

农村牧区养老需要多部门之间的管理协作，农村牧区养老服务体系建设以民政部门为主体，以发改、财政、卫健等部门为重要支撑力量，但是农村牧区养老服务体系建设需要更多管理部门间的协作。不断完善党委领导、政府主导、部门参与的工作机制，健全盟市、旗县、苏木乡镇、嘎查村分级抓落实的推进机制。在盟市、旗县层面建立城乡老龄事业发展部门间联席会议制度，强化涉老相关职能部门的协作和统筹，将部门间的协作作为部门职能考核的重要指标，进一步推动职能部门之间的合作。明确苏木乡镇在农村牧区养老资源统筹管理上的职能。充分发挥嘎查村集体在为老服务上的主体性作用，鼓励嘎查村集体充分整合现有资源，尤其是闲置资源来开展农村牧区互助养老实践。

（四）加强护理员队伍建设，强化养老服务人力资源支撑

激发人才发展活力，明确养老护理员政策待遇，完善养老护理员入职补贴等制度，增强养老护理员的职业吸引力。例如，江苏省镇江市为了鼓励更多人加入养老服务队伍，不断扩大养老护理从业人员入职奖励对象范围，不仅包括养老机构中从事护理岗位的工作人员，还将社区中专业从事护理工作的人员也纳入奖励范围[1]。同时，对于符合条件并愿意从事护理工作的本科以及大中专毕业生，也分别给予3万元、2万元和1万元的入职奖励。认真

---

[1] 陶薇：《养老事业和养老产业协同发展路径分析——以江苏镇江为例》，《特区经济》2023年第8期。

落实养老服务人员社会保险政策。组织开展内蒙古养老护理专业技术职称申报评审工作。探索设立养老护理员基金、养老护理员节等。加强高层次人才培养，继续鼓励普通高校和职业院校开设养老服务相关专业，加快培养老年医学、康复治疗、疾病护理、营养保健、心理咨询等方面的人才，支持大学生群体选择养老服务行业就业。

参考文献

胡志平、秦淼：《加快推动县乡村养老服务网络有效衔接》，《光明日报》2023 年 6 月 27 日，第 2 版。

江苏省民政厅：《江苏省养老机构运营状况调查与扶持政策研究》，《中国民政》2024 年第 3 期。

周力主编《江苏农村发展报告（2023）》，社会科学文献出版社，2023。

B.8

数字经济背景下内蒙古面临的
就业风险与对策建议

史主生*

摘 要: 数字经济能够打破空间限制，促进规模经济效应的形成，为经济增长提供新动能，也会催生出大量灵活就业人员和多种新就业形态，直接或间接创造新型就业岗位。然而，数字经济的发展也可能会导致部分就业岗位消失、新型数字人才供给不足等问题。当前，在数字经济发展过程中，内蒙古自治区存在劳动力与就业人员数量双下降、传统行业就业受到较大冲击、数字经济领域人才短缺、部分新就业形态下从业人员过剩、社会保障不足等问题，需要通过优化生育政策，保持适度生育水平和人口规模；把促进新就业形态作为自治区就业政策的重要组成部分；加快数字技术人才培养引进；建立适应新就业形态的社会保障制度；构建符合新就业形态的就业衡量标准；开展数字经济领域新就业形态职业技能提升行动等措施予以应对。

关键词: 数字经济 新就业形态 内蒙古

随着人工智能、5G、云计算、大数据等新技术的广泛应用，数字经济已经成为我国发展新质生产力的重要支撑和关键引擎。同时，以新一代技术进步为支撑的数字经济将对不同地区、不同产业和不同人群的就业产生影响，给就业市场带来新的机遇与挑战。党的二十大报告提出，要"强化就

---

* 史主生，内蒙古自治区社会科学院经济研究所副研究员，主要研究方向为区域经济发展。

业优先政策，健全就业促进机制，促进高质量充分就业"，要"完善促进创业带动就业的保障制度，支持和规范发展新就业形态"。一方面，数字经济的快速发展，会推动新技术的研发和应用、产生新的商业模式，继而催生大量灵活就业人员和多种新就业形态，为保障城乡劳动力就业创业创造出更大的发展空间。另一方面，新技术的智能化、自动化将加快替代部分人工的进程，数字技术作为一项新兴技术将对部分行业产生冲击，尤其是对劳动密集型产业、非技能密集型产业等领域形成一定的负面影响，给就业市场带来挑战。

一　数字经济发展现状

（一）我国数字经济发展基本情况

数字经济规模方面，近年来，我国数字经济总量持续增长。根据《数字中国发展报告（2023 年）》，2023 年我国数字经济规模超过 55 万亿元，数字经济核心产业增加值占国内生产总值的比重达 10%左右；电子信息制造、互联网业务、电信业务、软件业务等产业推动我国数字经济规模持续扩大。2014~2022 年，我国数字经济增加值从 16.2 万亿元增加到 50.2 万亿元，数字经济增加值占 GDP 的比重从 25.4%上升至 41.6%（见图 1）。数字经济产业渗透率方面，我国数字经济在第一、第二、第三产业的渗透率持续提升。2022 年，我国各产业的数字经济渗透率分别为：第一产业 10.5%，第二产业 24.0%，第三产业 44.7%。我国数字经济在世界的影响力也不断增强。2017 年，我国数字经济规模就超过日本和英国之和，成为全球第二大数字经济体，在世界数字经济发展中占据重要地位。2023 年，我国数据要素市场日趋活跃，数据生产总量达到了 32.85ZB，同比增长 22.44%。数字基础设施方面，算力总规模达到 230EFLOPS，居全球第二位，显示出我国在数字技术和基础设施方面的快速进步。然而，从数字经济占 GDP 比重来看，发达国家数字经济占 GDP 的比重一般保持在 60%以上，而我国这一比重刚刚超过 40%，还有较大的提升空间。

图 1 2014~2022 年我国数字经济增加值以及占 GDP 比重

（二）内蒙古数字经济发展基本情况

近年来，内蒙古自治区党委和政府抢抓数字化发展机遇，以建设内蒙古国家大数据综合试验区为契机，不断完善数字基础设施，推进数字产业化和产业数字化，构建数字经济发展支撑体系，数字经济发展取得长足进步。内蒙古自治区数字经济规模从 2018 年的 3600 亿元增至 2022 年的 5574 亿元（见图 2），在数字经济领域具备了一定的规模和影响力，但占 GDP 比重达到 24.4%，仍远低于全国平均水平。此外，内蒙古作为八大国家算力枢纽节点之一和十大国家数据中心集群之一，截至 2024 年 7 月，仅和林格尔数据中心内服务器就已超过 370 万台，算力总规模达到 4.7 万 P，其中智能算力 4.1 万 P，位居全国前列。内蒙古公共数据资源体系不断完善，数据要素不断丰富，初步形成了数据、算力中心规模效应，已经具备推动数字经济高质量发展的优势条件和产业基础。

在信息网络基础设施建设方面，内蒙古自治区近年来深入推进 5G 网络建设、电信普遍服务等，信息通信基础设施建设取得长足进步，依托满洲里、二连浩特两个国际通信信道出入口，分别实现了与蒙古国、俄罗斯运营商的对接，边境地区和林区、牧区的通信网络覆盖水平得到大幅提升。截至 2023 年底，内蒙古自治区 12 盟市 5G 基站总数达到 60446 个，5G 基站增速

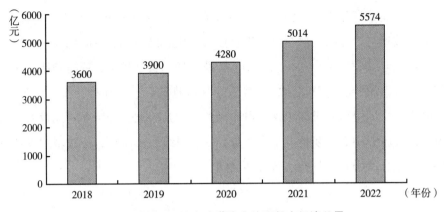

图 2　2018~2022 年内蒙古自治区数字经济总量

在 12 个西部省区市中排名第八，千兆以上宽带用户数占比在 12 个西部省区市中排名第九。

在绿色算力基础设施建设方面，内蒙古自治区人民政府及地方政府出台《关于支持内蒙古和林格尔集群绿色算力产业发展的若干意见》《全国一体化算力网络国家枢纽节点内蒙古枢纽集宁片区发展规划（2023~2025）》等政策，按照"1+10+N"进行布局，保障未来算力产业发展需求。截至 2023 年底，内蒙古数据中心服务器达到 260 万台，上架率 67.4%，算力规模突破 5000P。2023 年全区数据中心完成投资额 70 亿元，新增服务器 60 万台，主要集中在和林格尔新区，新引进华为智算中心等千亿级重大项目，建成阿里、并行等智算超算重点项目以及全国最大的"扶摇"自动驾驶智算中心。

在数字产业化方面，内蒙古发挥数据中心规模优势，大力开展"以数招商"，积极培育上下游产业，延伸产业链条，培育产业集群，积极与京东、微软、国信等互联网企业合作，初步形成了和林格尔新区大数据产业核心区、乌兰察布中关村科技园区、鄂尔多斯高新技术产业园区、赤峰云计算产业园区等一大批大数据产业集聚区。呼和浩特市、乌兰察布市、赤峰市等地依托数据中心集聚优势，不断延伸大数据产业链条，大数据核心产业生态圈粗具规模。

在产业数字化方面，内蒙古自治区特别重视在各领域实施数字化转型，推动大数据与产业深度融合，促进企业数字化、网络化、智能化改造，建成了一批工业互联网平台和智慧农场、智慧牧场、智慧矿山、智能制造、智慧能源、智慧旅游、智慧物流、智慧医疗等示范项目。呼和浩特市、包头市、赤峰市、满洲里市获批国家跨境电子商务综合试验区，分层级建成投入使用电子商务服务中心、乡镇电子商务服务站、村级服务网点；分领域建成县级快递物流分拨中心，打造区域公共品牌。

二 数字经济创造新的就业形态和就业机会

（一）数字经济推动新就业形态不断涌现

数字经济催生新的企业生产组织方式和新的就业模式，进而推动新就业形态、新型职业不断涌现。新就业形态是指伴随互联网技术应用和数字经济发展而出现的工作模式，具有劳动关系灵活、工作内容多样、工作方式弹性等特点，较为常见的有网约配送员、网约车司机、互联网营销师等职业。此外，数字经济与实体经济的融合发展，也直接催生了许多新的数字职业。修订后的2022年版国家职业分类大典，首次标注了地球物理地球化学与遥感勘查工程技术人员、大地测量工程技术人员、摄影测量与遥感工程技术人员、地图制图工程技术人员、海洋测绘工程技术人员、地理国情监测工程技术人员、地理信息系统工程技术人员、导航与位置服务工程技术人员、农业数字化技术员、数字孪生应用技术员等97个数字职业。由此可见，数字经济的快速发展正在创造新就业岗位、优化就业结构等方面发挥越来越重要的作用。

（二）数字经济扩大就业容量

从长周期来看，技术与产业变革带来的就业创造效应大于替代效应，数字经济的发展将推动我国实现更加充分更高质量的就业。数字经济发展在创造新就业形态的同时，也增加了大量就业岗位，扩大了就业容量，特别是产业数字化带来的就业增加更大，成为新增就业机会的主要来源。随着我国数字经济的发展，其创造的新就业岗位占比接近三成，在第三产业中，数字经济带来的就业岗位占到六成。根据《2023 中国数字经济前沿：平台与高质量充分就业》研究报告，以微信、抖音、快手、京东、淘宝、美团、饿了么等为代表的平台，2021 年为我国净创造就业岗位约 2.4 亿个，为当年约27%的适龄劳动人口提供了就业机会。另据第九次全国职工队伍状况调查，目前全国职工总数为 4.02 亿人左右，以网约车司机、快递员、网约配送员群体为代表的新就业形态劳动者为 8400 万人，约占 1/5。

三 数字经济背景下内蒙古面临的就业风险

（一）劳动力与就业人员数量双下降

人口数量直接影响劳动力市场的规模。一个国家或地区的人口数量越多，其潜在的劳动力资源就越丰富，有助于促进经济发展和创造更多的就业机会。近年来，内蒙古自治区人口、劳动力数量持续下降影响就业机会的创造。内蒙古自治区人口自 2010 年达到历史峰值 2472.2 万人后逐年减少，截至 2023 年减少至 2396 万人，15~64 岁年龄段人口从 1935.56 万人减少到1738 万人。与之相对应，内蒙古自治区就业人员数量自 2010 年达到高点1398 万人之后，一路下滑，截至 2022 年末已下降至 1190 万人，比高点时减少 200 余万人（见图 3）。此外，人口年龄结构也对就业有着显著的影响。随着人口老龄化的加剧，劳动力市场中的年轻人口比例下降，不但会导致劳动力市场的供给减少，也不利于产业转型和升级。早在 2001 年，内蒙古就进入人口老龄化社会。2023 年内蒙古自治区 60 岁及以上的老年人口达到了546.38 万人，占全区常住人口总数的 22.80%。预计到 2025 年，全区 60 岁以上老年人口将达到 557 万人。这一数据反映了内蒙古老年人口规模持续扩大的现状，表明了人口老龄化程度的不断加深，对于内蒙古产业转型和升级十分不利。

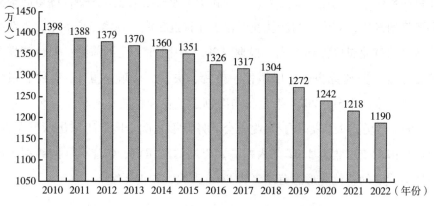

图3　2010~2022年内蒙古自治区就业人员数量

（二）传统行业就业受到较大冲击

数字经济对低技能劳动力具有替代效应，因此，数字经济的发展对劳动密集型产业就业人员产生较大的负面冲击，资本要素替代劳动要素，以获得更高的效率和更低的成本。随着数字经济的崛起，内蒙古传统的制造业、服务业不断被数字化、智能化、自动化的生产方式所替代。在产业数字化方面，内蒙古自治区大力推动能源、化工、稀土、钢铁、铝业、装备制造、农畜产品加工等传统行业全方位、全角度、全链条的数字化改造。以能源行业为例，通过推进智慧矿山建设，内蒙古许多矿企实现了从"人控"到"数控"的提质升级、从"少人"到"无人"的智慧转变，企业用工数量不断减少。截至2024年4月底，内蒙古自治区已建成155处智能化煤矿，占在产煤矿总数的一半以上，建成智能化采煤工作面240处、智能化掘进工作面219处，露天煤矿应用无人驾驶车辆306台。再如全国乳品行业的龙头企业之一伊利集团，将人工智能等数字化技术渗透业务上下游价值链的各个环节。在伊利集团的智能工厂中，自动化的生产线与智能化装箱机器人、码垛机器人、缠绕机器人相配合，极大地提高了生产效率。配备了自动感应识别系统的智能码垛机器人能同时控制3条生产线，可代替60人的工作量。在物流环节，过去一个工厂原奶过磅环节至少要有6人轮班，现在通过人工智能技术实现了原奶无人化过磅。可见，在数字经济发展过程中，随着自动化生产线和机器人的广泛应用，传统行业低技能劳动力的就业受到了较大冲击。

（三）数字经济领域人才短缺问题凸显

数字经济的发展带来持续高涨的数字人才需求，数字化、智能化岗位大量涌现。然而，数据显示当前我国数字人才总体缺口为 2500 万~3000 万，且缺口仍在持续扩大，人才紧缺的情况预计会持续 3~5 年。发展数字经济需要从供给侧推动创新，对人才的数量、质量都有很高的要求，但是内蒙古能承担数字化发展使命的领军人才以及数字技术应用领域内的专业技能人才都极为匮乏。一是自治区存在人口、人才双流失状况。根据内蒙古自治区统计公报，2023 年内蒙古常住人口为 2396.0 万人，相比 2010 年减少 76.2 万人，同时存在高学历高技术专业性人才向区外流动的现象。二是关键核心技术和关键数据挖掘应用等数字经济相关领域人才储备不足。由于区内高等院校及科研院所学科设置、培养体系尚不完善，培养数字化人才能力极为有限，本地培育的高层次人才长期外流，不断培育和留住人才的良性循环未能建立。三是我国处于数字化转型初期，全国各地对数字化专业人才的需求呈爆发式增长，相比于发达地区，区内缺少国家级大型、骨干型研发机构平台，在科研技术方面竞争力不强，在收入水平、宜居环境、创业环境等方面优势不够明显，未能形成吸引人才集聚的氛围环境。

（四）部分新就业形态下从业人员过剩

随着数字经济、新业态的发展，大量新形态、新内容的工作岗位被创造出来，最为典型的是电商平台发展直接产生或衍生的各类新就业岗位。内蒙古自治区以新就业形态存在的三大职业主要为网约车司机、网约配送员、快递员。然而，从当前情况来看，这三大新型职业从业人员都存在不同程度的过剩。以网约车司机为例，截至 2024 年 6 月，呼和浩特市许可网

约车车辆共计 6750 辆，较 2023 年底新增 920 辆，行业规模进一步扩大，当前日均营运车辆 3993 辆，营运比例约为 59.16%。网约车市场实际运营车辆数量总体呈上升趋势，单车日均 14 单，单笔订单营收集中在 10～20 元区间。然而，随着乘车补贴减少，乘坐网约车与出租车价格逐渐持平，居民乘坐网约车热情降低。一增一减导致网约车数量及运力过剩，网约车司机从业者的收入锐减。根据统计监测，呼和浩特市网约车单车日均营收约 158 元，不少网约车司机从早上 7 点出车到晚上 10 点收车，净收入不足百元。

（五）公共就业创业服务体系有待完善

当前，内蒙古自治区公共就业服务体系主要针对传统劳动关系下的劳动力开展职业技能培训、职业指导和职业介绍，面向数字经济背景下新就业形态群体的职业技能培训、职业指导供给严重不足。早在 2020 年 5 月，人社部就启动了新就业形态技能提升和就业促进项目试点工作，面向新就业形态的重点就业群体提供岗前培训和技能提升培训，促进其就业或稳定就业，并将浙江、广东、湖北、山东等 7 个省 15 个地区列为全国首批新就业形态技能提升和就业促进项目试点地区。内蒙古自治区不在试点范围内，大部分盟市没有开展此类培训，个别盟市在新就业形态技能培训创新机制方面做了一些探索，如包头市大力开展了新就业形态"互联网+职业技能培训"。此外，调研发现网约车司机、网约配送员等新就业形态从业人员多认为培训内容跟工作技能、接单效率、个人收入没有必然联系，没有必要接受培训。创业就业扶持政策方面，要想享受创业就业方面的扶持，劳动者一般须签订劳动合同或缴纳社会保险作为落实政策的必要条件，新就业形态下的创业就业人群显然不符合此要求。同时，虽然新就业形态为劳动者提供了灵活的工作机会，但也为网约车司机、网约配送员等带来了劳动者权益保障的问题，如社会保险、工作时间、休息时间等无法得到有效保障。

四　数字经济背景下促进内蒙古高质量充分就业的对策建议

（一）优化生育政策，保持适度生育水平和人口规模

2022 年 6 月，内蒙古自治区党委、政府印发《关于优化生育政策促进人口长期均衡发展的实施方案》，12 个盟市中有 10 个制定出台了地区生育支持政策，其中呼和浩特市、鄂尔多斯市、乌海市、兴安盟实施了生育补贴等措施。但从实施效果来看，内蒙古自治区 2022 年、2023 年出生人口分别为 13.4 万人、12.3 万人，仍然在快速下降。对此，必须积极优化生育政策。一是制定覆盖一孩家庭的生育补贴政策。从国际经验来看，补贴和生育率呈正相关关系，因此，在实施生育补贴政策时，也应将一孩家庭纳入，具体金额可以根据生育二孩、三孩家庭补贴额度科学合理设定，确保切实减轻家庭生育成本。二是大力推进普惠托育服务体系。加大资金支持力度，大力推动各盟市新建续建公办幼儿园，增加幼儿园学位；指导各盟市采取政府购买服务、减免费用、以奖代补、派驻公办园长和教师、结对帮扶、实地指导、协同教研、培训倾斜等措施，多途径增加民办普惠性学前教育资源，优化普惠托育服务。三是营造友好的生育社会氛围。持续宣传弘扬新型婚育文化，破除婚嫁大操大办、高价彩礼等陈规陋习，引导树立正确的婚恋观、家庭观、生育观。

（二）把促进新就业形态作为自治区就业政策的重要组成部分

数字经济背景下，必须将鼓励创业创新发展的优惠政策面向新兴业态的企业开放，符合条件的新业态企业可以享受相关的财政、信贷等优惠政策；根据新业态、新就业形态特征，颁布可以切实促进新业态企业发展的政策；制定财税、金融、投资、产业等政策时，综合评价其对平台经济、共享经济中新就业形态就业岗位带来的影响；防范平台企业资金链风险，加大对平台

企业金融监管，科学设定平台抽成比例，坚决惩处平台企业强迫实施的"二选一"行为；指导平台建立对入驻企业及其产品、信息的常态化审查管理制度，加强准入与交易、质量和信息等方面的安全保障；规范平台对用户数据的收集、使用，对平台企业算法的合理性、公平性、合法性开展审核和评判，避免"困在系统里的外卖小哥""大数据杀熟"等现象的发生。

（三）加快数字技术人才培养引进

内蒙古自治区要立足实际，突出需求导向，建立数字人才需求目录和人才数据库，有针对性地引进高端人才，培育高水平创新人才和团队，做到数字经济需要什么人才，就引进和培养什么人才，加强对数字人才引进、培养和集聚的政策支持，完善人才激励机制，加快引进和培养一批数字领域急需紧缺的技术领军人才、高层次管理人才和创新创业团队。一是努力培养本土数字化人才。优化内蒙古自治区各高等院校学科专业设置，鼓励学校增设云计算、大数据、人工智能、物联网、虚拟现实、区块链等数字领域相关专业，重点加强技能型、专业型、应用型人才培养。努力实现产教深度融合，构建产学研一体化的教学运行和管理机制，面向数字经济发展需求，培养应用型、技能型人才。在全区规划、部署和推进数字经济教育，覆盖党政机关、学校、企业及社区，提高各级领导干部、公务人员、创业人群和广大人民群众数字素养。二是千方百计引进区外高层次人才团队。围绕内蒙古自治区数字经济建设的重点领域，引进一批数字经济领域学科带头人、技术领军人才和高级管理人才，以院士工作站、重点实验室、高新技术园区为依托，集群式引入人才团队。建立以市场、业绩、效益为核心的人才评价体系，探索市场化的人才评价激励机制。制定出台收入、职称、住房、落户、子女教育等方面的优惠政策，打通人才上升和自由流动通道。

（四）建立适应新就业形态的社会保障制度

按照国家有关规定，社保"五险"需统征统缴，无法单独参保，内蒙古自治区政府应按照数字经济、平台经济发展特点，从新就业形态从业人员实际出发，重点考虑新就业形态人员的工作性质、特点、实际收入水平、分配方式等因素，进而为其量身定制社会保险制度，确定合理的社保费率、便捷的缴费方式、适度的待遇水平以及高效的服务方式。对于从业人员参加工伤保险的强烈诉求，应加快研究和制定新就业形态就业创业人员的职业伤害保险办法和失业保险办法，适当扩大工伤保险覆盖范围，允许以灵活方式参加工伤保险，保障新就业形态从业人员享有工伤和失业保险待遇。多数通过平台就业的从业人员收入较低且波动较大、不够稳定，要尽快研究制定平台经济就业人员享受社保补贴的扶持政策，通过发放社保补贴等方式支持其稳定就业。

（五）构建符合新就业形态的就业衡量标准

现有的统计口径无法清晰界定当下出现的新就业形态。传统就业形态下，统计局登记失业率、高校毕业生就业率等衡量就业市场的指标与新就业形态下劳动者无雇主、流动性大、多重兼职、自由职业的特点已不相符。需要完善统计监测制度，探索建立新就业形态下的统计监测指标，提高劳动力市场的供求匹配度。此外，由于缺乏对新就业形态、灵活就业等概念的明确界定，学者们在研究新就业形态时，多以《中国共享经济发展年度报告》确定的"依赖平台经济提供服务者"的人数作为新就业形态的从业人数，但具体涵盖的职业仍不明确。从行政管理的角度明确新就业形态所包含的职业，有利于统计工作的开展以及相关支持政策的颁布实施。在新就业形态从业人员情况的调查工作中，建议扩大就业数据信息来源，充分利用大数据等多种手段来掌握新就业形态从业人员的总体数量、分布结构、人员构成、劳动报酬、社会保险等基本情况。

（六）开展数字经济领域新就业形态职业技能提升行动

近年来，新经济、新技术、新产业、新业态的迅猛发展，带动出现了"平台就业""网络就业""家庭就业"等新就业形态，为内蒙古自治区稳就业、保就业发挥了重要作用。推动新就业形态岗位技能提升，有助于进一

步促进重点群体稳定就业。内蒙古自治区应尽快开展新就业形态职业技能提升行动，重点提升网约车司机、网约配送员的岗位技能，将与平台企业未建立劳动关系但通过企业平台提供服务并获取劳动报酬的从业者纳入培训范围，并按照相关规定给予平台企业一定的培训补贴。平台企业可根据岗位技能需求自主确定培训内容，但也要将劳动者权益保护、消防安全、交通安全、职业伤害预防、工作生活常识、城市文明礼仪以及相关法律法规等方面的知识纳入培训内容，通过自建线上培训平台或所属培训机构开展线上或线下培训。培训结束后，平台企业应组织参训人员进行培训课程结业考核，发放相应课程培训合格证明，确保培训质量和实效。

参考文献

龚六堂：《数字经济就业的特征、影响及应对策略》，《国家治理》2021 年第 23 期。

刘燕斌、刘明媛：《支持新就业形态发展 激发劳动力活力市场》，《中国劳动保障报》2019 年 4 月 20 日。

郭启光：《内蒙古推动数字经济高质量发展的路径及对策研究》，《理论研究》2019年第 5 期。

陈美华、范敏华：《数字经济时代高质量充分就业的机理和路径选择》，《经济研究参考》2023 年第 12 期。

王鑫垚、黄欣、康丽滢、孙雪峰：《数字经济对河北省就业结构的影响及对策》，《投资与创业》2021 年第 19 期。

滕思翰、刘月强、季萍倩：《发挥政务数据要素×效应 促进内蒙古数字经济发展》，《北方经济》2024 年第 5 期。

B.9
新时代内蒙古构建发展型社会救助体系研究

党敏恺 *

摘　要： 进入新时代，随着贫困治理战略任务的根本转向，社会救助的目标功能提升为在强化兜底保障的基础上兼顾促发展、增能力的需求，帮助低收入群体融入共同富裕进程，建设发展型社会救助制度体系遂成为改革的前进方向。内蒙古依从国家整体性政策与实践，社会救助事业发展成效显著。但相较于低收入群体的基本生活保障和多维发展需要，内蒙古社会救助制度的基本生活救助覆盖范围偏窄、救助水平与缓解生活型贫困仍有差距、财政救助资金投入强度下降、服务型救助供需匹配压力较大。新时代内蒙古推进发展型社会救助体系建设，建议关注潜在救助对象并形成合理的覆盖面，适度提升救助标准并缩小与社会常规生活水平的差距，继续加大财政投入力度并引导社会力量共同参与，积极发展服务类救助并满足多样化救助需求，强化数字赋能并推动智慧救助全场景应用。

关键词： 发展型社会救助　内蒙古　反贫困　社会保障

作为社会保障体系中具有基础性地位的组成部分，社会救助是面向困难群体提供基本生活需要的重要制度安排，肩负保障基本民生、促进社会公平、维护社会稳定的使命。党的十八大以来，中国特色社会主义进入各领域蓬勃发展的新时代。社会救助制度充分发挥兜底保障作用，为整体消除绝对

---

* 党敏恺，内蒙古自治区社会科学院社会学研究所副研究员，主要研究方向为社会保障。

贫困和全面建成小康社会做出了积极贡献。内蒙古将社会救助深度嵌入精准扶贫这一党和国家的重大战略决策，兜底保障政策总体保持稳定，刚性支出扣除、重病重残单人户保、低保渐退等惠民措施实施成效可感可及，对36.7万名脱贫人口和6.3万名防返贫监测对象分类实施救助兜底，分别占对象总数的47%和58%，切实兜住兜准兜好民生底线①。

在新的历史起点上，建立解决相对贫困的长效机制成为我国反贫困的核心任务。社会救助在相对贫困治理中的必要性与重要性更加凸显。但传统的保障生存型社会救助制度无法满足规模庞大的相对贫困群体的多维发展需求，社会救助必然需要实现制度转型，通过确立兜底保障与发展支持并重的目标定位，构建发展型社会救助制度体系。要进一步推动社会救助制度的转型升级，在满足低收入人口基本生活需要的基础上，借助社会力量增加服务类救助，精准对接救助需求，促进低收入人口提升自我发展意愿和能力，并帮助其融入社会，将社会救助筑牢底线的制度优势转化为助力低收入群体走向共同富裕的强劲势能。

一 新时代以来内蒙古社会救助的发展成效

进入新时代，在党中央的引领下，依从国家整体性政策与实践，内蒙古社会救助在制度设计的完整性、对象瞄定的精准性、救助水平的发展性、管理运行的规范化等方面成效显著，推动社会救助由保生存向保基本、防风险、促发展转型升级。

（一）制度框架逐步完善

党的十八大以来，从统筹城乡社会救助体系到健全分层分类社会救助体系，内蒙古在补齐制度短板、优化制度结构的基础上确立了面向低收入人口

---

① 《内蒙古四措并举织密编牢困难群众兜底保障网》，http://nm.people.com.cn/n2/2024/0531/c410141-40863666.html。

既强化兜底保障又注重能力提升的发展型社会救助目标。2015 年，内蒙古依据《社会救助暂行办法》出台《内蒙古自治区社会救助办法》，初步实现了新型社会救助制度的系统性和规范化，构建了以城乡低保、特困人员供养为核心，涵盖受灾人员救助、医疗救助、教育救助、住房救助、就业救助、临时救助，社会力量参与的覆盖城乡的综合型社会救助体系，探索了发展型社会救助项目的建设路径，确保各救助项目合力在精准扶贫中发挥重要的兜底保障作用。之后，内蒙古及时将农村牧区五保供养和城市"三无"人员保障制度整合为特困人员救助供养制度，相继建立了残疾儿童康复救助、困难残疾人生活补贴和重度残疾人护理补贴等制度，开展了面向遭遇急难型和支出型困难家庭或个人的临时救助，实施了重特大疾病医疗救助，社会救助进一步补齐制度短板和缺项。

为深入贯彻落实 2020 年中共中央办公厅、国务院办公厅颁布的《关于改革完善社会救助制度的意见》精神，着眼困难群体的基本生活保障和能力发展需求，内蒙古 2021 年印发了《关于改革完善社会救助制度的实施措施》，根据救助对象的困难程度和困难类型形成分层次、差异化的精准救助体系，实现了社会救助对象从低保群体向低收入群体的扩展，为以需求为导向的"兜底+发展"优势互补的综合救助模式提供了发展方向，尤其强化了服务型救助的新理念。至此，内蒙古构建起以基本生活救助、专项社会救助、急难社会救助为主体，社会力量参与、覆盖全面的社会救助新格局，标志着社会救助体系从解决绝对贫困的生存型制度安排提升为发展型贫困治理的重要政策举措。

在系统总结健全分层分类社会救助制度经验的基础上，2023 年 10 月，国务院审议通过《关于加强低收入人口动态监测做好分层分类社会救助工作的意见》，我国社会救助制度体系建设由此进入新阶段。2024 年 1 月，内蒙古印发《关于加强低收入人口动态监测做好分层分类社会救助工作的具体措施》，既包括防返贫的底线任务，也包括促发展的基本要求，从类别和标准两个方面明确界定了社会救助对象扩大后低收入人口的范围，通过加强低收入人口动态监测、扩大专项救助范围和发展差异化救助服务，将社会救助对低收入群体的收入支持与能力支持有机结合，切实保障低收入群体参与共同富裕实践，享有共同富裕成果。同年 7 月，内蒙古全面开展了低保边缘家庭、刚性支出困难家庭的认定工作①，面向低保对象和特困人员等绝对困难群体、低保边缘家庭和支出型困难家庭等相对困难群体和其他困难群体的分层次的衔接紧密的梯度救助格局正式形成，推进了制度体系从生存型救助向发展型救助的转变。

（二）覆盖对象更趋精准

精准，是社会救助制度公平正义运行的题中应有之义，也是高质量发展的必然要求②。分类救助是确保社会救助精准有效的关键③。进入新时代以来，内蒙古在社会救助对象识别方面建构了较为完整的制度规范，通过"大数据+铁脚板"的线上线下联动工作机制，从家庭经济状况核对到低收入人口动态监测，精准认定救助对象，精准掌握低收入人口底数及救助需求。

基本生活救助方面：受益于精准扶贫和巩固脱贫攻坚成效的持续性保障政策，内蒙古农村牧区低保救助规模基本稳定，2012～2023 年保持在 110 万～135 万人，而城市由于就业机会相对较多和零就业家庭帮扶措施的持续推进④，低保人数处于平滑下降的趋势，从 2012 年的 80.8 万人降至 2023 年的 24.2 万人，法定劳动年龄内有劳动能力的困难群体需要依靠低保保障生活的情形持续减少，城乡低保在向生活处于绝对困难的人口提供基本保障方面，做到了应保尽保、应助尽助。2016 年内蒙古特困人员救助供养制度整合后，每年平均有约 9.6 万人被纳入特困人员供养范围。

---

① 《关于印发〈内蒙古自治区低保边缘家庭和刚性支出困难家庭认定办法（试行）〉的通知》，https://mzt.nmg.gov.cn/zfxxgk/fdzdgknr/gfxwj/202407/t20240711_2541368.html。
② 李雪：《与时代同行 与民心同向——社会救助工作十年创新发展综述》，《中国民政》2022年第 15 期，第 23 页。
③ 仲超：《贫困治理背景转换下的社会救助转型：从保障生存到促进发展》，《求实》2021年第 3 期，第 79 页。
④ 宁亚芳：《以社会救助推进共同富裕：逻辑、效能、问题与对策》，《贵州师范大学学报（社会科学版）》2024 年第 2 期，第 72 页。

保障型专项救助方面：全面落实对重点救助对象参加城乡居民基本医疗保险个人缴费部分进行补贴的政策，全额资助特困人员、定额资助低保对象和返贫致贫人口，由于城市低保人数的持续减少和资助对象类别的不断拓展，资助困难群体参加基本医疗保险人数呈现波动态势，2012 年为 208.1 万人，2021 年降至 122.4 万人①，2023 年上升至 168.6 万人②。同期，实施门诊和住院救助从 2012 年的 38.9 万人次增长至 2023 年的 220.2 万人次③，医疗救助资金更加聚焦减轻困难群众医疗费用负担。以"租、改、补"等方式大力推进住房困难群体保障工作，2012~2023 年 9 月，实施各类棚户区改造 152.78 万套，约 320 万户棚改居民"出棚进楼"，城镇低收入家庭的住房条件和居住环境得到极大改善；实施危房改造累计 118 万余户④，农村牧区没有因住房产生新的贫困。截至 2023 年 12 月底，全区共有 32.47 万户困难群众住进公租房⑤。"十四五"以来，内蒙古累计发放城镇住房保障家庭租赁补贴约 8.7 万户⑥，确保住房困难群众有房住、住得好。

发展型专项救助方面：不断健全和完善家庭经济困难学生资助政策体系，实现了所有学段、公办民办学校、家庭经济困难学生的全覆盖。2012~2022 年，共资助学生 4579 万人次；2022 年学前教育阶段减免家庭经济困难

---

① 《中国统计年鉴 2013》《中国统计年鉴 2022》医疗救助情况统计资料中内蒙古自治区数据。
② 《内蒙古自治区加大本级财政投入力度 增加 3000 万医疗救助补助资金》，https：//czt. nmg. gov. cn/czdt/czxw/202404/t20240416_ 2494962. html。
③ 《回望 2023·内蒙古绘就祖国北疆幸福民生新画卷》，https：//www. mca. gov. cn/zt/n2782/n2787/c1662004999979997125/content. html。
④ 《住有所居 建设温馨家园》，http：//www. northnews. cn/tuijian/2023/1124/2260766. html。
⑤ 《自治区政府新闻办召开"回眸 2023"主题系列新闻发布会（第 13 场-自治区住房和城乡建设厅专场）》，https：//www. nmg. gov. cn/zwgk/xwfb/fbh/zxfb _ fbh/202401/t20240122 _ 2444536. html。
⑥ 2021 年补贴 2.99 万户，数据来自《2021 年 11 月底全区城镇棚户区改造公租房保障进展情况》，https：//zjt. nmg. gov. cn/zwgk/zfxxgkn/fdzdgknr/tjxx/202201/t20220118 _ 1996606. html；2022 年补贴 2.94 万户，数据来自《2022 年 12 月底全区保障性租赁住房、公租房保障、城镇棚户区改造进展情况》，https：//zjt. nmg. gov. cn/zwgk/zfxxgkn/fdzdgknr/tjxx/202301/t20230117_ 2216216. html；2023 年补贴 2.76 万户，数据来自《自治区政府新闻办召开"回眸 2023"主题系列新闻发布会（第 13 场-自治区住房和城乡建设厅专场）》，https：//www. nmg. gov. cn/zwgk/xwfb/fbh/zxfb_ fbh/202401/t20240122_ 2444536. html。

幼儿保教费惠及学生 10.6 万人次；义务教育阶段实施"两免两补一计划"[1]惠及学生 317.4 万人次，其中，补助家庭经济困难学生生活费 87.1 万人次，为农村牧区 22.9 万人次学生提供了营养餐[2]，以实际行动践行"不让一个学生因家庭经济困难而失学"的郑重承诺。持续加强困难群体就业兜底帮扶，2023 年帮助 7.3 万名就业困难人员实现就业，较上年增加 0.4 万人，"零就业"家庭保持动态清零[3]，脱贫人口稳定务工就业 27.68 万人[4]，就业底线兜得更牢。其他救助项目：全面推行由急难发生地直接实施临时救助，2023 年累计救助 15.9 万人次[5]；扎实做好残疾人福利保障工作，2023 年困难残疾人生活补贴、重度残疾人护理补贴分别覆盖 33.7 万人、30.8 万人，比 2015 年制度建立之初分别增长 62.8%、37%[6]。总体而言，在现行制度体系下，社会救助对困难群体给予了有针对性的帮扶（见表 1）。

表 1 2012~2023 年内蒙古自治区社会救助主要项目覆盖情况

单位：万人，万人次

年份	城乡最低生活保障人数	城乡特困人员供养人数	直接医疗救助人次数	临时救助人次数	困难残疾人生活补贴人数	重度残疾人护理补贴人数
2012	204.3	10.3	38.9	—	—	—
2013	203.7	10.1	29.7	—	—	—

---

[1] 两免两补一计划：全面免除城乡义务教育阶段学生学杂费并免费提供教科书，补助寄宿生住宿费，补助家庭经济困难学生生活费，实施农村牧区义务教育学生营养改善计划。

[2] 《内蒙古自治区政府新闻办召开"内蒙古自治区 2022 年学生资助工作"新闻发布会》，https：//www.nmg.gov.cn/zwgk/xwfb/fbh/zzqzfxwfb/202208/t20220813_ 2102770.html。

[3] 《自治区政府新闻办召开"回眸 2023"系列主题新闻发布会（第 9 场-内蒙古自治区人力资源和社会保障厅专场）》，https：//www.nmg.gov.cn/zwgk/xwfb/fbh/zzqzfxwfb/202401/t20240115_ 2440974.html。

[4] 《内蒙古脱贫人口稳岗就业工作取得明显成效》，http：//nm.people.com.cn/n2/2024/0329/c196689-40793733.html。

[5] 《自治区政府新闻办召开"回眸 2023"系列主题新闻发布会（第 9 场-内蒙古自治区民政厅专场）》，https：//www.nmg.gov.cn/zwgk/xwfb/fbh/zzqzfxwfb/202401/t20240111_ 2440079.html。

[6] 依据 2015 年享受生活补贴和护理补贴残疾人分别为 20.7 万人和 22.5 万人（《2015 年内蒙古自治区残疾人事业发展统计公报》，https：//www.nmgcl.org.cn/article/1629124069 ded140fe6e11eb08d1fa163e41f807.shtml）计算得出。

年份	城乡最低生活保障人数	城乡特困人员供养人数	直接医疗救助人次数	临时救助人次数	困难残疾人生活补贴人数	重度残疾人护理补贴人数
2014	192.7	10.2	30.2	—	—	—
2015	176.7	10.0	27.9	—	20.7	22.5
2016	161.9	9.9	32.1	—	—	—
2017	162.9	9.6	31.2	34.7	25.7	25.6
2018	164.0	9.4	66.0	29.9	24.6	25.0
2019	162.8	9.5	74.1	20.6	29.0	27.4
2020	164.9	9.6	86.7	20.0	31.1	28.4
2021	158.9	9.6	105	18.5	31.5	28.9
2022	154.3	9.6	185	17.7	32.2	29.7
2023	156.7	9.9	220.2	15.9	33.7	30.8

资料来源：城乡最低生活保障人数、城乡特困人员供养人数、临时救助人次数2012~2022年数据来自《中国民政统计年鉴》（2013~2023），2023年数据（不含临时救助人次数）来自《2023年第四季度政务公开社会救助数据统计表》，https：//mzt.nmg.gov.cn/shjzhshfllyxxgk/shjz/gzjz/202402/t20240218_2468544.html）；直接医疗救助人次数2012~2022年数据来自《中国统计年鉴》（2013~2023）；残疾人两项补贴人数2019~2023年数据来自《内蒙古自治区残疾人两项补贴情况统计表》（2019~2022），https：//mzt.nmg.gov.cn/shjzhshfllyxxgk/shfl/gzjz/202306/t20230601_2324625.html。

（三）救助力度明显加大

内蒙古自治区党委、政府始终将保障困难群众基本生活放在优先位置，积极发展服务类救助，社会救助投入持续增加，推动救助保障水平稳步提升。2023年全区城乡低保平均标准分别达到840元/人·月、670元/人·月，较2022年增长4.8%、12.6%，约为2012年城乡低保平均标准的2.1倍和2.8倍。农村牧区低保标准占城市低保标准比例从2012年的59.4%提高至2023年的79.8%，城乡差距逐渐缩小（见图1），低保资金支出由2012年的61.5亿元[①]增长到2023年的75亿元[②]，增长22%。2018年特困人员救助供养标准统计指标改革为基本生活标准和照料服务标准，

[①] 《中国民政统计年鉴2013》C-1-17预算资金总体支出情况续表4中内蒙古自治区数据。
[②] 依据《2023年第四季度政务公开社会救助数据统计表》城镇低保、农村牧区低保资金支出合计得出。

图1 2012~2023年城乡最低生活保障标准及城乡低保差距变化情况

资料来源：城乡低保平均标准2012~2022年数据来自《中国民政统计年鉴》（2013~2023），2023年数据来自《自治区政府新闻办召开"回眸2023"系列主题新闻发布会（第9场·内蒙古自治区民政厅专场）》，https：//www.nmg.gov.cn/zwgk/xwfb/fbh/zzqzfxwfb/202401/t20240111_2440079.html。

其中，城乡特困人员基本生活标准由1075元/人·月、703.8元/人·月[①]增长到2023年的1380元/人·月、1020元/人·月[②]，分别增长28.4%、44.9%，同期，特困人员救助供养资金支出增长40.4%[③]，城乡低保标准和特困人员供养标准始终保持稳定提高态势。2023年全区医疗救助资金投入达到14.3亿元，较2022年增加1.4亿元[④]，是2012年的2.3倍[⑤]。参加基

① 《自治区政府新闻办召开自治区保障和改善民生工作新闻发布会》，https：//www.nmg.gov.cn/zwgk/xwfb/fbh/zxfb_fbh/202001/t20200107_229905.html。
② 《内蒙古稳步提高社会救助标准》，https：//www.mca.gov.cn/n152/n166/c16620049999 79992810/content.html。
③ 依据《中国民政统计年鉴2019》C-1-15民政事业费支出情况中内蒙古自治区数据和《2023年第四季度政务公开社会救助数据统计表》城市特困、农村特困资金支出计算得出。
④ 《内蒙古自治区加大本级财政投入力度 增加3000万医疗救助补助资金》，https：//czt.nmg.gov.cn/czdt/czxw/202404/t20240416_2494962.html。
⑤ 依据《中国民政统计年鉴2013》C-1-17预算资金总体支出情况续表5内蒙古自治区数据计算得出。

本医疗保险补助水平由 2012 年的 52.1 元/人[①]增加到 2023 年的 214.7 元/人[②]，有效避免低收入困难群众断保。同时，困难群众和大病患者医疗费用负担资金支持力度也在持续加大，2022 年直接医疗救助资金支出约 9.3 亿元[③]，其中，门诊、住院救助资金分别是 2012 年的 1.9 倍、2.1 倍[④]，年度救助限额内，对特困人员实施全额救助，对低保对象政策范围内费用按不低于 70% 的比例救助，其他低收入人口政策范围内费用救助比例不低于60%[⑤]，困难群众"基本医疗有保障"成果得到巩固提升。

在城乡低收入群体等重点对象住房安全保障方面，为使危房改造工作顺利实施，内蒙古提前下达 2024 年中央财政农村危房改造补助资金 5286 万元[⑥]、自治区本级补助资金 2051.4 万元[⑦]，户均补助资金达 2.1 万元[⑧]。全面落实城镇保障性安居工程补助资金，2023 年下达中央财政城镇保障性安居工程补助资金 13.7 亿元，自治区财政安排补助资金 9.3 亿元[⑨]，助力低收入家庭"住有所居、安居宜居"。

[①] 依据《中国民政统计年鉴 2013》C-1-17 预算资金总体支出情况续表 5、C-2-38 医疗救助及其他农村救济中内蒙古自治区数据计算得出。

[②] 依据"2023 年全区享受基本医疗保险参保资助 168.62 万人，支出 3.62 亿元"（《内蒙古自治区加大本级财政投入力度 增加 3000 万医疗救助补助资金》）计算得出。

[③] 《中国统计年鉴 2023》22~22 分地区医疗救助情况（2022 年）中内蒙古自治区数据。

[④] 依据《中国医疗保障统计年鉴 2023》3-1-2 各地区医疗救助资金使用情况、《中国民政统计年鉴 2013》C-1-17 预算资金总体支出情况续表 5 中内蒙古自治区数据计算得出。

[⑤] 《内蒙古自治区人民政府办公厅关于健全重特大疾病医疗保险和救助制度的实施意见》，https：//www.nmg.gov.cn/zwgk/zfxxgk/zfxxgkml/gzxzgfxwj/xzgfxwj/202206/t20220627_2078912.html。

[⑥] 《内蒙古自治区财政厅关于提前下达 2024 年中央财政农村危房改造补助资金预算的通知》-《2024 年中央财政农村危房改造补助资金提前下达分配表 . xls》，https：//czt.nmg.gov.cn/zwgk/zfxxgk/fdzdgknr/tzgg/202312/t20231221_2430003.html。

[⑦] 《内蒙古自治区财政厅关于提前下达 2024 年农村牧区危房改造自治区本级补助资金预算的通知》-《2024 年农村牧区危房改造自治区本级补助资金提前下达分配表 . xls》，http：//czt.nmg.gov.cn/zwgk/zfxxgk/fdzdgknl/tzgg/202312/t20231221_2429993.html。

[⑧] 依据《2024 年中央财政农村危房改造补助资金提前下达分配表 . xls》《2024 年农村牧区危房改造自治区本级补助资金提前下达分配表 . xls》户均补助资金合计得出。

[⑨] 《内蒙古全力推进城镇保障性安居工程建设》，https：//czt.nmg.gov.cn/czdt/czxw/202307/t20230725_2351415.html。

随着资助政策体系的不断健全完善，内蒙古对学生资助的投入逐年加大，2012~2022年，共落实各级各类学生资助资金418.1亿元[①]，2023年各类学生资助资金达48.1亿元，发放助学贷款14.04亿元[②]，落实义务教育阶段学生"两免两补"资金8.98亿元，下达农村牧区义务教育阶段学生营养改善计划资金1.91亿元[③]，教育民生福祉持续增进。

2022年临时救助的平均救助水平达到1756.2元/人次[④]，比2012年以户次统计的临时救助支出水平提高了0.9倍[⑤]，累计支出达29.2亿元[⑥]。2024年中央财政共下拨内蒙古自治区困难群众救助补助资金56.33亿元，与自治区本级财政安排资金合计达到74.42亿元[⑦]，有力保障了167万名城乡低保对象、特困人员、孤儿和事实无人抚养儿童的基本生活和面向特殊困难群体以及流浪乞讨人员的临时救助，充分发挥了救助补助资金"救急难""兜底线"的作用。

内蒙古残疾人两项补贴2024年指导标准已提高到每人每月125元，全年共安排资金5.5亿元，惠及约65万残疾人[⑧]。

随着低保制度和综合型社会救助体系的发展完善，社会救助资金支出额[⑨]呈增长态势，2012年、2022年社会救助支出额分别为74.4亿元、90.6亿元[⑩]，助力社会救助制度凝聚起保障生活与促进发展的合力。

[①] 《内蒙古自治区政府新闻办召开"内蒙古自治区2022年学生资助工作"新闻发布会》，https://www.nmg.gov.cn/zwgk/xwfb/fbh/zzqzfxwfb/202208/t20220813_2102770.html。

[②] 《自治区政府新闻办召开"回眸2023"系列主题新闻发布会（第8场-内蒙古自治区教育厅专场）》，https://www.nmg.gov.cn/zwgk/xwfb/fbh/zxfb_fbh/202401/t20240110_2439552.html。

[③] 《我区下达2023年城乡义务教育补助经费40.93亿元》，https://www.nmg.gov.cn/zwyw/gzdt/bmdt/202307/t20230713_2346333.html。

[④] 《中国民政统计年鉴2023》C-1-15民政事业费支出水平续表中内蒙古自治区数据。

[⑤] 依据《中国民政统计年鉴2023》C-1-15民政事业费支出水平续表、《中国民政统计年鉴2013》C-1-18支出水平情况续表2内蒙古自治区数据计算得出。

[⑥] 依据《中国民政统计年鉴》（2013~2023）临时救助支出情况中内蒙古自治区数据得出。

[⑦] 《内蒙古下达2024年困难群众救助补助金74.42亿元》，https://www.gov.cn/lianbo/difang/202407/content_6961780.html。

[⑧] 《内蒙古下达残疾人两项补贴提标资金6346万元》，https://www.nmg.gov.cn/zwyw/gzdt/bmdt/202408/t20240819_2559631.html。

[⑨] 社会救助支出包括最低生活保障、临时救助、特困人员救助供养以及其他生活救助。

[⑩] 依据《中国民政统计年鉴2013》《中国民政统计年鉴2023》民政事业费支出情况表中社会救助支出内蒙古自治区数据计算得出。

（四）管理服务建设持续加强

党的十八大以来，内蒙古大力推进社会救助工作的规范化管理和经办机构的标准化建设，助力实现社会救助效能提升。先后制定特困人员救助供养、临时救助、疾病应急救助等制度的工作规程，强化旗县级困难群众基本生活保障工作的部门协作配合，将社会救助经办服务重心向苏木乡镇（街道）一级下移，完善基层社会救助"一门受理、协同办理"服务平台，按照"四有"标准加强苏木乡镇（街道）社会救助经办机构建设，不断优化受理、分办、转办等工作流程。为夯实基层社会救助工作基础，自 2022 年 1 月起，内蒙古在全区每个嘎查村（行政村）、社区至少设立 1 名社会救助协理员，并明确协理员工作待遇，保障其履职需要。2023 年，社会救助服务"放管服"改革深入推进，"内蒙古救助通"上线开通，救助服务政策清单、幸福清单实现"一码扫、码上知"[①]，为困难群众提供更为方便快捷的服务。

社会救助家庭经济状况核对工作、低收入人口动态监测和常态化救助帮扶机制建设工作取得明显成效。特困人员、低保边缘家庭成员、刚性支出困难家庭认定工作进一步规范，通过部门数据信息共享，救助对象家庭成员涉及税务登记、社会保险、工商登记、住房公积金、住房保障、住房买卖等方面的信息实现互联互通、查询核对及业务协作。以大数据为支撑，低收入人口动态监测信息平台监测预警功能逐步完善，定期开展数据共享，救助对象识别的精准度和社会救助政策的公平性得以提升。截至 2024 年 2 月底，已经对 192.6 万名低收入人口开展动态监测[②]，为低收入人口构筑起保障网。社会救助保障标准与物价上涨挂钩的联动机制逐步健全完善，价格临时补贴实行"按月测算、按月发放"，达到启动条件的盟市在锚定价格指数发布后

---

① 《自治区政府新闻办召开"回眸 2023"系列主题新闻发布会（第 9 场-内蒙古自治区民政厅专场）》，https：//www.nmg.gov.cn/zwgk/xwfb/fbh/zzqzfxwfb/202401/t20240111_2440079.html。

② 《多项举措织牢基本民生保障网 我区对 192.6 万低收入人口开展动态监测》，https：//www.nmg.gov.cn/zwyw/gzdt/bmdt/202403/t20240302_2475305.html。

及时启动联动机制，并确保当月足额发放到困难群众手中①。2022 年 1~9 月，包头市等 6 个盟市累计为低保对象、特困人员、孤儿、事实无人抚养儿童等困难群众发放价格临时补贴资金 2947.6 万元，受益对象 163.9 万人次②。

社会救助组织建设保持稳定。2018~2022 年，全区社会救助服务机构数稳定在 24~25 个，职工人数平均约为 300 人，其中，具有大学本科及以上学历者比例均值达到 65.72%，持证社会工作者比例均值为 14.75%，拥有编制者比例均值达到 83.83%③，社会救助工作的专业化水平得到一定提升，救助经办服务力量进一步增强（见图 2）。积极推行政府购买社会救助服务，在购买主体、承接主体、购买内容、经费保障等方面提出明确要求，鼓励慈善救助、社会捐助、志愿服务等社会力量积极参与重特大疾病救治、供养服务机构建设等；通过落实税收优惠、费用减免等政策积极培育社会救助社会组织，切实增加社会救助服务有效供给，提高服务质量和效率。

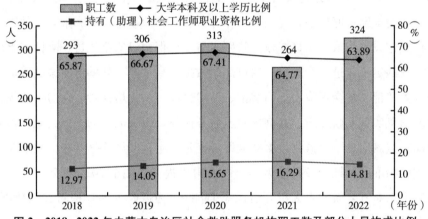

图 2　2018~2022 年内蒙古自治区社会救助服务机构职工数及部分人员构成比例

---

① 《内蒙古自治区人民政府办公厅关于进一步健全社会救助和保障标准与物价上涨挂钩联动机制的通知》，https://www.nmg.gov.cn/ztzl/zqsk/hmzc/fpjj/202201/t20220124_1998911.html。

② 《内蒙古 6 盟市为困难群众发放价格临时补贴 2947.6 万》，http://www.northnews.cn/news/2022/1024/2149944.html。

③ 《中国民政统计年鉴》（2019-2023）为生活困难群众提供的服务统计资料中社会救助服务机构内蒙古自治区数据。

二　内蒙古推进发展型社会救助体系建设存在的问题

相对贫困视角下，生存型贫困衍生为生活型贫困和发展型贫困①。一方面，体制改革和经济发展难以直接起到缩小收入分配差距的作用，反而经济转型过程中存在的发展不平衡不充分的问题会导致相对贫困规模的快速扩大。另一方面，大量绝对贫困家庭脱贫后并未实现收入阶层结构的跃升，其收入仍低于社会平均水平，基本生活也未达到社会常规生活水平的底线，加之发展机会、能力和动机的缺乏，难以依靠个人和家庭实现社会融入与稳定发展，更容易陷入相对贫困状态②。2022 年内蒙古全区脱贫人口家庭人均纯收入为 16900 元③，而同期农村牧区居民人均可支配收入已经达到 19641元④。社会救助是促进低收入群体共同富裕的重要制度安排⑤，内蒙古在面临相对贫困治理的新任务时，既需要重视其作用与成效，也应当充分认识到存在的缺陷与短板，因应建设发展型社会救助制度的新要求。

（一）基本生活救助覆盖范围偏窄

基本生活救助制度（包括特困供养、低保）基于解决生存型贫困而建构，是社会救助的核心内容，也是发展型社会救助体系构建的基石，为保障困难群众基本生活发挥了重要的托底作用。特困人员救助供养的覆盖人群为无劳动能力，无生活来源，无法定赡养、抚养、扶养义务人或法定义务人无履行

---

① 关信平：《相对贫困治理中社会救助的制度定位与改革思路》，《社会保障评论》2021 年第 1 期，第 106 页。

② 仲超：《贫困治理背景转换下的社会救助转型：从保障生存到促进发展》，《求实》2021 年第 3 期，第 73 页。

③ 《内蒙古超 50 万脱贫群众进入产业链增收》，http：//www.northnews.cn/2023/0911/2242414.html。

④ 《内蒙古自治区 2022 年国民经济和社会发展统计公报》，https：//www.nmg.gov.cn/tjsj/sjfb/tjsj/tjgb/202303/t20230316_2274533.html。

⑤ 张浩淼：《中国社会救助体系：回顾、反思与展望》，《社会科学战线》2024 年第 6 期，第 241 页。

义务能力的城乡老年人、残疾人以及未满 16 周岁的未成年人①，这里不做讨论。而最低生活保障制度通过审核家庭收入和资产情况识别救助对象，在解决绝对贫困问题转向相对贫困治理的新形势下，从救助规模上看，内蒙古城市低保对象绝对人数持续下滑，2012~2023 年平均每年减少 4 万人以上②，受助率下降至不足 2%③，但现实是单一的收入和财产标准难以全面准确把握实际的困难情况，生活救助仍是困难家庭的第一救助需求④。如果覆盖面较小、生活救助弱化，更大规模、更加复杂的相对贫困群体必然会增加漏保风险，城市低保难以充分发挥应有的兜底保障作用。虽然内蒙古的相关政策文件对低收入人口的认定范围与认定条件进行了明确界定，但全区尚未建立起统一的更具针对性的低收入线或低收入标准。笔者以三口之家为典型，采用西南财经大学中国家庭金融调查与研究中心开展的中国家庭金融调查（CHFS）2019 年内蒙古居民家庭收入数据，将样本家庭依据年收入低于 10 万元、10万~50 万元、高于 50 万元的标准，分别划分出低收入、中等收入、高收入三个区间。从群体比重上看，低收入群体（76%）>中等收入群体（23%）>高收入群体（1%），城乡分组后，乡村低收入家庭规模更加庞大，占比比城镇高出 20.66 个百分点（见图 3）。因此，未来需要对相对贫困的识别与治理机制做出调整，否则难以推动更多低收入人口脱困解困，从而助力实现共同富裕。

农村牧区低保受助人数虽然变化幅度较小（见图 4），但其中老年人口占比从 2012 年的 50.67%增长至 2022 年的 70.92%⑤，这是由于城乡居民基

---

① 《〈内蒙古自治区特困人员认定办法〉解读新闻发布会》，https：//www.nmg.gov.cn/zwgk/xwfb/fbh/bmxwfbh/mzt_ 5966/201807/t20180703_ 229200.html。

② 依据《中国民政统计年鉴》（2013~2023）为生活困难群众提供的救助服务统计资料中城乡居民最低生活保障内蒙古自治区数据，《2023 年第四季度政务公开社会救助数据统计表》城镇、农村牧区低保保障人数计算得出。

③ 依据《2023 年第四季度政务公开社会救助数据统计表》城镇、农村牧区低保保障人数，《内蒙古自治区 2023 年国民经济和社会发展统计公报》城镇、乡村人口数（https：//www.nmg.gov.cn/zwgk/zfgb/2024n/202306/202404/t20240428_ 2501102.html）计算得出。

④ 杨立雄：《中国社会救助统筹整合研究》，《社会政策研究》2024 年第 1 期，第 111 页。

⑤ 依据《中国民政统计年鉴 2023》为生活困难群众提供的救助服务资料中内蒙古自治区数据计算得出。

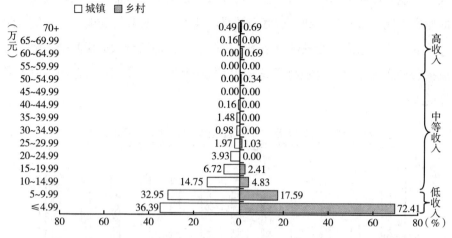

图 3　基于 CHFS2019 收入数据测算的内蒙古城乡居民收入分布情况

本养老保险待遇水平偏低，大部分农村牧区老年人面临较高的返贫风险。为了抵御风险，直接将部分老年人纳入低保从而代替提高基础养老金水平，却造成社会救助被迫承担社会保险遗漏下来的帮助社会成员解除养老问题的职能[①]，事实上也仅限于兜底作用。2022 年内蒙古有 256.3 万城乡居民领取基本养老保险待遇，每月人均养老金仅为 219.79 元[②]，城乡居民养老保险养老金水平替代率分别为 5.7%和 13.43%[③]，远低于城乡低保标准 20.78%、36.35%的替代率[④]，显然，单独依靠领取城乡居民基本养老保险生活的老年

---

①　杨立雄：《中国社会救助统筹整合研究》，《社会政策研究》2024 年第 1 期，第 104 页。

②　基本养老保险人均基金支出可用于衡量人均养老金待遇水平，人均基金支出＝（年度基金支出总量/基本养老金领取人数）/12，2022 年城乡居民基本养老保险基金支出 67.6 亿元和基本养老金领取人数来自"城乡居民社会养老保险情况内蒙古年度数据"，https：// data. stats. gov. cn/easyquery. htm？ cn＝E0103。

③　城乡居民养老保险养老金水平替代率为年度人均养老金分别与城乡居民人均可支配收入之比。年度人均养老金依据年度基金支出总量与基本养老金领取人数之比计算得出，城乡居民人均可支配收入数据来自《内蒙古自治区 2022 年国民经济和社会发展统计公报》。

④　城乡低保标准替代率分别为年度城乡低保平均标准与城乡居民人均可支配收入之比。城乡低保平均标准来自《中国民政统计年鉴 2023》图 2-9 分地区城市最低生活保障平均标准、图 2-12 分地区农村最低生活保障平均标准中内蒙古自治区数据，城乡居民人均可支配收入数据来自《内蒙古自治区 2022 年国民经济和社会发展统计公报》。

人群体返贫风险会增高，与社会平均收入差距的缩小只能更加依赖低保制度的兜底功能，基本生活救助制度因此承压较大。部分生计脆弱、自我发展能力差的低收入家庭，受救助资格条件的限制，无法被纳入低保救助范围，造成福利悬崖的固化，也限制了基本生活救助制度兜底作用更广范围、更大限度的发挥。

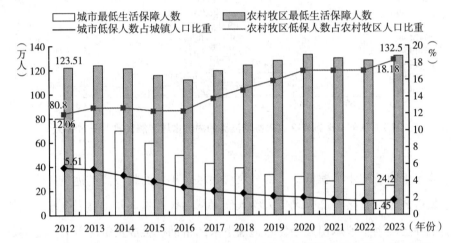

图4　2012~2023年内蒙古自治区城乡最低生活保障人数及分别占城乡人口比重

资料来源：依据《中国民政统计年鉴》（2013~2023）为生活困难群众提供的救助服务统计资料中城乡居民最低生活保障内蒙古自治区数据，《2023年第四季度政务公开社会救助数据统计表》城镇、农村牧区低保保障人数，《内蒙古统计年鉴2023》年末总人口数及构成市镇人口数与乡村人口数，《内蒙古自治区2023年国民经济和社会发展统计公报》城镇、乡村人口数整理计算绘制。

（二）救助水平与缓解生活型贫困仍有差距

随着经济社会发展，内蒙古各项社会救助待遇标准总体上呈上升趋势。低保金是社会救助体系中最重要的救助内容，以2018~2022年城乡最低生活保障标准为例，城市低保平均标准年均增长率为5.77%[①]，同期城镇居民

---

　①　依据《中国民政统计年鉴》（2019~2023）城市最低生活保障平均标准内蒙古自治区数据计算得出。

人均可支配收入和人均消费支出的年均增长率分别为 4.85% 和 2.21%①；农村牧区低保平均标准年均增长率为 6.97%②，同期农牧民人均可支配收入和人均消费支出的年均增长率分别为 9.22% 和 5.09%③。比较而言，城乡低保平均标准年均增长率均高于居民人均消费支出年均增长率，城市低保平均标准年均增长率高于居民人均可支配收入年均增长率 0.92 个百分点，而农村牧区低保平均标准年均增长率低于居民人均可支配收入年均增长率 2.25 个百分点。

从低保标准替代率来看，2018~2022 年，城市低保平均标准占居民人均可支配收入的比重变化幅度较小，平均比例仅为 20.56%，农村牧区低保平均标准占居民人均可支配收入的比重呈下降趋势，平均比例只有 37.63%，虽然相对水平要好于城市低保标准，绝对水平与城市低保标准仍有差距。由于城乡低保对象是按低保标准以补差的方式获得低保待遇④，实际待遇会比低保标准更低⑤，虽然能够维持基本生存，但绝对水平较低，相对于社会常规生活水平就更差了，城市低保这种情况更为突出。从低保标准的购买潜力来看，2018~2022 年，城乡低保平均标准占城乡居民人均消费支出比重虽均呈增长态势，但平均比例分别只有 34.05% 和 44.00%。农村牧区低保在维持受助对象生活消费支出方面略好于城市低保，也只是保基本的水平。2018~2022 年，城市低保平均标准占居民人均消费支出的平均比例要低于城镇居民人均食品类和衣着类支出占消费支出的平均比例，这意味着，低保待遇无法使受助对象满足平均水平的食品类和衣着类消费。农村牧区低保平均标准占居民人均消费支出平均比例高于农村牧区居民人均食品类和衣着类支出占消费支出平

---

① 依据《内蒙古统计年鉴》（2019~2023）城镇常住居民人均可支配收入、消费性支出计算得出。
② 依据《中国民政统计年鉴》（2019~2023）农村最低生活保障平均标准内蒙古自治区数据计算得出。
③ 依据《内蒙古统计年鉴》（2019~2023）农村牧区常住居民人均可支配收入、消费性支出计算得出。
④ 关信平：《当前我国加强兜底性民生建设的意义与要求》，《南开学报（哲学社会科学版）》2021 年第 5 期，第 39 页。
⑤ 宁亚芳：《以社会救助推进共同富裕：逻辑、效能、问题与对策》，《贵州师范大学学报（社会科学版）》2024 年第 2 期，第 76 页。

均比例 9.28 个百分点，低保待遇使农村牧区受助对象满足平均水平的食品类和衣着类消费。因此，尽管城乡最低生活保障待遇标准稳步提升，但低保对象在消费能力方面与社会平均水平还存在很大差距（见表2）。

表2　2018~2022 年内蒙古自治区城乡低保标准与相关指标的比例情况

单位：%

年份	低保标准占居民人均可支配收入比重		低保标准占居民人均消费支出比重		居民人均食品类和衣着类支出占消费支出比重	
	城市	农村牧区	城市	农村牧区	城镇	农村牧区
2018 年	20.07	39.51	31.45	43.08	36.99	33.12
2019 年	20.27	38.22	32.57	42.28	36.03	32.56
2020 年	21.07	37.72	36.48	45.97	36.90	35.98
2021 年	20.62	36.33	33.65	42.45	34.86	35.53
2022 年	20.78	36.35	36.08	46.23	34.54	36.42
均值	20.56	37.63	34.05	44.00	35.86	34.72

资料来源：《中国民政统计年鉴》（2019~2023）城乡最低生活保障平均标准内蒙古自治区数据，《内蒙古统计年鉴》（2019~2023）城乡常住居民人均可支配收入、消费性支出、食品烟酒支出、衣着支出。

（三）社会救助财政投入强度持续下降

合理的救助规模和水平以及服务救助的开展等都需要足够且稳定的资金供给[1]。我国社会救助资金以政府财政资金为主，中央和地方政府根据事权划分按不同比例共同提供社会救助资金[2]。2018~2022 年，内蒙古社会救助支出总额[3]呈现波动增加的状态，从 89.23 亿元增长至 102.36 亿元，年均增

---

[1] 关信平：《社会救助高质量发展的路径探析》，《人民论坛》2024 年第 5 期，第 41 页。
[2] 宁亚芳：《以社会救助推进共同富裕：逻辑、效能、问题与对策》，《贵州师范大学学报（社会科学版）》2024 年第 2 期，第 73 页。
[3] 社会救助支出总额含最低生活保障、临时救助、特困人员救助供养、其他生活救助以及医疗救助支出，2018 年、2019 年医疗救助支出为资助参加基本医疗保险资金数和门诊与住院医疗救助资金数合计。

长率为3.49%，特别是2022年比2021年增长5.78%。但同期，社会救助资金支出总额占地区生产总值的比重从0.55%降至0.44%，占地方财政一般公共预算支出的比重从1.85%降至1.74%，占地方财政社会保障和就业支出的比重从12.62%降至10.39%（见表3），社会救助财政支出比重出现下降，社会救助缩小收入差距的作用恐难持续。从中央和地方财政的责任分担来看，中央在社会救助资金支出方面承担了更大的责任，2018~2022年中央专项拨款用于困难群众救助资金占内蒙古社会救助资金支出额①平均比例达到58.59%。

表3　2018~2022年内蒙古自治区社会救助资金支出情况

单位：万元、%

年份	社会救助支出总额	社会救助支出总额占GDP比重	社会救助支出总额占一般公共预算支出比重	社会救助支出总额占社会保障和就业支出比重	中央专项拨款占社会救助支出比重
2018年	892282.2	0.55	1.85	12.62	63.32
2019年	919691.9	0.53	1.80	12.66	60.67
2020年	984070.0	0.57	1.87	11.51	56.75
2021年	967680.2	0.46	1.85	11.06	54.45
2022年	1023606.0	0.44	1.74	10.39	57.75

资料来源：社会救助支出总额数据来自《中国民政统计年鉴》（2019~2023）民政事业费支出情况表中社会救助支出内蒙古自治区数据、《中国统计年鉴》（2019~2020）分地区医疗救助情况表中资助参加基本医疗保险资金数和门诊与住院医疗救助资金内蒙古自治区数据、《中国医疗保障统计年鉴》（2021~2023）各地区医疗救助资金使用情况表中救助总金额内蒙古自治区对应年份数据。地区国内生产总值数据、地方财政一般预算支出数据、社会保障和就业支出数据来自《内蒙古统计年鉴》（2019~2023）。中央专项拨款困难群众救助补助资金数据来自《中国民政统计年鉴》（2019~2023）民政事业费中央专项拨款对账单简表中困难群众救助补助资金内蒙古自治区数据。

从社会救助具体项目支出情况看，2018~2022年，最低生活保障支出占社会救助支出总额比重最高，基本保持在72%左右，医疗救助支出在11%

---

① 社会救助支出额包括最低生活保障、临时救助、特困人员救助供养以及其他生活救助支出。

左右，特困人员救助供养支出从 9.92% 增至 11.55%①，临时救助、其他生活救助支出比重呈下降趋势，占比较小。城乡低保、医疗救助、特困人员救助依然是社会救助资金最主要的投入领域，社会救助制度在救助方式上仍比较重视现金救助，囿于重"输血"轻"造血"的救助格局。因此，社会救助资金投入水平还有待进一步提升，投入结构也应当进一步优化，强化社会救助的增能和预防功能，以适应发展型社会救助体系构建的现实要求。

图 5　2018~2022 年内蒙古自治区社会救助具体项目支出占社会救助支出总额比重

（四）服务型救助供需匹配压力较大

从前述政府财政性社会救助资金支出结构可以看出，现阶段内蒙古社会救助仍以现金支持的物质帮扶为主，服务救助发展较滞后，成为构建发展型社会救助体系明显的短板，也是制约社会救助效能发挥的重要因素。而积极

---

① 最低生活保障、特困人员救助供养、临时救助、其他救助支出数据来自《中国民政统计年鉴》（2019~2023）民政事业费支出情况表中社会救助支出内蒙古自治区数据，医疗救助支出数据来自《中国统计年鉴》（2019~2020）分地区医疗救助情况表中资助参加基本医疗保险资金数和门诊与住院医疗救助资金数内蒙古自治区数据对应年份合计数据、《中国医疗保障统计年鉴》（2021~2023）各地区医疗救助资金使用情况表中内蒙古数据。

发展服务救助的前提是服务救助项目能够满足不同困难群体的需求，以实现供需精准匹配①。考察内蒙古城乡低保群体的人员结构发现，2012～2022年，城市低保对象的老年人口比例从14.05%增长至26.79%，灵活就业群体比例约翻了一番，2022年达到44.14%，农村牧区老年低保对象比例逐年增加，2022年超过70%②，这表明老年低保群体对医疗护理服务救助的需求，从事灵活就业的低保群体对就业机会扩展、能力提升和动机激励等方面服务救助的需求③已经凸显（见图6）。但现实是目前老年人获得医疗护理服务难、成本高，城乡医疗护理服务仍处于供不应求的局面，而灵活就业意味着就业的非正规性和不稳定性，人群总体能力偏低、抵御风险能力较差，即便接受了培训和社会工作等救助服务，再次陷入困境可能性仍然较大。因此，如何为低保群体内部老年人、灵活就业人员提供必要且合适的服务救助，是现阶段社会救助改革的重点和难点。

图6　2012～2022年内蒙古自治区城乡低收入群体中重点受助对象比例变化情况

---

① 张浩淼：《中国社会救助体系：回顾、反思与展望》，《社会科学战线》2024年第6期，第252页。

② 依据《中国民政统计年鉴》（2013～2023）为生活困难群众提供的救助服务资料中内蒙古自治区数据计算得出。

③ 关信平：《社会救助高质量发展的路径探析》，《人民论坛》2024年第5期，第40页。

随着社会救助制度目标提升、功能增强，社会救助转向以救助低收入群体为主，受助对象对服务类社会救助的需求总量与需求类别将会激增①。西南财经大学中国家庭金融调查与研究中心开展的中国家庭金融调查（CHFS）2019年内蒙古自治区数据显示，2019年城镇低收入家庭65岁及以上人口占比为13.1%，略低于中等收入群体14.73%的比例，而农村牧区低收入家庭65岁及以上人口占比为26.93%，远高于中等收入群体19.51%的比例；城镇低收入群体从事临时性工作的人员占到41.05%，农村牧区非农非牧就业的低收入人口这一比例高达59.49%，城乡中等收入群体灵活就业比例分别仅为15.44%、21.43%。可见，人口的老龄化、灵活就业的脆弱性在低收入群体中进一步加剧。特别是农村牧区人口向城镇转移后由于生活成本增加、劳动力市场分割、制度性歧视等因素成为边缘群体②，这部分人群的替代照料、送医陪护、岗位推荐、技能培训等多维度的发展性需求需要重视。

三　内蒙古构建发展型社会救助体系的建议

党的二十届三中全会对健全社会救助体系、有效增加低收入群体收入做出进一步部署。对标党的二十届三中全会部署要求，内蒙古需要推动社会救助体系迭代升级，在覆盖范围、目标功能、救助内容、资源供给、实际成效等方面取得新突破。

（一）关注潜在救助对象，形成合理的覆盖面

目前内蒙古基本生活救助覆盖面仍比较狭窄，主要通过划定最低生活保障标准来筛选救助对象，即便加上低保边缘家庭成员、刚性支出困难家庭成

---

① 宁亚芳：《以社会救助推进共同富裕：逻辑、效能、问题与对策》，《贵州师范大学学报（社会科学版）》2024年第2期，第76页。

② 仲超：《贫困治理背景转换下的社会救助转型：从保障生存到促进发展》，《求实》2021年第3期，第74页。

员、防止返贫监测对象，以及其他急难型人员，整个社会救助体系覆盖范围也极为有限，难以在相对贫困治理中发挥兜底保障的作用，也无法实现对低收入群体全面发展需求的重视。按照低收入家庭的统计口径计算，到2024年2月底，全区纳入动态监测的低收入人口仅占总人口的8.04%①。而要使社会救助制度有效起到"提低"的发展性作用，其覆盖面应该达到总人口的10%左右②。随着社会对贫困相对性和多维性认识的深入，社会救助制度应适度扩大对象覆盖面，根据对象来源、家庭结构、健康状况、经济收入、家庭资产、刚性支出、就业劳动、社会融入等多维度指标，细分困难群体，设立多样化实际生活困难的个性化识别机制，让更多的困难群体能够得到一定的帮扶。当前应重点聚焦低保退出、申请低保未通过的高风险对象以及低收入人口中失业待业人员、高校毕业生、灵活务工人员、农村牧区转移人口、务工不着流动人口等潜在救助对象，将所有存在现实困难和潜在风险的低收入人口纳入监测范围，加强对这些群体的走访摸排，动态掌握其就业状况、家庭支出、困难情形等变化情况并进行综合评估，根据困难类型和救助需求，及时反馈信息至相关部门，做到凡困必帮、有难必救，提升制度的可及性和政策实施的充分性。

（二）适度提升救助标准，缩小与社会常规生活水平的差距

社会救助制度的发展是一个相对概念，因此，救助水平也应该是一个不断上升的相对概念，如此方能有效发挥兜底保障和发展支持的作用。社会救助制度的待遇标准和帮扶力度，要遵循充分且适度的原则，但目前内蒙古基本生活保障的水平还有待提高。因此，要重点提高最低生活保障、特困救助供养和临时救助的待遇标准，按照相对贫困治理的目标，建立救助水平科学动态调整机制，从而使低保标准符合随经济社会发展和人均收入水平提高而调整的规范要求，确保救助待遇能够保障救助对象的基本生活，达到社会常

---

① 依据开展动态监测低收入人口192.6万（数据来自《多项举措织牢基本民生保障网 我区对192.6万低收入人口开展动态监测》）、2023年末全区常住人口2396万人（数据来自《内蒙古自治区2023年国民经济和社会发展统计公报》）计算得出。

② 关信平：《社会救助高质量发展的路径探析》，《人民论坛》2024年第5期，第39页。

规生活水平的底线。此外，要特别关注教育、医疗、住房、就业等专项救助的救助质量，推动基本生活救助项目、发展型救助项目以及急难型救助项目相衔接，助力困难群体实现"脱困解困—就业增收—自我发展—共同富裕"的目标。

（三）继续加大财政投入力度，引导社会力量共同参与

目前内蒙古社会救助财政资金供给总量偏少、投入水平偏低，为适应社会救助的发展性要求，各级政府应承担起社会救助资金供给的兜底责任，明确社会救助财政预算的适度比例，确保社会救助财政资金供给充足稳定，建立正常规范的投入增长机制，如资金投入增长率不低于当地财政增长速度等，并适当向增能型、服务类救助项目倾斜，提高资金使用效率。同时，各级政府及相关部门要认真落实自治区《关于推动社会组织高质量发展的意见》要求，通过政府购买社会组织服务等方式积极调动社会力量参与社会救助，推动有限的救助资源效益最大化。具体而言，一要围绕困难群体的救助需求逐步形成"党建引领+部门联动+社会参与"的新型服务联合体，强化通过税费减免扶持各类社会组织提供救助资源的效果，推动社会工作与社会救助的衔接与融合，弥补政府行政"神经末梢"的不足，打通服务入户的"最后一公里"，为困难群众提供全方位、立体化帮扶。二要加强社会救助领域社会组织的培育和社会工作者、志愿者的人才队伍建设，运用社会工作的专业方法，提升社会工作质量与救助服务能力，有效满足困难群体多元需求。三要进一步加强对社会组织提供救助服务的监管和评估，科学选取评价指标，建立满意度和认可度考核评价体系，认真分析评价结果，及时纠正偏差，不断促进社会组织提供服务的规范化、专业化、精细化。

（四）积极发展服务类救助，满足多样化救助需求

发展型社会救助制度强调"物质+服务"的综合救助模式，如果服务类救助缺失，则难以实现救助供需的精准对接，也会使可感可及的政策实施成效大打折扣。基于此，一方面，要研究制定加快发展服务类社会救助、促进

低收入人口自身发展的具体实施措施或行动计划，做好全国服务类社会救助内蒙古试点工作，将社会救助帮扶服务纳入政府基本公共服务清单。另一方面，要在完善现有医疗、就业等专项救助制度的基础上，加强社会救助供给侧改革，特别是要加大生活照护、就业增收方面的政策供给。对于低收入家庭未就业成年劳动力，如果有需要照护生活不能自理老年人、智力或精神残疾人、特殊儿童的，提供替代照料、送医陪护等生活类服务；如果有就业意愿但就业能力不足的，提供求职登记、岗位推荐、手工业培训、电商培训等增能型就业服务；如果有就业能力但缺乏合适就业岗位的，加强农村牧区种植（养殖）、劳务输出、公益岗位等开发式帮扶。对于已就业的低收入人口，落实好刚性支出扣减、低保渐退以及贷款贴息、税费减免、保险补贴等就业支持政策，激发脱困解困内生动力，为后续发展奠定基础①。

（五）强化数字赋能，推动智慧救助全场景应用

内蒙古的社会救助信息化建设为构建发展型社会救助体系提供了重要的数据支撑，但数据的互联互通和高效利用还有待进一步加强。因此，要促进信息技术与社会救助的深度融合，加快构建由"一库一网一平台"组成的低收入人口精准认定和智慧帮扶体系。一是要分层分类建成低收入人口基础数据库，强化落实基础信息统一识别、自动获取、及时录入、因需推送和实时动态更新工作。二是要继续促进低收入人口动态监测信息平台的互联互通，加强部门数据共享与比对。深化"事前预防"理念，健全分类分档动态监测预警指标体系，增设刚性支出、劳动就业等维度的重要标签，构建低收入家庭抗风险能力赋分模型，推进信息平台在主动发现、定期复核、异常提醒、预警触发、智能研判、帮扶建议等方面的建设，形成低收入人口认定和帮扶的全场景应用。三是要推进基层社会救助经办服务网络不断完善，拓展"内蒙古救助通"功能模块，进一步强化部门协同、政策集成、资源整

---

① 蒋玮：《在服务大局中做好新时代社会救助工作》，《中国社会报》2024年6月7日，第1版。

合，建立健全相关部门及时响应、信息核实、分类救助、结果反馈的闭环工作机制，不断提升智慧救助帮扶成效。

参考文献

李春根、张仲芳主编《当代中国社会救助制度：新时代、新使命、新征程》，人民出版社，2023。

林义、刘喜堂主编《当代中国社会救助制度：兜底与脱贫》，人民出版社，2018。

蒋玮：《以全面深化改革为动力 推动社会救助事业高质量发展》，《中国社会报》2024年8月27日。

沈澈：《民族地区社会救助百年实践及逻辑阐释》，《中央民族大学学报（哲学社会科学版）》2023年第4期。

张浩淼、高晨：《新时代我国社会救助制度变迁路径研究》，《社会建设》2023年第6期。

医疗卫生篇

B.10
内蒙古加快建设紧密型县域医共体研究

苏　文*

摘　要： 紧密型县域医共体是我国现阶段进一步深化医药卫生体制改革、落实分级诊疗制度的重要路径和关键举措。内蒙古自2019年开始试点以来，在推进紧密型县域医共体建设中取得了一定成效，但仍面临信息化建设滞后、医疗卫生人才队伍薄弱、医保联动效应发挥不足、医疗机构服务能力不强、部门协同推进不足等问题。建议高层级推进医共体信息化建设、夯实县域医共体人才队伍、强化医保支撑、加大财政投入与资金支持力度、落实旗县（市、区）党委领导和政府主导责任，进而高效、优质推进县域医共体建设。

关键词： 医疗卫生　医共体　分级诊疗　医药卫生体制　内蒙古

自2020年起中央一号文件连续5年对推进县域医共体建设提出明确要

---

* 苏文，内蒙古自治区社会科学院公共管理研究所副研究员，主要研究方向为公共服务、基层治理。

求。2023 年底，国家卫健委等 10 个部门联合印发的《关于全面推进紧密型县域医疗卫生共同体建设的指导意见》提出，到 2024 年 6 月底前，以省域为单位全面推开紧密型县域医共体建设；到 2025 年底，力争全国 90%以上的县域基本建成布局合理、人财物统一管理、权责清晰、运行高效、分工协作、服务连续、信息共享的县域医共体；到 2027 年底，紧密型县域医共体基本实现全覆盖。内蒙古紧密型县域医共体建设从 2019 年开始试点，先后已有 22 个旗县（市、区）入选建设试点县。虽然紧密型县域医共体建设开展近 5 年，基本框架已构建完成，但实质化运作缓慢，普遍存在推进力度不大、效果不明显等问题，完成国家下达任务面临诸多困难。

一　紧密型县域医共体发展历程与推进目标

（一）我国紧密型县域医共体发展历程

我国紧密型县域医共体建设始于 20 世纪 80 年代对医联体的改革实践，2009 年新一轮深化医药卫生体制改革对紧密型县域医共体建设的探索得到升级。2014 年起，安徽省天长市、福建省尤溪县等地先后启动整合县、乡医疗卫生机构，推进建设县域一体化医疗卫生服务体系，受到业界高度关注。时任国家卫生健康委体改司司长曾在 2019 年总结说："县域医共体起源于安徽，拓展于山西，升级于浙江。"三省的实践探索进一步推动了我国紧密型县域医共体建设的进程（见表 1）。

表 1　皖晋浙三省县域医共体发展历程

省份	发展历程
安徽	2015 年省内首批 15 个县市进行县域医疗服务共同体建设，2018 年全省 75 个县市、农业区完成全覆盖，2019 年省内 37 个县市推进紧密型县域医共体建设，2020 年覆盖全省 61 个县市
山西	2016 年高平市进行医疗集团试点，2017 年省内组建 119 个县级医疗集团，2019 年全省启动紧密型县域医共体建设，2020 年出台地方法规《山西省保障和促进县域医疗卫生一体化办法》

续表

省份	发展历程
浙江	2013年,实施"双下沉、两提升";2017年省内11个县市开展县域医共体试点;2019年全省70个县市全面推开医共体改革;2020年出台地方规章《关于促进县域医疗卫生服务共同体健康发展的决定》

为推进紧密型县域医共体建设,国家自2017年起出台一系列政策(见表2)。2017年,在总结相关省市县域医共体建设经验后,国务院办公厅发布《关于推进医疗联合体建设和发展的指导意见》,明确提出"在县域组建医疗共同体,探索以县级医院为龙头、乡镇卫生院为枢纽、村卫生室为基础的县乡村一体化管理机制"。2019年,国家卫生健康委、国家中医药管理局印发《关于推进紧密型县域医疗卫生共同体建设的通知》,确定山西、浙江2个试点省和其他省份567个试点县作为紧密型县域医共体的试点地区,紧密型县域医共体建设试点工作全面启动。2023年底,国家卫生健康委、中央编办、国家发展改革委等部门联合印发《关于全面推进紧密型县域医疗卫生共同体建设的指导意见》,提出"通过系统重塑医疗卫生体系和整合优化医疗卫生资源,推进以城带乡、以乡带村和县乡一体、乡村一体,加快建设紧密型县域医共体,大力提升基层医疗卫生服务能力",并在文件中明确紧密型县域医共体推进的具体时间节点。

表2　2017~2023年国家层面推进县域医共体政策文件

文件名称	发文部门
关于推进医疗联合体建设和发展的指导意见(国办发〔2017〕32号)	国务院办公厅
关于印发医疗联合体综合绩效考核工作方案(试行)的通知(国卫医发〔2018〕26号)	国家卫生健康委、国家中医药管理局
关于进一步做好分级诊疗制度建设有关重点工作的通知(国卫医发〔2018〕28号)	国家卫生健康委、国家中医药管理局

文件名称	发文部门
关于推进紧密型县域医疗卫生共同体建设的通知（国卫基层函〔2019〕121号）	国家卫生健康委、国家中医药管理局
关于印发紧密型县域医疗卫生共同体建设试点省和试点县名单的通知（国卫基层函〔2018〕708号）	国家卫生健康委、国家中医药管理局
关于进一步推广福建省和三明市深化医药卫生体制改革经验的通知（国医改发〔2019〕2号）	国务院深化医药卫生体制改革领导小组
关于印发医疗联合体管理办法（试行）的通知（国卫医发〔2020〕13号）	国家卫生健康委、国家中医药管理局
关于印发紧密型县域医疗卫生共同体建设评判标准和监测指标体系（试行）的通知（国卫办基层发〔2020〕12号）	国家卫健委办公厅、国家医保局办公室、国家中医药管理局办公室
关于推进以县城为重要载体的城镇化建设意见	中共中央办公厅、国务院办公厅
关于进一步深化改革促进乡村医疗卫生体系健康发展的意见	中共中央办公厅、国务院办公厅
关于进一步完善医疗卫生服务体系的意见	中共中央办公厅、国务院办公厅
关于全面推进紧密型县域医疗卫生共同体建设的指导意见（国卫基层发〔2023〕41号）	国家卫生健康委等部门

（二）内蒙古紧密型县域医共体推进及目标要求

按照国家部署要求，内蒙古于2019年开始推进紧密型县域医共体的试点工作。同年，内蒙古自治区卫生健康委印发《内蒙古自治区城市医疗集团和旗县域医共体建设计划》，明确在县域医共体建设方面，以旗县（市、区）为单位划分网格，并根据旗县级公立医院数量确定网格数量，旗县（市、区）区域内人口以乡镇（苏木）为单位加入网格，全区11个盟市80个旗县（市、区）共划分成127个网格。2019年8月，根据《关于推进紧密型县域医疗卫生共同体建设的通知》要求，经各旗县级人民政府申请、盟市及自治区卫生健康委审核，内蒙古共有11个旗县（市、区）被确定为第一批紧密型县域医共体建设试点地区（见表3），鼓励其改革创新、先行先试，并对试点地区开展运行情况监测。2021年6月，内蒙古开展紧密型县域医共体建设推进月活动，又确定呼和浩特市武川县等11个旗县（市、区）为第二批紧密型县域医共体建设试点地区（见表3），着力构建目标明确、权责清晰、分工协作的新型县域医疗卫生服务体系。

表 3　内蒙古推进紧密型县域医共体建设二批试点旗县

第一批试点旗县		第二批试点旗县	
所在盟市	试点旗县	所在盟市	试点旗县
呼和浩特市	和林格尔县	呼和浩特市	武川县
	清水河县		达尔罕茂名安联合旗
兴安盟	乌兰浩特市	包头市	固阳县
	突泉县		白云鄂博矿区
通辽市	库伦旗	通辽市	奈曼旗
赤峰市	元宝山区	乌兰察布市	集宁区
	敖汉旗	锡林郭勒盟	多伦县
锡林郭勒盟	二连浩特市		西乌珠穆沁旗
乌兰察布市	四子王旗	鄂尔多斯市	达拉特旗
鄂尔多斯市	准格尔旗		乌审旗
巴彦淖尔市	五原县	巴彦淖尔市	乌拉特前旗

资料来源：内蒙古自治区卫生健康委员会。

2024 年 4 月，内蒙古自治区卫生健康委、人力资源和社会保障厅、财政厅、医保局等 10 部门联合制定的《内蒙古自治区关于全面推进紧密型县域医共体建设实施方案》明确提出，2024 年，全区涉农（牧）旗县（市、区）全面推开县域医共体建设；到 7 月底前，22 个旗县（市、区）建成达到国家评估考核标准的紧密型县域医共体；12 月底前，75%的旗县（市、区）建成达到国家评估考核标准的紧密型县域医共体；到 2025 年底，90%以上的旗县（市、区）建成达到国家评估考核标准的紧密型县域医共体；到 2027 年，实现达到国家评估考核标准的紧密型县域医共体全覆盖，在全区建成管理体制、运行机制进一步巩固，管理更加优质高效，综合服务能力全面提升，医防协同、医防融合服务模式进一步完善，县域

内财政保障和医保支付稳步落实的责任、管理、服务、利益"四个共同体"。全区 80 个旗县（市、区）明确紧密型县域医共体建设推进时限（见表 4）。

表 4　内蒙古紧密型县域医共体建设推进时限及名单

盟市	建设时限		
	2024 年 7 月底前(22 个) (并在 2024 年 12 月 前完成信息化建设)	2024 年 12 月底前(38 个) (并在 2025 年 5 月前完成 信息化建设)	2025 年 12 月底前(20 个) (并在 2025 年 11 月前完成 信息化建设)
呼和浩特市	和林格尔县、清水河县、武川县	托克托县	土默特左旗
包头市	达茂旗、白云鄂博矿区	固阳县	土默特右旗
呼伦贝尔市	扎兰屯市	阿荣旗、莫力达瓦旗、鄂温克旗、鄂伦春旗、额尔古纳市	陈巴尔虎旗、新巴尔虎左旗、新巴尔虎右旗、根河市、牙克石市
兴安盟	突泉县、乌兰浩特市	科右前旗、扎赉特旗、科右中旗	阿尔山市
通辽市	库伦旗、奈曼旗	科左中旗、扎鲁特旗、开鲁县	科左后旗
赤峰市	敖汉旗、元宝山区	宁城县、巴林右旗、克什克腾旗、林西县、巴林左旗、翁牛特旗	阿鲁科尔沁旗、喀喇沁旗
锡林郭勒盟	多伦县、二连浩特市	西乌珠穆沁旗、阿巴嘎旗、东乌珠穆沁旗、正蓝旗	苏尼特左旗、苏尼特右旗、太仆寺旗、镶黄旗、正镶白旗
乌兰察布市	丰镇市、四子王旗	察右前旗、卓资县、化德县、商都县、凉城县、察右后旗、集宁区	察右中旗、兴和县
鄂尔多斯市	达拉特旗、乌审旗、准格尔旗	鄂托克前旗、杭锦旗、伊金霍洛旗	鄂托克旗
巴彦淖尔市	五原县、杭锦后旗	磴口县、乌拉特中旗、乌拉特后旗、乌拉特前旗	
阿拉善盟	阿拉善左旗	额济纳旗	阿拉善右旗

资料来源：《内蒙古自治区关于全面推进紧密型县域医共体建设实施方案》。

二 内蒙古紧密型县域医共体实践探索与成效

（一）强化政策供给，统筹安排全面部署

立足基层医疗卫生资源现状，围绕紧密型县域医共体建设目标任务，内蒙古出台一系列支持医共体建设的政策文件。2023 年，制定出台《内蒙古自治区全面深化医药卫生体制改革三年攻坚行动方案（2023～2025 年）》，明确全面推进紧密型县域医共体建设，并出台 13 项具体举措，计划用 3 年时间在全区 80 个旗县（市、区）破体制、建机制、强融合，系统性构建新型县域医疗卫生服务体系。内蒙古为推进县域医共体信息化建设，印发《内蒙古自治区紧密型县域医疗卫生共同体信息化建设工作方案》和《内蒙古自治区紧密型县域医共体信息化建设标准》；为进一步规范县域医共体行政统一管理工作，理顺行政管理体系，印发《内蒙古自治区紧密型县域医疗卫生共同体行政统一管理工作方案》；为加强县域医共体工作的技术指导，推进建设工作有序顺利开展，印发《关于成立内蒙古自治区紧密型县域医共体建设专家组的通知》；为进一步完善绩效工资政策和经费保障机制，切实解决当前基层医疗卫生机构医务人员积极性不高、发展动力不足、运行活力不够等问题，印发《内蒙古自治区关于落实基层医疗卫生机构公益一类财政保障、公益二类事业单位管理工作的通知》。截至 2024 年 7 月初，全区 80 个涉农旗县（市、区）共成立医共体 102 个，挂牌 89 个；22 个医共体全面实现行政管理、人事编制等"六统一"管理；41 个医共体成立心电、影像、检验等 5 大中心，开展"基层检查、上级诊断"服务；95 个医共体实施二、三级医院下派帮扶工作。医共体牵头医院平均帮助基层开展新项目 11.25 个。

（二）保障财政投入，优化医疗资源配置

一是补齐基层公共卫生体系短板。2023 年，内蒙古统筹安排基本公共

卫生服务补助资金 19.72 亿元,将基本公共卫生服务经费人均财政补助标准由 84 元提高到 89 元;安排重大传染病防控经费 2.56 亿元,保障重大公共卫生服务工作。

二是提升基层医疗卫生机构能力。2023 年,内蒙古安排医疗服务与保障能力提升补助资金合计 12.83 亿元,开展县域医疗卫生机构能力建设、职业病防治能力提升、国家临床重点专科能力建设,进一步提升县域医疗卫生机构承担"大病不出县"能力;同时,安排补助资金 3.86 亿元,用于支持巩固基本药物制度改革成果;安排补助资金 1.86 亿元,支持实施农村订单定向医学生培养、住院医师规范化培训、县乡村卫生人才能力提升培训等人才培养项目,夯实基层卫生健康人才队伍。

三是织密医疗保障制度安全网。健全基本医疗保险制度,合理确定居民医保筹资水平,2023 年,居民医保财政补助标准由每人每年 610 元提高到 640 元;安排城乡医疗救助补助资金 6.01 亿元,加强医疗救助托底保障,持续完善医疗救助资助参保政策。2024 年上半年,利用中央转移支付资金 1.52 亿元支持全区 46 个重点帮扶旗县加强旗县医疗卫生机构能力建设,提升旗县综合医院服务能力。通过加大财政保障力度,内蒙古 2023 年基层医疗卫生机构占达到服务标准机构的比重由 2020 年的 3.3% 提高到 28.8%;基层医疗卫生机构与牵头医院人均收入比值从 2020 年的 0.73 增加到 0.88,基层医务人员薪酬与公立医院差距逐步缩小。

(三)强化人才队伍,提升基层服务能力

为提高旗县(市、区)以下医疗机构专业技术中、高级岗位结构比例,自治区人社厅印发《内蒙古自治区事业单位岗位设置管理实施意见》,将高级岗位结构比例提高到 20%、中级岗位结构比例提高到 42%。为旗县(市、区)以下医疗机构单独设置 10% 的"定向评价、定向使用"高级岗位,专门用于"定向评价、定向使用"政策评定职称人员的聘用。同时,印发《内蒙古自治区事业单位公开招聘人员办法》,明确医疗卫生专业技术人员招聘政策。一是鼓励"县招乡用"专岗专用。二是对履约的农村牧区订单定向免费医学毕业

生，简化招聘程序，通过直接面试、考察等方式组织专项招聘。三是对高层次、急需紧缺专业人才，降低开考比例或不设开考比例，划定成绩合格线；采取直接面试、组织考察等方式公开招聘。四是创新旗县苏木乡镇事业单位人事管理方式，通过放宽年龄、学历、专业，灵活招聘等改进招聘方式方法，解决人才短缺问题。通过加强基层人才队伍建设，内蒙古县域医疗体系整体服务效能提高，2023 年，县域内住院人次占比从 2020 年的 65.5% 上升到67.3%，基层医疗卫生机构门急诊人次占比从 2020 年的 34.6% 上升到 37.4%。医共体牵头医院帮助基层应用新技术、开展新项目 283 个；二、三级医院依托医共体通过派驻坐诊、巡诊带教、义诊等方式下沉基层的医疗卫生人员共计 1347 人。

（四）深化京蒙协作，满足群众就医需求

持续推动"十四五"京蒙三级医院对口帮扶旗县医院工作。实施京蒙协作"医疗倍增计划"，印发《内蒙古自治区卫生健康委办公室关于进一步推进京蒙协作"医疗倍增计划"各项工作的通知》，进一步加强与北京协作医院的对接，细化协作内容，锚定年度目标，提出政策需求和经费支持清单。全区 43 家旗县医院与北京市三级医院签订帮扶协议，联合北京市卫生健康委对 4 个盟市 7 家旗县医院开展了京蒙"组团式"帮扶指导，通过摸底数、找差距、商定目标措施，形成三年帮扶计划方案。截至 2024 年上半年，北京市已派出各类专业人员 336 人，诊疗患者 7.31 万人次，开展手术3017 台次，培训旗县医院医务人员 18245 人次，应用新适宜技术 249 个，开展新项目 200 项。

（五）突出特色优势，发挥传统医疗作用

实施基层中医药（蒙医药）服务能力提升行动。出台《内蒙古自治区基层中医药（蒙医药）服务能力提升工程"十四五"行动方案》，明确工作目标、任务及保障措施。2023 年，自治区拨付中央专项资金 4000 万元支持20 家旗县级中医（蒙医）医院"两专科一中心"建设；加快推进中医药（蒙医药）全科人才和中医馆（蒙医馆）骨干人才培养。制定印发中医药

（蒙医药）全科医生转岗培训大纲、中医馆（蒙医馆）骨干人才培养实施方案，确定培养120名全科人才和320名骨干人才名单；推广中医药（蒙医药）防病治病适宜技术。印发《内蒙古自治区推进基层中医药（蒙医药）适宜技术推广工作的实施方案（2022~2025年）》，完善各级中医药（蒙医药）适宜技术推广中心、指导中心设置，建立健全自治区中医药（蒙医药）适宜技术推广体系和长效机制，提升常见病多发病适宜技术推广能力，切实推进中医药（蒙医药）适宜技术的推广和应用；推进中医馆（蒙医馆）提档升级，截至2024年上半年，全区共建成1563家中医馆（蒙医馆），实现了基层医疗卫生机构全覆盖，其中85%的中医馆（蒙医馆）达到优质型，12%达到示范型，12%的村卫生室、社区卫生服务站设置了中医阁（蒙医阁）。加强急危重症诊疗能力建设，全区二级以上中医（蒙医）医院建设急诊科、重症医学科比例分别达到80%、38%。2023年，全区中医（蒙医）医院牵头建设紧密型医共体21个，基层中医药（蒙医药）门急诊占比由2020年的12.5%提升至14.7%。

（六）坚持医防融合，促进健康素养提升

积极落实家庭医生签约"六个拓展"，全面运用好家庭医生签约服务团队作用，为群众提供多层次医疗资源协同服务。明确重点管理人群监测任务，提高群众签约知晓率和依从性，提升家庭医生签约质效，切实发挥家庭医生在高血压、糖尿病等慢病管理中的作用，及时干预，稳步提升县域内就诊率。开展家庭医生线上培训，利用信息化手段开展网上签约、在线服务，稳步扩大签约服务覆盖面。截至2023年，全区共有家庭医生22450人，组建家庭医生团队10634个，签约率59.52%，重点人群签约率78.56%。

三 紧密型县域医共体建设中面临的困难

（一）政府投入保障力度不足，信息化建设缺乏专项政策支撑

一是政府投入不足。当前，县域医共体信息化建设仍以旗县（市、区）

政府投入为主，但地方财政压力较大，对于医共体内信息化建设投入不足，导致信息化平台建设滞后。二是县域各级医疗机构信息化建设基础薄弱。部分牵头医院的数据平台独立运营，不能与成员单位实现数据互联互通。县乡之间、医疗机构之间信息化系统依然存在建设标准不统一、建设不规范等问题，后续工作开展难度较大。三是信息化建设缺乏统一规划。全区大部分医共体信息化建设工作尚未真正启动，少数自筹经费建设信息化平台的县域医疗机构后续维护运营面临困难。

（二）"引才困难+人才流失"双重压力大，基层医疗卫生人才队伍亟待加强

一是医疗卫生人员招聘难度大。旗县（市、区）、乡镇医疗机构校园招聘面临"本科招不到，专科不好招"的局面，公开考试招聘时报考人员少，加之年龄、学历、开考比例、规范化培训、合格证书等要求限制，往往多数岗位难以开考。2023年12月，自治区统一组织编制考试，乌拉特中旗上报12个名额，其中6个乡镇卫生院没有人报名，未能开考。二是骨干人才流失严重。由于平台、待遇、编制、子女上学等原因，旗县（市、区）医疗机构的业务骨干流失现象较为普遍，导致部分科室正常医疗服务受限。乡镇卫生院考录人员服务期满就离职，非考录人员虽业务能力较强但因很难考上编制导致离职现象频发。乌拉特中旗2022年和2023年流失医生、护士50余人，"70后"骨干人才裸辞现象频现。2020年以来，通辽市科左后旗两所旗级医院编外卫生专业技术人才流失219人，占两所医院编外专业技术人员的46.39%。

（三）医保联动效应发挥不足，未能有效支持医共体高效推进

一是医保新政策进一步提高医保异地结算便利度，外转就诊备案制度转变，助长患者非理性就医行为，使县域外就诊率居高难下。二是互联网医院运行过程中，虽然通过信息化平台实现了基层患者远程问诊、挂号，但由于医疗保障基金尚未出台线上问诊报销政策，群众使用率不高。三是乡镇卫生

院可使用药品种类较少。《内蒙古自治区完善国家基本药物制度的实施意见》规定，基层医疗机构使用国家基本药物比例不低于 60%，限制使用临床常用的非国家基本药物。部分常见病常用药不能在基层医疗机构使用，导致医共体牵头医院下派医师因缺少药品无法开展正常的诊疗工作。四是现行医保结算方式与医疗服务存在不协调因素。DIP 总额预付方式存在两方面问题。一方面，加大了医院的资金风险，医保统筹发生额超过医保支付能力，存在医院垫付给病人的统筹基金不能完全收回的风险；另一方面，实施总额预付后，存在医疗机构为节约成本而降低医疗服务质量的风险。

（四）县域医疗机构服务能力不强，群众认可度较低

一是二级及以上公立医院债务负担较重。公立医院面临资金自我积累缓慢、财政补偿机制不顺畅问题，没有足够的渠道收回投资，导致大多数公立医院存在债务。二是医疗设施设备老化。部分公立医疗机构老化设备占比达到 70%~80%，设备存在超期使用现象，个别乡镇卫生院危房改造无法实施。三是由于编制、待遇、政策限制，人才引进难、培养慢，学科带头人缺乏，医共体内的总医院在重点学科建设、特色优势专业培育、急危重症救治等方面能力不足，承载"大病不出县"的能力不强，外转患者比例较大。2023 年，巴彦淖尔市旗县（区）平均外转率达到 38%，杭锦后旗外转率更是达到 45.3%。四是专业技术人才缺乏。旗县（市、区）级医疗卫生机构高职称人员不足，部分卫生院缺乏执业医师，仅仅依靠助理医师开展诊疗服务。

（五）部门协同推进不足，实质化运作任重道远

紧密型县域医共体建设需要旗县（市、区）党委、政府主导，卫健、医保、发改、人社、编办、财政、疾控、市场监管等多部门统筹谋划、协同推进。当前县域医共体建设仍以卫健部门一家推动为主，相关部门协同配合程度不高，部门间的政策壁垒未能有效化解，推进构建"七统一"的运行管理机制缓慢。如县级医院的性质为公益二类，乡镇卫生院为公益一类，二

者人事编制和财政政策的不同导致管理难度增大，牵头医院对各成员单位缺乏约束力，致使组织结构不紧密，难以真正做到统一人事管理、统一财务管理、统一资产管理、统一业务管理、统一药品耗材目录、统一药品耗材配送。

四　高质量推动紧密型县域医共体建设的对策建议

（一）提升推进层级，建立自治区级统一的信息化平台

积极推进信息化建设，实现县域内各级医疗机构数据互联互通是推进紧密型县域医共体建设的基础。鉴于当前内蒙古大多数旗县（市、区）财政压力较大，无力承担县域医共体信息化建设的费用，建议在自治区层面设立专项资金，统筹推进全区县域医共体信息化建设。自治区级建立集全民健康信息档案、城乡卫生管理、医疗管理、妇幼保健、疾病监测、疫情报告、卫生监督、应急指挥、社区服务、远程会诊、网络教育、医保互通、电子政务等多功能于一体的高效、快速、畅通、安全的统一信息化平台，实现全区全民健康档案齐全、卫生信息互联互通和资源共享。

（二）"稳住现有人才+灵活引才"并重，夯实县域医共体人才队伍

一是卫健与人社、编制部门联合研究制定基层医疗卫生人才考察配编制度。对于乡镇一线业务能力突出、工作年限较长，且能稳定在地方工作的医务人才，通过申请—考察可配置编制，进而稳定基层医务人员队伍。二是探索实施工龄奖励制度。按照在基层工作的年限，每年增发定量定向补助，在基层工作时间越长，补助额度越高。对部分紧缺人才岗位如全科医师岗，可按特殊岗位设岗，每人再增发特岗补贴，以吸引上级医院全科医师下沉到基层工作。三是改革医师职级晋升政策。取消旗县（市、区）以下各级医疗机构医务人员聘任中级时必须持有规培证要求，探索在旗县（市、区）综合医院设置规培分基地，以保证医务人员能够留在旗县（市、区）。四是

建立健全乡村医生养老保障机制。依据 2023 年 2 月中共中央办公厅、国务院办公厅印发的《关于进一步深化改革促进乡村医疗卫生体系健康发展的意见》，自治区层面出台政策，制定具体补助标准，保障乡村医生"网底工程"。五是降低县域医务人才招聘考录门槛。对于偏远地区，在公开招考中降低年龄、学历、职称、开考比例要求，进而夯实基层医务人员队伍。

（三）强化医保支撑，进一步发挥引流杠杆作用

一是制定科学合理的精细化转诊制度，以市域或县域为单位，将转诊条件细化到病种，根据病种及其严重程度，确定转诊政策，县域内有能力诊治的病种，自行外转大幅降低待遇或不予报销费用。二是在细化基本药物使用比例的基础上，针对性修订基层医疗机构基本药物目录种类，适当增加心脑血管、消化系统、呼吸系统、内分泌系统疾病等慢性疾病常规基本用药种类，以满足基层医疗机构开展日常诊疗工作需要。推进县域医共体的基层医疗卫生机构执行二级医疗机构用药目录，促进上下级医疗机构用药衔接。三是制定医保基金预拨付制度，完善总额测算、结余留用和合理超支分担机制。完善 DIP 支付规则，增强对医疗机构具体约束性，参照江苏、江西两省实践，探索规则内限制医疗机构盈余率的方法。研究制定中（蒙）医疾病编码，解决中（蒙）医套用西医疾病编码，导致 DIP 入组不合理而影响医保支付问题。加大对民营医院和定点药店的监管力度，进一步缓解医保基金支出压力。

（四）加大专项投入力度，增强县域医疗机构服务能力

一是加大财政投入与资金支持力度。推动旗县（市、区）政府增加对县域医共体建设的财政投入，将医疗卫生项目建设纳入旗县（市、区）政府发展规划和财政年度预算，按年度拨付项目建设补助资金，促进医疗机构更好地回归公益性，提供更加优质的医疗服务。二是实施基层医疗设备更新行动。在摸清旗县（市、区）公立医疗机构设备使用现状的基础上，自治

区层面设立专项资金，集中采买、更新旗县（市、区）急需的医疗设备。三是加快落实人事编制、薪酬制度改革，理顺编制和人事管理体制，赋予县域医共体在人员招聘、科室设置、绩效考核、收入分配和职称聘任等方面自主权，激发县域医共体活力。

（五）完善领导机制，提升县域多部门协同推进水平

一是落实旗县（市、区）党委领导、政府主导责任，保障旗县（市、区）紧密型县域医共体能够真正实现高层级推动。按照协同、高效、优化的原则，建立编制、人社、发改、财政、卫健、医保等部门及成员单位利益相关方参与的医共体管委会，明确政府办医主体责任，统筹医共体建设规划、投入保障、组织人事和监管考核等重大事项。二是加大紧密型县域医共体建设工作督查督办力度，将紧密型县域医共体建设纳入地方政府工作考核体系，按照国家、自治区给定的工作时间表、路线图督办旗县（市、区）落实任务目标。

参考文献

徐芸芸、吴璠、刘国秋、肖殿民：《我国紧密型县域医共体建设研究的可视化分析》，《中国农村卫生事业管理》2023 年第 11 期。

胡晓先：《县域医共体建设的发展、现状及对策》，《中国农村卫生事业管理》2024 年第 6 期。

朱华军、林芳萍、林建潮：《县域医共体背景下基层卫生人才队伍建设现状与改善路径分析》，《中国农村卫生事业管理》2024 年第 6 期。

周爱庆、祁俊：《强基层背景下县域医共体建设重点难点问题探讨》，《中国农村卫生事业管理》2024 年第 1 期。

宁艳阳：《健全乡村医疗卫生体系 筑牢乡村振兴健康根基》，《中国卫生》2023 年第 5 期。

B.11
内蒙古城乡居民基本医疗保险
可持续发展研究[*]

高世婷[**]

摘　要：　城乡居民基本医疗保险作为国家一项重要的社会保障制度，有利于减轻群众就医负担、增进民生福祉、维护社会和谐、推动实现共同富裕。本报告系统梳理了内蒙古城乡居民医疗保险制度的发展历程及主要探索与成效，研究分析当前面临的挑战，提出建立动态筹资增长机制，提高参保积极性；建立基金风险评估预警机制，增强抗风险能力；优化医疗资源配置，提高医保统筹层次；创新宣传方式，扩大医保政策影响力。

关键词：　城乡居民基本医疗保险　社会保障　内蒙古

党的二十届三中全会提出，在发展中保障和改善民生是中国式现代化的重大任务。必须坚持尽力而为、量力而行，完善基本公共服务制度体系，加强普惠性、基础性、兜底性民生建设[①]。习近平总书记在党的二十大报告中指出："把保障人民健康放在优先发展的战略位置，完善人民健康促进政策。"健全社会保障体系，完善医疗保障制度，有利于解决好人民最关心最

---

　*　本文系内蒙古自治区社会科学院 2024 年度决策咨询专项课题"内蒙古城乡居民基本医疗保险可持续发展调查研究"（批准号：2024SKJ020）的研究成果。

**　高世婷，内蒙古自治区社会科学院党群工作部研究实习员，主要研究方向为基层治理。

①　《中共中央关于进一步全面深化改革　推进中国式现代化的决定》，https://www.gov.cn/zhengce/202407/content_ 6963770. htm。

直接最现实的利益问题，不断满足人民对美好生活的向往①。内蒙古要在边疆民族地区走向共同富裕的道路上做模范②，就要不断健全社会保障体系，完善城乡居民基本医疗保险制度，推动全方位建设模范自治区走深走实。

一　城乡居民基本医疗保险制度的建立与完善

（一）我国城乡居民基本医疗保险制度发展历程

我国基本医保在发展历程中主要包含三种类型，即城镇职工基本医疗保险、城镇居民基本医疗保险（城镇居民医保）和新型农村合作医疗保险（新农合）。城镇职工基本医疗保险针对城镇职工，创建于 1998 年；新型农村合作医疗保险针对农村群众，创建于 2003 年；城镇居民基本医疗保险针对城镇非就业人口，创建于 2007 年。在我国基本医疗保险中，上述三种医疗保险占据核心位置。在较长一段时间内，我国医保具有明显的城乡差距，为了消除矛盾、解决问题，2016 年我国将新农合和城镇居民医保合并为城乡居民基本医疗保险（简称"居民医保"）。自此，我国城乡居民基本医疗保险制度逐渐完善，实现了从分散到整合的转变。2017 年，党的十九大报告进一步提出完善统一的城乡居民基本医疗保险制度和大病保险制度，全面建立中国特色医疗保障制度③。

2023 年，我国城乡居民基本医疗保险参保人数为 96294 万人，医保基金收入 10569.71 亿元，支出 10457.65 亿元，当期结存 112.06 亿元，累计结存 7663.70 亿元。参加居民医保人员享受待遇 26.1 亿人次，比上年增长

---

① 《中共中央关于进一步全面深化改革　推进中国式现代化的决定》，https：//www.gov.cn/zhengce/202407/content_6963770.htm。

② 《内蒙古自治区党委关于全方位建设模范自治区的决定》，https：//www.nmg.gov.cn/zwyw/jrgz/202307/t20230710_2344239.html。

③ 习近平：《决胜全面建成小康社会 夺取新时代中国特色社会主义伟大胜利——在中国共产党第十九次全国代表大会上的报告》，https：//www.gov.cn/zhuanti/2017-10/27/content_5234876.htm。

21.1%。其中，普通门急诊 20.8 亿人次、门诊慢特病 3.4 亿人次，住院 2
亿人次，次均住院费用 7674 元，其中，在三级、二级、一级及以下医疗机
构（含未定级）的次均住院费用分别为 12765 元、6205 元、2943 元。居民
医保参保人员住院率为 20.7%，次均住院床日 8.8 天。居民医保参保人员支
付医药费用 19581.56 亿元，其中，在医疗机构支付费用 19426.97 亿元，在
药店支付费用 154.59 亿元，比上年增长 19.4%。居民医保住院费用目录内
基金支付比例为 68.1%，三级、二级、一级及以下医疗机构（含未定级）
支付比例分别为 63.2%、72.4%、80.8%[①]。

（二）内蒙古城乡居民基本医疗保险制度发展历程

1. 新型农村牧区合作医疗制度试点与推广

2003 年 12 月，内蒙古自治区人民政府办公厅印发《内蒙古自治区新
型农村牧区合作医疗管理暂行办法的通知》（内政办字〔2003〕第 433
号），确定在 7 个旗县开展新型农村牧区合作医疗制度试点，标志着内蒙
古农村牧区居民医疗保障制度的初步建立，农民无医保的历史从制度上宣
告结束。2005 年，试点扩大到 12 个旗县。到 2006 年底，内蒙古新农合试
点旗县达到 39 个，参合率为 82.3%；补偿医疗费 1.68 亿元，受益面为
35.4%[②]。2006 年《内蒙古自治区人民政府办公厅关于印发自治区新型农
村牧区合作医疗工作方案的通知》（内政办字〔2006〕366 号）发布，决
定 2007 年在全区 95 个旗县（市、区）以"自愿、互助、公开、服务"为
原则，全面推行和建立由政府组织、引导、支持，农牧民自愿参加，个
人、集体和政府多方筹资，以大病统筹为主的新型农村牧区合作医疗制
度，100%覆盖内蒙古农业人口。同时，逐步建立和完善农村牧区医疗救助
制度，减轻农牧民因疾病带来的经济负担，提高农牧民健康水平，促进农

---

① 《2023 年全国医疗保障事业发展统计公报》，https：//www.gov.cn/lianbo/bumen/202407/
content_ 6964551. htm。

② 《内蒙古自治区共 540 多万农牧民享受新型合作医疗》，https：//www.gov.cn/gzdt/2006 -
10/08/content_ 406769. htm。

村牧区经济和社会协调发展①。

2. 城镇居民基本医疗保险制度建立

2007 年，根据国务院《关于进行城镇居民基本医疗保险制度试点的指导意见》（国发〔2007〕20 号），内蒙古自治区人民政府印发的《关于做好城镇居民基本医疗保险试点工作的实施意见》（内政办字〔2007〕87 号），在国家试点的基础上，同步启动自治区城镇居民医疗保险试点工作。呼和浩特市、包头市和乌海市为国家试点城市；自治区确定鄂尔多斯市、阿拉善盟整体启动，其他盟市选择 1～2 个旗县统筹区作为试点②。2008 年扩大试点范围，全区 49 个旗县（市、区）启动了城镇居民基本医疗保险试点工作。2009 年，全区 101 个旗县（市、区）全部纳入国家和自治区试点范围，实现制度全覆盖③。2009 年，城镇居民医保补贴标准为每人每年 80 元，住院报销比例为 50% 以上，参保人数达 394.9 万人。内蒙古自治区逐步探索和完善城镇居民基本医疗保险的政策体系，形成合理的筹资机制、健全的管理体制和规范的运行机制，建立以大病统筹为主的城镇居民基本医疗保险制度，保障城镇居民的基本医疗需求。

3. 城乡居民基本医疗保险制度整合

2016 年，内蒙古自治区人民政府印发了《关于建立统一的城乡居民基本医疗保险制度的实施意见》（内政发〔2016〕122 号），从 2017 年起，内蒙古各统筹地区实行统一的城乡居民基本医疗保险制度，实现新型农村牧区合作医疗和城镇居民基本医疗保险两项制度的全面整合，最终实现覆盖范围、筹资政策、保障待遇、医保目录、定点管理和基金管理的"六统一"，建立起符合区情、统筹城乡、惠民高效、公平可及的城乡居民基本医疗保险

---

① 《内蒙古自治区人民政府办公厅关于印发自治区新型农村牧区合作医疗工作方案的通知》，https：//www.nmg.gov.cn/zwgk/zfxxgk/zfxxgkml/zdly/ylws/wj/202012/t20201208 _ 314344. html。

② 《内蒙古自治区人民政府关于做好城镇居民基本医疗保险试点工作的实施意见》，https：//www.nmg.gov.cn/zwgk/zfxxgk/zfxxgkml/zdly/ylws/wj/202012/t20201208_ 314429. html。

③ 《对自治区十四届人大二次会议第 167 号建议的协办意见》，https：//czt.nmg.gov.cn/zwgk/zfxxgk/fdzdgknr/rdjy/202407/t20240730_ 2548799. html。

制度，最大限度惠及参保居民①。这一举措消除了城乡医疗保障制度的二元分割，是社会民生领域的一项重大改革举措，促进了医疗保障制度的公平性和可持续性，对于促进社会公平正义、分享改革发展成果、推动城乡协调发展，具有十分重要的意义。

二　内蒙古城乡居民基本医疗保险的主要探索与成效

医疗保障是减轻群众就医负担、增进民生福祉的重大制度安排。内蒙古自治区参保群众从 2002 年的 276.6 万人增加到 2023 年的 2158.7 万人，覆盖率从75%提高至95%，医疗保障事业改革发展取得突破性进展，978 万余农牧民开始与城镇居民一样加入统一的城乡居民基本医疗保险，内蒙古各族人民实现了病有所医、医有所保，人民群众获得感不断增强。

（一）待遇保障体系更加完善

内蒙古自治区基本医疗保障制度框架以城镇职工基本医疗保险、城乡居民基本医疗保险为主体，大病保险等为补充，医疗救助为托底，旨在为全体居民提供全方位、多层次的医疗保障服务。自 2017 年城镇居民医保与新农合整合之后，内蒙古自治区医疗保险改革不断探索更多的惠民政策。一是门诊共济保障方面，实现了城乡居民门诊慢特病、门诊统筹、"两病"门诊用药保障及门诊特殊用药衔接协同。住院医疗待遇水平趋于稳定，内蒙古城乡居民政策范围内住院费用报销比例达 70%左右，个人医疗费用负担不断减轻，全区各族群众享受更多实惠。二是大病保险等补充保险进一步梯次减负，内蒙古大病保险实现城乡居民医保参保人员全覆盖，起付线为 1.4 万元，政策范围内支付比例达到 60%以上。对特困人员、低保对象、返贫致贫人口执行倾斜支付政策。三是医疗救助托底保障困难群众基本医疗权益。

---

① 《内蒙古自治区人民政府关于建立统一的城乡居民基本医疗保险制度的实施意见》，https://www.nmg.gov.cn/zwgk/zfxxgk/zfxxgkml/202012/t20201208_ 313519.html。

聚焦减轻困难群众重特大疾病医疗费用负担，2023 年 1 月 1 日起实施《内蒙古自治区人民政府办公厅关于健全重特大疾病医疗保险和救助制度的实施意见》，对符合条件的救助对象参加城乡居民基本医疗保险个人缴费部分给予补贴，对救助对象经基本医疗保险、大病保险和其他补充医疗保险支付后，符合规定的政策范围内个人自付费用按比例给予救助。

（二）筹资运行体系更加稳健高效

内蒙古自治区城乡居民基本医疗保险公平普惠发挥主体保障作用，基本医保 14 个统筹区全面实现了盟市级统筹，并取得了明显的实质性进展。筹资实行个人缴费和政府补助相结合的方式，个人出小头、国家出大头。持续增加各级财政补贴（见表 1），注重强化个人参保意识，使各方筹资缴费责任更加均衡。例如，2024 年城乡居民医保人均筹资标准为 1070 元，其中个人缴费 400 元，人均财政补助 670 元，财政补助资金从 2003 年的每人每年 10 元提高到 2024 年的每人每年 670 元，占筹资总额的 60% 以上，充分体现了国家对居民医疗保障的支持。同时，财政补贴向低收入群体倾斜，对于特困人员、低保对象等个人缴费困难的群体给予分类资助。

表 1　2017～2024 年内蒙古城乡居民基本医疗保险筹资缴费标准

单位：元

年份	总计	个人缴费标准	各级财政补贴				
			合计	中央	自治区	盟级	旗级
2017	630.00	180.00	450.00	324.00	81.20	22.40	22.40
2018	670.00	180.00	490.00	356.00	86.80	23.60	23.60
2019	780.00	260.00	520.00	380.00	91.00	24.50	24.50
2020	850.00	300.00	550.00	440.00	77.00	9.90	23.10
2021	900.00	320.00	580.00	464.00	81.20	10.44	24.36
2022	970.00	360.00	610.00	488.00	85.40	10.98	25.62
2023	1020.00	380.00	640.00	512.00	89.60	11.52	26.88
2024	1070.00	400.00	670.00	536.00	93.80	12.06	28.14

注：表内数据以兴安盟科尔沁右翼中旗为例。

（三）基金监督管理更加严密有力

近年来，内蒙古自治区在打击欺诈骗保专项治理、飞行检查等系列行动中取得显著成效，"全覆盖、无禁区、零容忍"监管高压态势持续巩固。建立举报奖励制度及举报线索查处平台，主动公开曝光欺诈骗保案件，宣传震慑力度不断加大。持续推进落实行政执法，将内蒙古自治区医疗保障基金监督管理实施办法纳入政府立法计划。制定了《内蒙古自治区医疗保障基金使用监督管理办法》《内蒙古自治区欺诈骗取医疗保障基金行为举报奖励实施办法》《内蒙古自治区规范医疗保障监管查处基金追回流程管理暂行办法》等制度。补齐监管短板，共同守护医疗保障基金安全。2023年，内蒙古检查定点医药机构2.79万家，追回资金1.81亿元①。大力创新医保监管方式，基金预算和绩效管理持续加强，建立健全基金收支风险预警机制，防范化解运行风险。2024年，内蒙古自治区创新智能监管模式，推进定点零售药店进销存"一库化"管理和"追溯码"应用，构建门诊、住院、购药多个维度的大数据分析模型，进一步明确事前、事中、事后审核规则，对定点零售药店医保结算费用进行全面自动审核，及时拦截违法违规行为，从根本上避免医保药品二次销售，杜绝倒买倒卖医保药品的发生，年底前将在全区范围内建成定点零售药店常态化监管平台，实现定点零售药店数据智能监管。同时在民众中加大宣传力度，通过举办医保基金监管集中宣传月活动等方式，提高民众对医保政策的知晓度，鼓励群众积极参与医保基金监管。

（四）医保药品目录及时动态调整

积极贯彻落实国家医保局每年动态调整的医保药品目录，落实《国家基本医疗保险、工伤保险和生育保险药品目录（2023年）》，将国家谈判药品全部纳入内蒙古医保支付范围，以提供更广泛的药品种类和保障参保人员的权

---

① 《守好人民群众的"看病钱""救命钱"》，http：//nm. cnr. cn/xinwensudi/20240831/t2024 0831_ 526881091. shtml。

益。新版药品目录共收载西药和中成药 3088 种，其中西药 1698 种、中成药 1390 种，中药饮片保持为 892 种，确保广大参保人员能够获得更多种类的药品，同时保障药品的质量和安全性。执行范围方面，将新版药品目录中的所有药品纳入内蒙古基本医疗保险、工伤保险和生育保险基金支付范围。特别是将国家谈判药品和竞价药品全部纳入并按乙类药品管理，执行全国统一的支付标准。此外，在一定条件下，将经国家有关部门批准上市的民族药、国家药品目录外其他有国家或地方标准的中药饮片，以及经自治区药品监督管理部门批准的治疗性医疗机构制剂，也纳入基金支付范围。为了确保药品供应和管理的有效性，内蒙古医药采购中心及时将国家药品目录中的药品纳入药品集中采购范围，还根据国家医保局药品分类与代码建设药品标准数据库，组织定点医药机构做好目录对照工作，确保按时执行新的药品目录。

（五）医保定点医疗机构准入更加规范

2022 年内蒙古自治区医疗保障局制定并发布《内蒙古自治区医疗保障系统优化营商环境措施》《关于进一步优化全区定点医药机构申报工作的通知》等多部政策性文件，为医保经办管理服务走向规范化提供了具体的操作依据。对符合条件的各类医药服务主体，包括非公医疗机构和零售药店一视同仁，扩大了定点医疗机构范围。

（六）药品耗材集中带量采购成效显著

群众看病就医的主要困难之一就是药价高、耗材贵。一些药品在治疗过程中难以替代，但其价格过高使患者及其家庭难以负担。药品集中采购是药品采购机制的重要改革，同时也对降低虚高耗材价格、不断深化推进医药行业变革、减轻患者和社会医药费用负担起到积极作用。自 2018 年 11 月《国家组织药品集中采购和使用试点方案》实施至今，内蒙古自治区已开展集中带量采购药品 566 种、医用耗材 38 类，化学药、中成药、生物药均有所覆盖，中选产品价格平均降幅达 60% 以上，涉及慢性病、肿瘤和骨科等多个治疗领域，不少高价格的药品、医用耗材告别"万元时代"，累计节约医

药费用 117.2 亿元，进一步减轻了患者的经济负担，有效缓解了老百姓看病贵的问题，大大提升了全区各族群众的幸福感①。

（七）医疗服务支付方式改革逐步深化

深入推进基本医疗保险支付方式改革，增强医保对医药服务领域的激励约束作用，保障参保人员权益、规范医疗服务行为、控制医疗费用不合理增长，推进总额预算下按病种、床日、人头等多元复合式支付方式改革，提高医保基金的使用效率和管理水平。围绕"半手工半自动"医疗保险费用结算报销方式导致报销时间较长、异地就医不够便捷等问题，内蒙古自治区充分发挥医疗服务与保障能力提升补助专项资金作用，先后投入 7.1 亿元用于全区信息化标准化建设等，加快推进"互联网+医保"建设，通过电子处方流转平台和医保移动支付系统的建设，提高了医保管理服务水平，满足了全区各族群众对便捷医疗服务的需求。同时跨省异地就医实现直接结算，自治区内免备案，老百姓住院只需缴纳自付部分费用，无须到医保经办机构办理报销手续，解决了群众反映突出的"垫支跑腿"问题，使老百姓看病越来越便利，有效缓解了老百姓看病难的问题。

三 面临的挑战

（一）筹资激励机制不健全，选择性参保问题突出

近年来，内蒙古城乡居民基本医疗保险个人缴费标准逐年增长，2024年已达到每人 400 元，缴费负担重，在人均可支配收入中占比总体呈上升趋势，参保人数逐年下降（见表2）。且目前城乡居民基本医疗保险筹资采用定额缴费模式，农村居民的实际负担大于城镇居民。2017~2023 年，城镇居

① 《医保改革一小步 民生改善一大步——记内蒙古自治区各级财政助力医疗保障制度改革取得成效》，https://czt.nmg.gov.cn/czdt/czxw/202408/t20240819_2559705.html。

民人均可支配收入为农村牧区居民的 2 倍以上，2017 年达到 2.83 倍，近年来收入差距虽有所缩小，但 2023 年依旧有 2.29 倍，农村牧区的城乡居民医保个人缴费标准占人均可支配收入比重约高于城镇居民 1 个百分点，农村牧区居民缴费压力明显大于城镇居民。部分家庭尤其是人口较多家庭，由于经济压力大可能选择不参保或只给部分家庭成员参保。此外缺乏缴费激励机制，由于医保费用不能累积、参保缴费每年清零、缴费一年与连续缴费多年在报销比例上没有差别，部分认为自己目前身体健康的群众选择不参保，连续缴费的积极性不高，负责保费收缴的基层干部工作难度大。

表 2　2017~2023 年内蒙古自治区城乡居民医疗保险参保情况

年份	参保人数（万人）	个人缴费标准（元）	财政补贴标准（元）	人均可支配收入（元）		缴费标准占人均可支配收入比重（%）	
				城镇	农村牧区	城镇	农村牧区
2017	1666.4	180	450	35670	12584	0.50	1.43
2018	1659.1	180	490	38305	13803	0.47	1.30
2019	1647.7	260	520	40782	15283	0.64	1.70
2020	1630.9	300	550	41353	16567	0.68	1.81
2021	1627.5	320	580	44377	18337	0.72	1.75
2022	1583.1	360	610	46295	19641	0.78	1.83
2023	1552.1	380	640	48676	21221	0.78	1.79

注：其中个人缴费标准及财政补贴标准以兴安盟科尔沁右翼中旗为例，其他数据来源于内蒙古自治区 2017~2023 年国民经济和社会发展统计公报。

（二）医保基金收支存在矛盾，监管难度增大

自 2017 年内蒙古城乡居民基本医疗保险制度实施以来，参保人数逐年下降，医保基金筹资难度加大。基金收入及支出均在上涨（见表3），但是基金收入年均增长率为 7.33%，基金支出年均增长率为 9.89%，居民医保基金收支基本持平，支出增长率略高于收入。近年来，内蒙古老龄人口持续增长，人口老龄化程度不断加深，65 岁及以上人口数量逐年增长，占常住人口比重不断增加（见表4），由 2017 年 251.1 万人增长到 2023 年 370.3 万人，年均增

长率为6.72%。老年人作为医疗保险的主要消费群体，对医疗保险的依赖程度更深，人口老龄化将导致医保费用支出不断增加，给医保基金带来较大的支付压力。单纯依靠提高筹资标准来增加基金收入，而基金收入增长缺乏内生动力，长此以往不利于内蒙古居民医保基金可持续发展。基金稽核监管能力不足，不能及时应对层出不穷的滥用、欺诈、信息不对称等各类骗保行为，骗保形式呈现"利益主体多、涉及范围广、骗保手段隐秘、组织化特征明显"等特点，仍存在发现难、认定难等问题。医保基金监管抗风险能力较差，不仅威胁医保基金的安全，也损害了公众对医疗保障体系的信任。

表3 2017~2023年内蒙古城乡居民基本医疗保险基金收支情况

单位：万人，亿元

年份	常住人口	参保人数	基金收入	基金支出	当期结余
2017	2528.6	1666.4	113.1	105.5	7.6
2018	2534.0	1659.1	125.1	125.7	-0.6
2019	2539.6	1647.7	137.2	128.1	9.1
2020	2402.8	1630.9	139.8	113.0	26.8
2021	2400.0	1627.5	152.6	133.3	19.3
2022	2401.2	1583.1	167.9	131.1	36.8
2023	2396.0	1552.1	172.3	175.4	-3.1

注：数据来源于内蒙古自治区医疗保障局官网、内蒙古自治区2017~2023年国民经济和社会发展统计公报。

表4 2017~2023年内蒙古常住人口主要数据

单位：万人，%

年份	常住人口	65岁及以上人口	占常住人口比重
2017	2528.6	251.1	9.9
2018	2534.0	265.1	10.5
2019	2539.6	280.1	11.0
2020	2402.8	313.9	13.1
2021	2400.0	332.0	13.8
2022	2401.2	353.0	14.7
2023	2396.0	370.3	15.5

注：数据来源于内蒙古自治区2017~2023年国民经济和社会发展统计公报、2021~2023年内蒙古自治区常住人口主要数据公报及《内蒙古自治区第七次全国人口普查公报（第四号）》。

（三）区域间发展不平衡，医疗卫生资源分配不均

内蒙古地广人稀，各盟市间经济发展水平不一，人口分布差别较大，医疗资源在各盟市间的分布状况不均衡。由每千人口卫生技术人员数及医疗卫生机构床位数（见表5）可见，医疗卫生资源分布规律呈现中部最优、东西部次之的状态。三甲医院数量差距较大，优质医疗资源集中于首府及发达城市，而偏远城市医疗水平较低，尤其是阿拉善盟、锡林郭勒盟医疗卫生资源配置明显落后。这些地区行政区域大、人口分布稀疏，医疗服务的地理可及性比较差，居民就医便利性有待提高，生活幸福感也会受到负面影响，使得医保制度的实施效果大打折扣。目前，内蒙古城乡居民基本医疗保险仍为盟市级别统筹，尚未实现自治区级统筹，医疗资源优势地区基金收益高，反之收益较低，导致各盟市间医保基金收支状况存在明显差异，例如2018年呼和浩特市城乡居民基本医疗保险基金当期结余15759万元，而赤峰市本级和12个旗县区全部透支，合计透支金额达到55914万元[①]。

表5 2023年内蒙古各盟市医疗卫生资源分布情况

地区	地域面积（万平方公里）	常住人口（万人）	医疗卫生机构数（家）	医院数（家）	三甲医院数（家）	卫生技术人员数（人）	每千人口卫生技术人员数（人）	医疗卫生机构床位数（张）	每千人口医疗卫生机构床位数（张）
呼和浩特市	1.72	360.41	2682	113	12	36358	10.08	22941	6.37
包头市	2.78	276.17	2281	108	8	27376	9.91	20577	7.45
乌海市	0.18	55.62	328	28	2	5736	10.31	3542	6.37
赤峰市	9.00	396.67	4968	111	10	38331	9.66	32793	8.27
通辽市	5.95	280.66	4362	99	5	26805	9.55	21476	7.65
鄂尔多斯市	8.70	222.03	1819	103	4	20508	9.24	14022	6.32
呼伦贝尔市	25.30	216.63	1896	66	5	23181	10.70	16970	7.83
巴彦淖尔市	6.50	150.34	1749	58	3	15000	9.98	12148	8.08

[①] 孟蓝珊、孙静：《内蒙古自治区城乡居民基本医疗保险基金运行可持续性研究》，《中国农村卫生事业管理》2023年第12期。

续表

地区	地域面积（万平方公里）	常住人口（万人）	医疗卫生机构数（家）	医院数（家）	三甲医院数（家）	卫生技术人员数（人）	每千人口卫生技术人员数（人）	医疗卫生机构床位数（张）	每千人口医疗卫生机构床位数（张）
乌兰察布市	5.45	160.48	2136	67	2	15526	9.67	11290	7.04
兴安盟	5.51	138.49	1683	38	3	12957	9.36	9601	6.93
锡林郭勒盟	20.30	111.65	1437	44	2	10123	9.07	6355	5.69
阿拉善盟	27.00	26.84	344	16	1	2602	9.69	1421	5.29

数据来源：《2024年内蒙古自治区卫生健康统计年鉴》、内蒙古自治区人民政府官网-盟市概况。

（四）医保惠民政策普及性不够

医保政策的专业性、疾病种类的多样性、就诊行为的差异性、诊疗技术的复杂性等诸多因素决定了医保政策的宣传工作无法一蹴而就，难以让大部分参保群众直接理解，而且医保政策与时俱进、不断调整，进一步加大了宣传难度。参保群众尤其是农村牧区文化程度较低的居民，对当前医保政策的书面解读及专业术语难以理解，在日常生活中，难免有实际使用医保与应享受的优惠政策存在差距的问题。且内蒙古自治区医疗保障局于2018年11月正式挂牌成立，成立时间较短，相对于编制及人员数量而言工作任务量大复杂，宣传力量薄弱，缺乏宣传专业人才，政策宣传存在不及时、不到位的问题，信息发布与舆论应急处理机制还需完善。同时，宣传渠道多局限于报纸、电视等传统媒介，与群众直接沟通少，阻碍了医保宣传工作的及时深入推进，导致宣传实效不明显。

四　对策建议

（一）建立动态筹资增长机制，提高参保积极性

当前内蒙古区域经济发展水平不均、居民人均可支配收入存在差距，建

议探索财政补贴水平与经济发展和财政收入相适应、个人缴费标准与居民人均可支配收入相匹配的动态筹资机制。需要逐步由定额制转变为分档制，建立基于居民家庭人均可支配收入的定比筹资制度，参保个体根据其收入水平缴纳固定比例的保费，这样不仅减轻了低收入群体的负担，也让高收入群体承担更多的责任，促进了公平。改善医保余额的管理机制，修改现有的城乡居民医保账户余额"年终清零"的政策，允许余额累积使用或者设立一个较长的过渡期，增加保险的灵活性和吸引力，减少居民对于资金浪费的担忧；也可考虑设立医疗储蓄账户，鼓励居民为非紧急情况积攒医疗资金[①]。同时对特殊困难群体在财政补贴、待遇水平上给予政策性倾斜，切实保障其医疗需求。

（二）建立基金风险评估预警机制，增强抗风险能力

采用科学稳定方法定期对基金运行状况进行评估，提前预判风险点，做出应急处置预案，采取相应措施管控和降低风险，提高基金运行的安全性和可持续性。加强技术手段应用，引入大数据分析技术。通过收集、整合并分析海量的医保数据，发现异常交易、潜在欺诈行为以及基金使用的趋势和模式，有助于监管机构更加精准地定位和处理问题，确保医保基金的安全。也可以利用人工智能技术，帮助监管机构自动化地筛选和分析数据，识别潜在的违规行为。通过机器学习算法，系统可以不断学习和优化自身的监管策略，提高对欺诈行为的识别率。同时，应完善相关法律法规，明确各方的责任和权力，加大对违法行为的惩处力度，在制定政策时注重可操作性和执行效果，提高其有效性。鼓励公众参与医保基金监管，通过多种渠道收集群众意见建议，形成监管合力，共同打击违法违规行为。

（三）优化医疗资源配置，提高医保统筹层次

内蒙古在医疗卫生资源配置公平性方面应考虑到人口分布、地理环境、

---

① 李飞飞、夏孜涵：《农村医保断缴问题研究及对策建议》，《中国保险》2024 年第 7 期。

医疗需求等因素。一要加强基础医疗建设，充分考虑各地医疗卫生机构的基础设施条件、人才队伍建设问题，加大对基层的资金投入。二要促进优质医疗资源下沉，通过城市大型医院对口帮扶或联合办医，使优质医疗资源实现共享。三要积极探索"互联网+"医疗模式的普及，实现线上线下医疗融合，积极推进电子处方流转、远程医疗等服务。四要提高城乡居民基本医疗保险统筹层次，明确自治区级统筹工作的时间节点，逐步实现自治区级统筹，提升医保基金整体运营稳定性。

（四）创新宣传方式，扩大医保政策影响力

解决群众最关心、最直接、最现实的利益问题，既是医保改革的出发点和落脚点，也是医保宣传工作的着力点。要提高医保政策的透明度和加强公共宣传教育，聚焦医保制度的热点难点。一要善于结合不同群体的利益诉求与关注特点开展多种形式的精准宣传，尤其是要把医保的基本理念、基本原则讲明白，在宣传时少用专业术语，尽量简洁明了、通俗易懂，使群众容易接受。加强对重点人群的医保政策宣传，包括农村牧区居民尤其是老年人和流动人员，利用微信群、村广播等多种渠道，将大病保障、减轻就医负担等好处普及到群众心里，从而潜移默化地转变其传统就医观念；普及医保的异地结算功能，使外出务工的流动人口在工作地也可以得到医疗保障。二要坚持线上与线下、传统与现代相结合的方式，线上要适应网络时代特点，创新宣传方式，借助微信、抖音等覆盖面广、传播力强的新媒体，以短视频、网络直播等方式，把群众关心的热点难点问题用生动有趣、更接地气的形式传递给老百姓。线下要整合基层、"两定"机构、乡镇（村）干部等相关工作人员，通过编印宣传资料、开展业务培训、健全管理机制等措施，努力打造一支扎根一线、面向群众、具有过硬本领的基层医保服务队伍。定期通过医院、社区中心、村委会等面向居民举办答疑会，解答其在医保报销、参保流程等方面的疑问。

参考文献

向运华、曾飘:《城乡居民医保制度整合后的成效、问题及对策》,《决策与信息》2020 年第 4 期。

雷咸胜:《全民医保的实现路径反思——基于 70 年医保发展历程的视角》,《兰州学刊》2019 年第 9 期。

谢莉琴、秦盼盼、高星、陈荃、胡红濮:《中国城乡居民基本医疗保险制度发展历程、挑战与应对策略》,《中国公共卫生》2020 年第 12 期。

B.12

2023年内蒙古中（蒙）医医疗体系建设研究

松林 王秀青*

摘　要： 作为我国民族医药事业的重要组成部分，中（蒙）医事业已成为内蒙古医疗卫生事业发展的重要特征和显著优势，特别是在强化人才支撑、深化内涵建设、探索科技创新等方面成效显著。但内蒙古中（蒙）医事业在体制机制建设、人才队伍建设、优势专科建设、防病治病作用发挥等方面仍存在不足，需要从完善中（蒙）医服务体系、促进中（蒙）医特色优势发挥、推动中（蒙）医传承创新发展、加强中（蒙）医人才队伍建设等方面健全内蒙古中（蒙）医医疗体系，推动内蒙古中（蒙）医事业高质量发展。

关键词： 内蒙古　中（蒙）医　医疗体系建设　民族医药

　　中医药（蒙医药）是我国各民族在长期生产生活和同疾病做斗争中逐步形成并不断丰富发展的医学科学，具有独特有效的系统思维模式及知识体系。长期以来，中医药（蒙医药）和西医药事业互相补充、协调发展，共同担负维护和增进各民族群众健康的重要任务。中（蒙）医事业作为我国民族医药事业的重要组成部分，已成为内蒙古医疗卫生事业发展的重要特征和显著优势。"十四五"时期是中医药（蒙医药）工作全面发力、重点突

＊ 松林，内蒙古医科大学蒙医药学院二级教授，主要研究方向为蒙医药学；王秀青，内蒙古自治区社会科学院公共管理研究所助理研究员，研究方向为公共服务、基层治理。

破、扎实推进的关键时期。内蒙古自治区认真落实国家和自治区的重大部署，以实施中医药（蒙医药）振兴发展重大工程及提升服务水平为重点，强化人才支撑、深化内涵建设、探索科技创新，为健康内蒙古建设做出了应有的贡献。

一　内蒙古中（蒙）医事业发展情况

（一）中（蒙）医医疗卫生资源情况

1.中（蒙）医医疗卫生机构总数

2023年，全区共有中（蒙）医医疗卫生机构3500家，相比2022年增加204家，其中：中（蒙）医医院263家，比上年增加14家，实现（自治区、盟市、旗县）中（蒙）医医院全覆盖；中（蒙）医诊所3093家，比上年增加180家；中（蒙）医门诊部143家，比上年增加10家；中（蒙）医研究机构1家，与上年持平。从中（蒙）医医疗卫生机构构成上看，中（蒙）医诊所数量远远超过其他中（蒙）医医疗卫生机构数量，占中（蒙）医医疗卫生机构总数的八成以上，且数量上总体呈现递增的趋势；中医医院、蒙医医院和中（蒙）医门诊部在数量上占中（蒙）医医疗卫生机构总数不足一成。

表1　2019~2023年内蒙古中（蒙）医医疗卫生机构相关数据

单位：家

机构分类	2019年	2020年	2021年	2022年	2023年
总计	2966	3113	3233	3296	3500
中（蒙）医医院	230	235	247	249	263
按医院经济类型分					
公立医院	115	117	118	119	121
民营医院	115	118	129	130	142

续表

机构分类	2019 年	2020 年	2021 年	2022 年	2023 年
按医院等级分					
三级医院	25	26	29	30	15
三甲医院	11	13	18	18	11
二级医院	88	89	96	100	52
一级医院	84	81	83	84	83
按医疗卫生机构类别分					
中医医院	122	126	140	142	166
中西医结合医院	14	13	12	14	14
蒙医医院	94	96	95	93	80
中（蒙）医门诊部	73	95	124	133	143
中（蒙）医诊所	2662	2782	2862	2913	3093
中（蒙）医研究机构	1	1	1	1	1

资料来源：《2023 年内蒙古自治区卫生健康统计年鉴》。

2. 中（蒙）医医疗卫生机构床位情况

2023 年，内蒙古中（蒙）医医疗卫生机构共有床位 42995 张，其中包括中（蒙）医医院床位数 35499 张、中（蒙）医门诊床位数 285 张、其他机构中（蒙）医临床科室床位数 7211 张。2023 年内蒙古中（蒙）医医疗卫生机构床位数有明显的增加，相较于 2022 年增加 3229 张，增长率为 8.12%。从床位数构成情况来看，中（蒙）医医院床位数占总床位数的比例最高，达到 80%以上，其中中医医院占比 44.2%、蒙医医院占比 34.8%、中西医结合医院占比 3.5%；其他机构中（蒙）医临床科室床位数占中（蒙）医医疗机构床位的 16.8%；中（蒙）医门诊部床位占总床位数的比例较低，仅为 0.66%，如表 2 所示。

表 2　2019~2023 年内蒙古中（蒙）医医疗卫生机构床位相关数据

机构分类	2019 年	2020 年	2021 年	2022 年	2023 年
总计	40709	41797	39753	39766	42995
中（蒙）医医院	31572	32138	33160	32997	35499
中医医院	12711	13399	14452	14509	19024

续表

机构分类	2019 年	2020 年	2021 年	2022 年	2023 年
中西医结合医院	1722	1536	1240	1534	1508
蒙医医院	17139	17203	17468	16954	14967
中(蒙)医门诊部	65	26	107	90	285
中医门诊部	41	10	44	36	112
中西医结合门诊部	16	16	21	16	16
蒙医门诊部	8	0	42	38	157
其他机构中(蒙)医临床科室	9072	9633	6486	6679	7211

资料来源：《2023 年内蒙古自治区卫生健康统计年鉴》。

3. 中（蒙）医药人员情况

2023 年，全区中（蒙）医药人员总数达 26943 人，比上年增加 2616 人，其中包括中（蒙）医类别执业（助理）医师 21374 人、见习蒙中医师 345 人、蒙中药师（士）5224 人，每千人口执业（含助理）医师数达 0.9 人。从发展趋势上看，全区中（蒙）医药人员总数总体呈现出逐年递增的趋势，中（蒙）医类别执业（助理）医师和蒙中药师（士）也呈现增长趋势。从占同类人员总数的百分比情况看，三类医药人员占同类人员总数的百分比年度变化趋势较小，占比相对稳定，其中蒙中药师（士）占同类人员总数的百分比相对最高，见习蒙中医师占同类人员总数的百分比相对最低，如表 3 所示。

表 3　2019~2023 年内蒙古中（蒙）医药人员相关数据

单位：人

机构分类	2019 年	2020 年	2021 年	2022 年	2023 年
中(蒙)医药人员总数	21471	22449	23755	24327	26943
中(蒙)医类别执业(助理)医师	16565	17578	18812	19204	21374
见习蒙中医师	385	351	318	334	345
蒙中药师(士)	4521	4520	4625	4789	5224
占同类人员总数的百分比					
中(蒙)医类别执业(助理)医师	22.3	22.9	22.3	22.3	23.1
见习蒙中医师	10.3	10.0	10.1	10.1	10.4
蒙中药师(士)	40.6	40.3	40.3	40.8	42.7

资料来源：《2023 年内蒙古自治区卫生健康统计年鉴》。

（二）中（蒙）医医疗卫生服务情况

1. 中（蒙）医门诊和住院量

2023年，全区中（蒙）医总诊疗量达2627.1万人次，比上年增加573.6万人次，其中中（蒙）医医院1592.8万人次、中（蒙）医门诊42.6万人次、中（蒙）医诊所371.0万人次、其他机构中（蒙）医临床科室620.7万人次。从诊疗数量上看，中（蒙）医医院相对中（蒙）医门诊和中（蒙）医诊所更具有优质，占中（蒙）医总诊疗量的60%多。从发展趋势上看，2023年中（蒙）医诊疗量相比前几年有明显的增加，医院、门诊、诊所、临床科室的中（蒙）医诊疗量均取得了新突破，中（蒙）医诊疗量占总诊疗量的24.8%，如表4所示。

表4　2019~2023年内蒙古中（蒙）医医疗机构诊疗人次相关数据

单位：万人次，%

机构分类	2019年	2020年	2021年	2022年	2023年
中（蒙）医总诊疗量（万人次）	2149.5	1916.3	2105.1	2053.5	2627.1
中（蒙）医医院	1255.5	1070.4	1263.1	1279.3	1592.8
中（蒙）医门诊	21.9	18.8	26.3	27.6	42.6
中（蒙）医诊所	472.4	440.3	392.9	341.1	371.0
其他机构中（蒙）医临床科室	399.7	386.8	422.7	405.6	620.7
中（蒙）医诊疗量占总诊疗量比重（%）	23.3	23.5	20.5	23.7	24.8

资料来源：《2023年内蒙古自治区卫生健康统计年鉴》。

2. 中（蒙）医医院医师工作负荷

2023年，全区中（蒙）医医疗卫生机构中，医师日均担负诊疗5.2人次和1.7住院床日，与2022年相比，工作量有明显的增加。中（蒙）医医疗在平均住院日指标上有了明显的降低，由2022年的9.5日降低到2023年的9.1日；中（蒙）医医疗在病床使用率指标上有了明显的提升，由2022年的49.5%提升到2023年的65.2%。

表5　2022~2023年内蒙古中（蒙）医病床使用及工作效率

	病床使用率（%）		平均住院日（日）		医师日均担负诊疗人次数（人次）		医师日均担负住院床日	
	2022年	2023年	2022年	2023年	2022年	2023年	2022年	2023年
中（蒙）医医院合计	49.5	65.2	9.5	9.1	4.2	5.2	1.3	1.7

资料来源：《2023年内蒙古自治区卫生健康统计年鉴》。

二　2023年内蒙古中（蒙）医事业发展举措

（一）实施基层中医药（蒙医药）服务能力提升行动

内蒙古坚持完善中（蒙）医服务体系建设，印发《内蒙古自治区基层中医药（蒙医药）服务能力提升工程"十四五"行动方案》，明确了基层中（蒙）医事业发展的工作目标、任务及保障措施；深化中（蒙）医供给侧改革，下达中央专项资金4000万元支持20家旗县级中（蒙）医医院"两专科一中心"建设工作；下达中央专项资金1200万元支持4家盟市级中（蒙）医医院建设康复区域诊疗中心；按照自治区治未病中心建设标准，积极推进三级中（蒙）医医院全部建立治未病中心，全区30家三级中（蒙）医医院全部完成治未病中心建设任务，增强了中（蒙）医在治未病中的作用。

（二）加快推进中医药（蒙医药）全科人才和中医馆（蒙医馆）骨干人才培养

制定印发中医药（蒙医药）全科医生转岗培训大纲、中医馆（蒙医馆）骨干人才培养实施方案，通过遴选确定全科人才和骨干人才培养名单。从理论培训、临床培训和基层实践3个层面开展全科医生转岗培训工作，全面提升中（蒙）医药全科人才专业素养。实施名老中医药（蒙医药）专家学术经验继承工作，加强国药大师、岐黄学者、全国名老中（蒙）医传承工作

室建设，制定兼顾高层次、骨干、基层人才的培养计划，实施岐黄学者、青年岐黄学者、优才、骨干人才等培养项目，全区参加自治区级以上培训4000余人次。

（三）推广中医药（蒙医药）防病治病适宜技术

印发《内蒙古自治区推进基层中医药（蒙医药）适宜技术推广工作的实施方案（2022~2025年）》，完善各级中医药（蒙医药）适宜技术推广中心、指导中心设置，建立健全自治区中医药（蒙医药）适宜技术推广体系和推广长效机制，提升常见病多发病适宜技术推广能力，切实推进中医药（蒙医药）适宜技术的推广和应用。对申报的360项中医药（蒙医药）适宜技术，组织专家评审并在全区范围内推广使用。

（四）丰富中医药（蒙医药）服务内涵

提升中医药（蒙医药）康复服务能力，支持4家医院建设康复中心，二级以上中医（蒙医）医院全部设置康复科（中心），自治区国际蒙医医院被列入国家中医康复中心建设项目。强化中（蒙）医老年病科、儿科建设，二级以上中（蒙）医医院79%设置老年病科，70%设置儿科。推广"商都经验"，58家中（蒙）医医院与养老机构合作，满足老年人对中医药（蒙医药）的服务需求。充实妇幼保健机构中医药（蒙医药）服务，46家妇幼保健医院设置中医科（蒙医科），逐步完善中（蒙）西医协同妇幼保健服务机制。

（五）加快中医药（蒙医药）优质资源扩容扩规

加强顶层设计，积极推进建设国家区域中医医疗中心，4家国家中医特色重点医院开工，国家中医疫病防治基地完成规划设计，中西医协同"旗舰医院"建设方案进行现场汇报。提升重大传染病等突发公共卫生事件的应对能力，充分发挥中医药（蒙医药）优势，依托自治区级中（蒙）医医院建设国家级中医疫病防治基地，组建紧急医学救援队，建成自治区、盟市、旗县三级中医药（蒙医药）医疗救治专家队伍和应对重大公共卫生疫病防治骨干人才库；二级以上中（蒙）医医院全部建成应急规范化医院。

三　2023年内蒙古中（蒙）医医疗体系建设成效

（一）以重大工程为抓手，实现中医药（蒙医药）医疗服务体系优质高效

立足于让人民群众方便看中（蒙）医，放心吃中药（蒙药），建立健全中（蒙）医医疗服务体系，强化重大项目推动。国家区域中医医疗中心——北京中医医院内蒙古医院正式挂牌运营，新建院区门诊楼、住院楼、医技楼、精神卫生楼全部封顶。以提升优势专科能力为重点，启动京蒙、粤蒙、沪蒙、辽蒙协作机制；通过实施"医疗倍增计划"，内蒙古国际蒙医医院、自治区中医医院、中（蒙）医药研究院分别与北京市7所三级中医医院签订协议，布局建设中（蒙）医专科诊疗中心9家、传承创新中心2家和公立医院高质量发展临床重点专科6个，16家医院的37个专科申报国家优势专科项目，新增医疗技术41项。投入4亿元的4家特色重点医院建设项目全部开工。

（二）以提档升级为抓手，体现中医药（蒙医药）基层服务便捷舒适

高效实施《内蒙古自治区基层中医药（蒙医药）服务能力提升"十四五"行动计划》，旗县办中（蒙）医医院基本实现全覆盖。"十四五"以来，投入1.2亿元支持60家旗县中医（蒙医）医院建设"两专科一中心"。基层中医馆（蒙医馆）基本实现全覆盖，狠抓"有馆无人"问题整改，全面推进服务内涵提质升级。完善中医药（蒙医药）适宜技术推广体系和机制，整理160项中医药（蒙医药）适宜技术，逐级推广培训5000余人，自治区、盟市、旗县适宜技术推广基地实现全覆盖。基层中

医馆（蒙医馆）提档升级优质馆达 78%，村卫生室、社区卫生服务站建成中医阁（蒙医阁）1137 个，100% 的社区卫生服务中心、乡镇卫生院、社区卫生服务站和 78% 的村卫生室能够提供中医药（蒙医药）服务①，群众就医感受和体验显著提升。

（三）以中（蒙）西医协同为抓手，彰显中医药（蒙医药）高质量发展多元价值优势

在秋冬季呼吸道疾病防治中，持续加强中（蒙）医医疗资源统筹调配，坚持中（蒙）西医结合、中（蒙）西药并用，充分发挥了三种医学的叠加优势，补了短板，强了弱项，满足了群众就医需求。积极推动中西医协同旗舰科室建设和重大疑难疾病中西医临床协作项目，10 个项目单位开展中（蒙）西医临床协同试点，制定推广 8 项中西医（蒙西医）结合妇科儿科诊疗方案。97% 的二级以上综合医院设置中医科（蒙医科）和中药房（蒙药房），14 个中（蒙）西医结合科室申报国家中西医协同"旗舰"科室，10 个科室申报国家重大疑难疾病中西医临床协作项目。批复设置 8 家西医学习中（蒙）医培训基地，1200 名临床医生参加培训。推进中药材（蒙药材）标准化种植，中药（蒙药）产业发展持续为乡村振兴赋能。

（四）以人才科技为抓手，呈现中医药（蒙医药）传承发展载体平台新活力

5 个学科入选国家高水平中医药重点学科建设项目，34 首蒙药方剂被列入《古代经典名方目录》。在第三批自治区名中医（蒙医）评选表彰中，评选出 100 位第三批自治区名中医（蒙医）②。2 家医院获批自治区工程技术

---

① 《夯实基层医疗机构基础建设，促进中医馆（蒙医馆）提档升级》，http: // wjw. nmg. gov. cn/ztlm/dqzt/jknmgxd/jknmgxd_ msxd/202303/t20230307_ 2268887. html。

② 《关于命名马秀兰等 100 名同志为"第三批内蒙古自治区名中医（蒙医）"的决定》，http: //wjw. nmg. gov. cn/zfxxgk/fdzzgknr/wjzt/202308/t20230815_ 2361591. html。

研究中心，自治区中（蒙）医药研究院临床研究基地、适宜技术推广基地挂牌运行，优化了科技创新平台。建立博鳌超级中医院临床研究院，创立运营"马贝"牌策格、养生茶、蒙医盐疗包、牛角拔罐器等产品，推动7项蒙医适宜技术、48种蒙成药以及4家医疗机构制剂走出内蒙古、走向全国，加速了成果转化和推广应用，中医药（蒙医药）传承创新不断深化。

（五）以综合改革为抓手，加快推动公立中（蒙）医医院高水平发展

发挥中医药（蒙医药）在高质量发展新体系中的优势作用，理顺运行机制，建立中（蒙）医医院牵头的紧密型医共体39个、自治区城市医疗集团1个、专科联盟21个。全面启动优势专科建设和6S管理，改善中医药（蒙医药）服务，"一院一策"推动绩效考核晋位升级。2023年度，三级中（蒙）医医院绩效考核总分比上年增加55.95分，全国排名晋升5位，6家医院取得A+或A的好成绩。提升电子病历等级，四级电子病历应用水平中（蒙）医医院新增13家，三级新增19家。聚焦优势专科、人才队伍、信息化"三位一体"的智慧中（蒙）医医院，加快智慧医院和互联网医院建设，30家三级中（蒙）医医院全部建成互联网医院。

（六）以传播交流为抓手，展现弘扬中医药（蒙医药）文化丰硕成果

中医药（蒙医药）文化建设在内容、产品、平台、服务等方面，供给数量和质量不断提升。推进健康内蒙古中医药（蒙医药）健康促进8个专项行动。加强国家、自治区中医药（蒙医药）文化宣传教育基地建设，开展"中（蒙）医说病"专栏和中医药（蒙医药）"五进"活动，成功举办"建功'十四五'奋进新征程"中医药职工职业技能比赛，文化传播广泛推进，群众参与感、获得感和认同感不断增强①。开展全区中（蒙）医健身操比赛，推广中（蒙）医健身方式，中（蒙）医治未病理念更加深入人心。

---

① 《健康内蒙古行动中蒙医药健康促进专项启动》，http：//www.cntcm.com.cn/news.html?aid=214329。

中国-卢旺达中医诊疗中心挂牌运营,完成第二批国家中医药服务出口基地建设年度任务,赴蒙古国参加"感知中国·内蒙古文化周"、"一带一路"健康行活动,高质量融入共建"一带一路"。

四 内蒙古中(蒙)医医疗体系建设面临的困难和问题

(一)医疗资源和服务能力分布不均匀

从全区范围来看,内蒙古中(蒙)医事业呈现不断发展的趋势,中(蒙)医事业在医疗资源和服务能力方面有新突破新提升。但从区域发展情况来看,由于各盟市的发展策略和资源禀赋都存在差异,内蒙古中(蒙)医事业同样存在区域发展不平衡的现象,在中(蒙)医医疗资源和服务能力等方面均表现出差异化发展态势。比如,在中(蒙)医医疗卫生机构方面,呼和浩特市、赤峰市、包头市和鄂尔多斯市均在500家左右,在数量上远远超过其他盟市,阿拉善盟的中(蒙)医医疗卫生机构仅有40家。在中(蒙)医医药人员方面,各地区也表现出明显的差异,如2023年处于上游的呼和浩特市和赤峰市中(蒙)医医药人员均超过4000人,而处于下游的乌海市和阿拉善盟中(蒙)医医药人员数不足1000人,如图1所示。以上数据表明,内蒙古中(蒙)医事业在医疗资源和服务能力上存在区域发展不平衡的现象,在区域协同发展方面有待进一步提升和改善。

(二)中医药(蒙医药)优势专科建设还不完善

内蒙古正在积极打造自治区、盟市、旗县三级中医药(蒙医药)优势专科集群,推动优势专科建设工作。但是中医药(蒙医药)在系统应急救治能力、重症医学科建设等方面的地位和作用与西医还有很大的差距;中医药(蒙医药)在打造中(蒙)西医协同"旗舰"科室方面,功能定位还需进一步明确,特色优势作用还存在发挥不足的问题。同时,中(蒙)医在聚焦重大疑难病、慢性病和传染病,远程医疗,科研协作,中(蒙)医儿

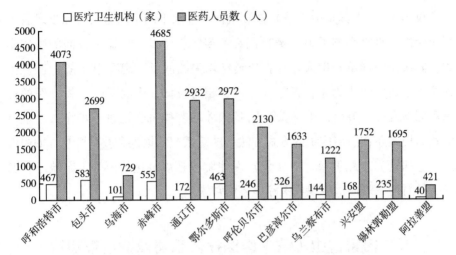

图1 2023年内蒙古中（蒙）医医疗卫生机构数和医药人员数

科建设，中（蒙）医医院老年病中心建设等方面基础相对薄弱，优势专科建设整体水平和质量有待进一步提高。

（三）防病治病的独特优势发挥还不够充分

首先，中（蒙）医在防病治病方面具有独特的优势，但是由于宣传普及力度的不足，中（蒙）医在社会上的认知度和接受度十分有限，这在一定程度上限制了中（蒙）医的发展应用。其次，虽然现有一系列政策制度支持中医药（蒙医药）进一步传承发展，但是在执行过程中存在一系列偏差，中医药（蒙医药）在医疗体系中的地位和作用还需要进一步加强。最后，中医药（蒙医药）在科研方面与西医相比较为滞后，限制了中（蒙）医在防病治病方面的进一步发展和应用，科研项目投入和支持力度还需要进一步加大。

（四）人才队伍和培养体系还需进一步提升

内蒙古中医药（蒙医药）人才数量整体呈现逐年递增的态势，但现有的中（蒙）医人才队伍无法满足中医药（蒙医药）传承发展需要。首先，全区在职中（蒙）医人数占全院卫生技术人员总数的比例较低，有些地区

占比仅为5%，尤其是中（蒙）医高层次、高水平的学科带头人和学术骨干严重紧缺，直接影响了中（蒙）医在科研、教学及临床服务方面的整体实力。其次，中（蒙）医人才存在年龄结构失衡问题，现有中（蒙）医从医人员以中老年医生为主，青年人才占比相对较低，影响了中（蒙）医的传承和创新发展。最后，中（蒙）医的人才培养体系还需进一步完善，现有的培养模式还在沿用传统的方式方法，缺乏系统的培训和教育机制，如中医药（蒙医药）继续教育、中（蒙）医住院医师规范化培训等工作缺乏创新性和针对性，难以适应现代医疗体系的需求。

五　内蒙古中（蒙）医医疗体系建设的对策建议

（一）健全中（蒙）医服务体系

一是进一步加强中（蒙）医医疗机构建设。增强自治区本级及盟市级中（蒙）医医疗机构在基本医疗、预防保健、重症危症治疗、疗养康复等方面的服务能力，加强综合性医院和妇幼保健、康复、护理、传染病、疗养等专业医疗机构的中（蒙）医相关科室的建设。二是进一步推进基层中医药（蒙医药）服务能力提升行动。总结推广中医馆（蒙医馆）建设典型经验，加强中（蒙）医医师配备，持续推进中医馆（蒙医馆）服务能力提档升级。加强基层中医药（蒙医药）适宜技术推广。积极创建全国基层中医药示范县（市），带动基层中医药（蒙医药）服务能力整体提升。三是构建中（蒙）医多元办医格局。支持社会力量开办中医诊所、蒙医诊所、中（蒙）医门诊部或特色专科医院，在准入、行医执业、科研教学、职称评定等方面，实行与公立中（蒙）医医疗机构相同的政策，并将符合条件的中医诊所、蒙医诊所等纳入医疗联合体建设。鼓励中（蒙）医医疗机构拓展康养结合、医养结合、健康旅游等服务领域。

（二）发挥中（蒙）医特色优势

一是积极推动中医药（蒙医药）优势专科建设。遴选建立自治区、盟市、旗县三级中医药（蒙医药）优势专科集群，总结形成特色诊疗方案。拓展治未病内容，制订推广特色服务方案。提升康复服务能力，按照国家中医康复中心管理办法和建设指南打造自治区示范型康复中心，指导盟市、旗县加强康复科（中心）建设。二是强化中（蒙）医在疾病预防中的作用。促进中（蒙）医治未病健康工程升级，制定中（蒙）医治未病服务标准，加强中（蒙）医医院治未病科室中心建设，将中（蒙）医治未病纳入家庭医生签约服务内容。三是提升中（蒙）医康复服务能力。推进实施中（蒙）医康复服务提升工程，加强中（蒙）医医院康复科室、中心建设，针对优势病种总结形成融合中（蒙）医、传统体育与现代康复技术的特色康复方案和治疗技术。

（三）推动中（蒙）医传承创新发展

一是加强中医药（蒙医药）非物质文化遗产的保护工作，研究、整理、翻译、出版蒙医药文献古籍；深入挖掘中（蒙）医经典理论，挖掘整理中医药（蒙医药）民间秘方、验方和特色诊疗技术，建立名老专家医案数据库。二是加强中（蒙）医科学研究。完善中（蒙）医产学研协同发展机制，搭建有利于中（蒙）医创新发展的研究平台，培育中（蒙）医重点实验室、临床医学研究中心、技术创新中心等，打造国家级中（蒙）医临床研究基地。三是加强中（蒙）医健康知识宣传，通过媒体、网络等多种渠道普及中（蒙）医健康知识，鼓励有条件的盟市建设中医药（蒙医药）博物馆、主题展馆和健康主体公园，提高公众对中（蒙）医的认识和信任度；组织开展中（蒙）医健康讲座和义诊活动，组织专家深入社区、农村等基层，为群众提供便捷的中（蒙）医服务，不断提升中（蒙）医知名度和影响力。

（四）加强中（蒙）医人才队伍建设

一是改革中（蒙）医人才培养模式。深化中（蒙）医人才培养机制，改革中（蒙）医教育教学模式，强化对临床技能的培训和中（蒙）医思维培养。继续优化中（蒙）医人才培养学科专业结构，提高经典课程、跟师学习、临床实习的课时比重，落实中西医、蒙西医结合教育课程列入临床医

学专业必修课的要求。二是优化中（蒙）医人才成长路径，完善确有专长人员考核办法，加大中（蒙）医专长医师培养力度，支持中（蒙）医医院设置中（蒙）医专长医师岗位。三是培养高层次中（蒙）医人才。依托国家高层次人才培养基地、项目和自治区"草原英才"工程，大力培养和引进一批高层次中（蒙）医人才。支持高校联合培养高层次复合型中医药（蒙医药）人才，组建高层次创新团队。四是健全中（蒙）医人才评价激励机制。完善中（蒙）医职称评审条件，克服唯学历、唯论文、唯资历等倾向。允许医疗卫生机构突破现行的工资调控水平，完善相关奖励、绩效制度，建立符合中（蒙）医医疗机构特点的薪酬分配制度。

参考文献

李强：《党建引领事业发展 聚力弘扬民族医学》，《健康中国观察》2024 年第 7 期。

吴红英、宝龙：《以"传承精华、守正创新"精神培养蒙医药优秀护理人才》，《中国民族医药杂志》2024 第 7 期。

周东华、胡玉凤、刘金红、陈仙萍：《以中医药资源为特色的中医适宜技术应用效果与发展对策》，《中医药管理杂志》2024 年第 14 期。

魏敏、范艳存、李敏：《老年高血压患者社区中蒙医健康服务利用及影响因素分析》，《社区医学杂志》2024 年第 2 期。

B.13
内蒙古牧边稀地区卫生服务体系创新研究

——以乌拉特中旗为例

韩 露*

摘 要： 内蒙古牧边稀地区已逐步建立起包括疾病预防控制、慢性病防治、妇幼保健、健康教育等专业领域在内的公共卫生服务体系，制度设计合理，主要措施得力，积累了不少可供借鉴的宝贵经验，但当前公共卫生服务体系建设仍存在基本公共服务成本较高，基层卫生技术人才严重匮乏，基层卫生财政投入不足、结构不合理，疾病预防控制能力不强，慢病医防有待进一步融合等许多亟待解决的问题。本报告通过对内蒙古乌拉特中旗公共卫生服务体系建设概况、公共卫生体系建设主要举措、公共卫生体系建设的主要问题等方面的分析，研究提出内蒙古牧边稀地区应完善人事薪酬制度；加大财政投入力度，优化投入模式，平衡投入结构；构建分级分层协同联动的公共卫生体系；持续推进信息化建设，不断提升智慧化效应；着力推动慢病医防融合，最终达到公共卫生体系全面优化、资源配置合理、各机构协同联动的良好态势，不断提升人民群众满意度和幸福感。

关键词： 卫生服务体系 内蒙古牧边稀地区 公共卫生

公共卫生是通过国家和全社会共同努力，改善与健康相关的自然和社

---

* 韩露，内蒙古自治区社会科学院公共管理研究所助理研究员，主要研究方向为基本公共服务、基层治理。

会环境，提供预防保健和必要的医疗服务，培养公众健康素养，创建人民共享健康的社会，达到预防和控制疾病、促进人民健康的社会公共事业。"十三五"期间，在内蒙古自治区党委和政府的坚强领导下，全区强力推进"健康内蒙古"行动，医药卫生体制改革不断深化，健康脱贫攻坚战取得重大成果，卫生健康事业发展取得显著成效，人民健康水平稳步提高，为"十四五"时期发展奠定了坚实基础。为高质量推进全区卫生健康事业发展，保障人民健康，维护经济社会稳定，内蒙古自治区人民政府办公厅印发《内蒙古自治区"十四五"卫生与健康事业发展规划》，提出"适应林牧边稀地区现代化需要，从解决地域广阔、人口居住分散，卫生服务成本高、难度大的实际问题和困难出发，以进一步优化服务网络布局、改善服务条件、创新管理体制、激活运行机制、稳定人员队伍、提升综合服务能力为目标，建设适合人口特点、高效运转的集约适用型的林牧边稀地区卫生健康服务体系"，明确了林牧边稀地区卫生服务体系建设要求。

本文所涉及的内蒙古牧边稀地区是指以《内蒙古自治区"十四五"卫生与健康事业发展规划》中林牧边稀地区为参考，内蒙古边境旗县以牧业为主、人口密度≤25人/平方公里的地区，涵盖14个边境牧业旗县，如表1所示。10年来"健康乌拉特中旗"建设成效可观可感，被确定为自治区唯一的全国"第五批地方计生协综合改革试点单位"，被命名为第四批全国健康促进旗，成功创健国家卫生县城、国家级健康促进旗、自治区慢病综合防控示范旗、自治区卫生应急旗县等，具有内蒙古牧边稀地区卫生服务体系建设的典型特征，因此本文以乌拉特中旗为调研研究对象区域，探讨分析乌拉特中旗卫生服务体系建设现状及问题，进而总结得出内蒙古牧边稀地区卫生服务体系建设情况并提出相对应的对策建议，以期为内蒙古牧边稀地区卫生服务体系建设提供可参考的建议。

表1　内蒙古牧边稀地区14个牧业旗县常住人口、地区生产总值

盟市	边境牧业旗县	常住人口（万人）	地区生产总值（亿元）
呼伦贝尔市	新巴尔虎左旗	—	32.01
	新巴尔虎右旗	3.54	89.42
	陈巴尔虎旗	4.64	141.91
锡林郭勒盟	苏尼特左旗	3.48	47.36
	苏尼特右旗	5.99	49.49
	阿巴嘎旗	4.04	50.10
	东乌珠穆沁旗	7.02	76.14
乌兰察布市	四子王旗	12.40	—
包头市	达尔罕茂明安联合旗	11.40	125.74
巴彦淖尔市	乌拉特中旗	10.75	132.93
	乌拉特后旗	—	113.10
阿拉善盟	阿拉善左旗	26.84	404.90
	阿拉善右旗	2.5（户籍人口）	28.00
	额济纳旗	1.95（户籍人口）	42.90

注：数据来源于各旗2023年国民经济和社会发展统计公报。

一　乌拉特中旗公共卫生服务体系建设概况

乌拉特中旗位于内蒙古自治区的西部，北与蒙古国交界，有国界线184公里，总面积23096平方公里，其中牧区总面积18200平方公里，占全旗总面积的79%，辖62个行政嘎查，总人口近2.5万人，人口密度为1.33人/平方公里[①]。乌拉特中旗卫生服务呈现地广人稀、服务半径大、医疗资源相对缺乏、服务成本高的特点。2023年以来，乌拉特中旗紧紧围绕旗域经济总体思路，牢固树立"争第一、创唯一"的发展理念，紧扣"三大攻坚""四争""五大创建"的工作要求，以"健康乌拉特中旗"建设为统领，以卫健系统高质量发展为主线，以改革创新为动力，全力提升医疗卫生服务能

---

① 数据来源于乌拉特中旗卫健委调研材料。

力，推动各项卫生健康事业高质量发展，逐步建立起综合连续、分级诊疗、慢性病防治、"一老一小"、妇幼保健、健康教育、卫生健康综合监督、应急救治等专业公共卫生服务体系。

（一）专业公共卫生服务机构概况

近年来，乌拉特中旗不断加强医院、基层医疗卫生机构与专业公共卫生机构建设。据统计，截至2024年6月，全旗共有各级各类医疗卫生机构110家，有编制床位460张，每千人口拥有病床3.21张，其中政府主办的医疗卫生机构有17家，约占总数的15%。有旗级公立医院3家，分别是旗人民医院、蒙中医医院和妇幼保健院；有专业公共卫生机构2家，分别是疾病预防控制中心和卫生监督所；有基层医疗卫生机构60家，分别是苏木乡镇中心卫生院4家、一般卫生院9家、社区卫生服务中心1家和标准化村卫生室46家（其中农区41家、牧区5家）（见图1）。随着我国分级诊疗制度的不断推进，个体诊所不断发展，例如乌拉特中旗海镇地区设置个体诊所35家，约占全旗各级各类医疗卫生机构总数的31.8%，对促进医疗资源合理分配具有重要作用①。

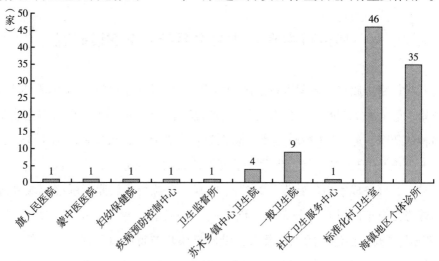

图1 乌拉特中旗卫生机构种类及数量

---

① 数据来源于乌拉特中旗卫健委调研材料。

（二）专业公共卫生机构人员配备情况

1. 专业公共卫生机构人员数量

内蒙古自治区卫生技术人员由 2020 年的 20.23 万人增加至 2022 年的 21.70 万人，年均增长率为 3.4%；巴彦淖尔市的卫生技术人员由 2020 年的 1.34 万人增加至 2022 年的 1.47 万人，年均增长率为 3.7%；乌拉特中旗卫生技术人员由 2020 年的 727 人增加至 2022 年的 795 人，年均增长率为 4.3%，增长速率高于自治区和市平均水平（见表 2）。调研显示，截至 2023 年，乌拉特中旗共有医院卫生技术人员 484 人，其中执业（助理）医师 168 人，千人均执业医师数 1.17 人；有执业护士 178 人，千人均执业护士数 1.24 人①。

表 2 2020~2022 年内蒙古自治区、巴彦淖尔市及乌拉特中旗
卫生技术人员数与年均增长率

单位：人，%

年份	乌拉特中旗		巴彦淖尔市		内蒙古自治区	
	人数	同比增速	人数	同比增速	人数	同比增速
2020 年	727	3.6	13374	1.5	202317	3.0
2021 年	778	7.0	13862	3.6	211671	4.6
2022 年	795	2.2	14704	6.1	216995	2.5
年均增长率		4.3		3.7		3.4

2. 疾病预防控制机构人员数量

乌拉特中旗疾病预防控制中心（简称旗疾控中心）有 12 个内设机构，据统计，截至 2024 年 6 月，旗疾控中心共有干部职工 71 人，其中在职编制人员 46 人、编外人员 25 人，干部职工中有专业技术人员 62 人②、其他人员 9 人，疾控中心人员数量呈整体增长趋势。近年来，乌拉特中旗疾控事业取

① 数据来源于《内蒙古自治区统计年鉴》（2021~2023）、《巴彦淖尔市统计年鉴》（2021~2023）。

② 数据来源于乌拉特中旗疾控中心调研材料。

得良好发展，检测能力不断提高，现实验室具备开展生活饮用水检测、公共场所检测、消毒效果检测、疾病控制、地方病检测等 5 大类 70 项检验检测能力，具备 15 种病原微生物的检验检测能力，接种门诊标准化率达 100%。2023 年乌拉特中旗疾控中心被评为国家级心血管病高危早期筛查与综合干预项目全国先进项目点，在全旗传染病、地方病、慢性非传染病的预防控制，突发公共卫生事件和灾害疫情应急处置工作，健康危害因素监测与干预等领域发挥了十分重要的作用，对创造全旗健康环境、维护社会稳定具有重要意义。

二　公共卫生体系建设主要举措

（一）为公共卫生服务机构提供运行经费

2014 年 8 月，国家县级公立医院改革试点启动，乌拉特中旗人民医院、蒙中医医院、妇幼保健院全面取消药品、耗材加成，实行药品零差率销售，实行公立医院院长公开聘任制，建立完善的旗、苏木乡镇、嘎查村三级分级诊疗服务体系，并将在职职工工资全额列入财政预算，优先予以保障。截至 2024 年上半年，政府办社区服务机构和 14 家苏木镇卫生院工作人员工资由旗财政全额拨付，并实行绩效工资。近年来，乌拉特中旗持续提升基本公共卫生服务水平，基本公共卫生服务人均财政补助经费标准由 2012 年的 25 元增加到 2024 年的 94 元（见图 2）。同时，旗人民政府按照上级文件要求，及时足额下拨旗级配套经费，每年为每家苏木乡镇卫生院和社区卫生服务机构分别核定 5 万元和 3 万元的运转经费，保证其正常运行。

（二）将公共卫生服务与"健康保障小药箱进牧户"工程结合开展

针对乌拉特中旗牧区地域辽阔、农牧民居住分散、卫生工作服务半径大、卫生服务成本高、不宜设立固定卫生室的现状，乌拉特中旗创新工作思路，实施"健康保障小药箱进牧户"工程，"以苏木乡镇卫生院为实施主

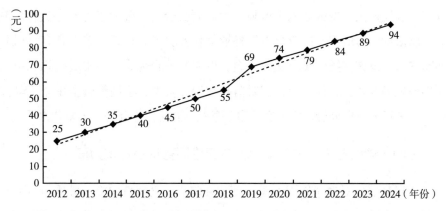

图2　2012～2024年乌拉特中旗基本公共卫生服务人均财政补助经费标准

体，固定与流动服务相结合"，为在苏木乡镇卫生院和嘎查村卫生室10公里以外居住的农牧民家庭免费配备家庭小药箱，实现牧区全覆盖。同时，将实施"健康保障小药箱进牧户"工程与新农合、公共卫生服务、基本药物制度和牧区巡回医疗车相结合，以"流动医院"为载体，以"健康保障小药箱"为抓手，深入辖区贫困户家中送医送药，根据农牧民的疾病特点，实行家庭责任医生定期随访和签约上门服务制度，为牧区居住偏远的65岁及以上老年人、高血压和糖尿病患者，提供每年1次的健康体检和4次随访服务。

（三）多措并举，协同推进，筑牢疾病预防屏障

首先，开展食源性疾病监测、学校卫生监测和职业卫生监测工作，多源监测，精准预警，编织健康防护网。其次，实施多元检测、精密协作，守护健康前沿。近年来乌拉特中旗不断改善实验室环境设施，检测能力也不断提高，通过与旗卫健委、林草局、农牧科技局、海关等部门召开联防联控研判会商会议，立足部门职责发挥各自优势形成齐抓共管格局。再次，多策防治，协同推进，筑牢免疫屏障。乌拉特中旗共开设9家免疫规划接种门诊、2家产科接种门诊、1家犬科接种门诊，打造社区卫生服务中心智慧化预防接种门诊，接种门诊标准化率达100%。门诊设候种区、登记区、接种区、留观区、

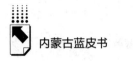

异常反应处置区、冷链区六个区域，六区划分合理，确保接种有序进行。最后，以信息化为依托，打造全市野外智慧化实验室。持续完善巴音乌兰鼠防实验室远程设施，搭建实验交流平台，以交流平台为媒介，实现生物二级负压实验现场教学、远程教学，实时监控和调度资源，全面整合全中心实验室资源，进行大数据分析，实现实验室信息互通互惠，不断提升智慧化水平。

（四）创新宣传方式，加大公共卫生服务项目宣传力度

为提高居民对健康知识的重视度和知晓率，乌拉特中旗卫健委与旗委宣传部、融媒体中心分别签订协议，在本地电视台、广播电台等开办健康知识普及栏目，在《乌拉特中旗周报》等开办健康科普专栏，在贫困嘎查村、苏木乡镇和人群密集地设立公共卫生服务项目教育宣传栏，设置醒目的卫生健康户外宣传标语。同时，借助云上乌拉特中旗 App、微信公众号、微博、抖音、快手、大喇叭、LED 屏等平台持续开展健康教育，普及健康知识。为提高居民对健康知识的认可度，解决社区工作人员门难进的问题，旗卫健委向辖区内高血压、糖尿病患者、65 岁及以上老年人等重点人群免费发放控油壶、限盐勺等实用工具；扩大重点体检人群范围，特别是独居老人、年迈老人，提供一对一健康教育服务；加大公共卫生服务宣传力度，坚持做到一家一张明白纸、一家一个明白人、一家一份实用工具、一人一份健康教育处方，引导贫困群众养成健康生活方式，让居民积极主动参与到公共卫生服务工作中，实现贫困人口和边远地区农牧民健康教育全覆盖。

（五）完善考核制度，充分调动基层医务人员工作积极性

以国家基本公共卫生服务项目内容为基础，在保证基层医疗机构坚持公益性的同时，强化对基层医疗机构的量化和绩效考核，将服务质量、数量、患者满意度、任务完成情况等作为主要考核内容，修改完善基层医疗机构和基层医务工作人员的绩效考核办法，提高基层医疗机构人员待遇；建立和完善医院绩效考核机制，制定公立医院院长任期责任目标和绩效考核评价办法，科学组织开展公立医院绩效考核评价工作，持续深化人事薪酬制度改革，各

单位结合实际情况，将业务纯收入的 50% 用于医务人员的绩效奖励，尤其突出临床一线医生待遇，医务人员积极性进一步提高。另外，旗卫健委还设立院长、社区居委会主任绩效奖励，将卫生院院长、社区居委会主任绩效工资与业务能力的提高和医疗质量的管理挂钩，年底根据综合考核得分发放，督促院长、社区居委会主任加强内部管理，提升自身能力与积极性。同时，落实村医补助政策和一般诊疗费政策，提高村医待遇，认真执行自治区对实行乡村一体化管理的嘎查村卫生室政府每年补助 8000 元和旗财政每个乡村执业医师每年每人补助 2000 元的政策。

三　公共卫生体系建设存在的主要问题

（一）基本公共卫生服务成本较高

乌拉特中旗东西长 203.8 公里，南北宽 148.9 公里，呈不规则四边形，总面积 23096 平方公里，总人口 13.35 万人，人口密度为 5.78 人/平方公里，地广人稀的特点明显。牧区人口居住分散，游牧特点突出，有较多的嘎查无法设置固定的卫生室，居住在草场的牧民骑马、骑摩托车、开车到卫生室的距离较远，当地卫生机构服务半径大。同时，恶劣的气候环境和特殊的地理环境等因素，使得医务人员的人力成本、医务用车的交通成本、多种类型药品的运输储存成本等均较高。现旗里装备的流动医疗车及车载设备因道路颠簸等因素经常出现故障，修理养护等费用不断增加，多种因素共同作用使得医疗卫生机构在牧区提供基本卫生服务的成本明显高于农村和城市。另外，随着国家基本公共卫生服务项目的深入实施，卫生行政部门承担的指导、监管任务逐年加大，对劳动力的需求也随之增加，劳动力成本上升，项目经费又专款专用，旗卫健委没有开展基本公共卫生服务的专项工作经费，给实际工作带来很多困难。

（二）基层卫生技术人才严重匮乏

2023 年底，巴彦淖尔市共有卫生技术人员 14993 人，乌拉特中旗共有卫生技术人员 1022 人，仅约为巴彦淖尔市的 1/15，其中执业（助理）医师 421 人、药师（士）44 人、注册护士 348 人[①]，平均每千人拥有执业（助理）医师 3.92 人，平均每千人拥有注册护士 3.24 人，与巴彦淖尔市其他旗县相比虽然每千人拥有执业（助理）医师数维持在较高的水准，但每千人拥有注册护士的数量在巴彦淖尔市的 7 个旗县区中最少。受经济条件欠发达、地理环境较复杂、生活条件较为艰苦等影响，乌拉特中旗对人才的吸引力严重不足，加之全旗人口流失严重特别是农村地区年迈老人、独居老人数量较多，卫生护理人员整体上非常紧缺。同时，在全旗现有的卫生技术人员队伍中，大专学历占比最高，本科及以上学历较少，初级职称专业技术人员占比最高，主任医师、副主任医师等高级职称数量较少，苏木乡镇卫生院中缺少专业技术人员，一人多职和跨科室执业的现象普遍存在，因基层医疗卫生机构将逐步承担首诊、康复和护理等工作，所以急需临床医生。村卫生室又存在现有村医年龄偏大、队伍老化、缺乏新生力量等问题。

（三）基层卫生财政投入不足、结构不合理

近年来随着内蒙古经济的快速发展，政府不断加大医疗卫生服务领域的财政投入，各地在卫生健康领域的财政支出占比不断提升。2022 年，乌拉特中旗卫生健康财政支出 28521 万元（见图 3），占一般公共预算总支出的 8.5%，但基层公共卫生服务财政投入不足问题仍然存在。2024 年内蒙古自治区对巴彦淖尔市提供基本公共卫生服务实际补助资金 10427 万元，占总补助量的 6%，排全区倒数第四（见图 4），特别是农村牧区的卫生机构，补助金额较为不足，远不能满足人民日益增长的医疗卫生、公共服务方面的需求。首先，公立医院的发展明显快于专业卫生机构的发展。旗人民医院、蒙中医医院、妇幼保健院中心等大型公立医院公共卫生财政投入较大，设施设备和人员等条件明显改善，与苏木乡镇中心卫生院、一般卫生院、个体诊所等卫生机构建设的投入形成鲜明对比。其次，公共卫生经费来源与投入方式

---

① 数据来源于巴彦淖尔市和乌拉特中旗 2023 年国民经济和社会发展统计公报。

单一。卫生机构基本建设、升级改造、大型医疗检测设备等重大专项投入基本来源于财政，社会捐助，企业资助等形式较少。最后，不同苏木乡镇公共卫生投入不均衡。距离旗政府较近的苏木乡镇卫生机构投入较多，较为偏远的农村牧区投入较少。

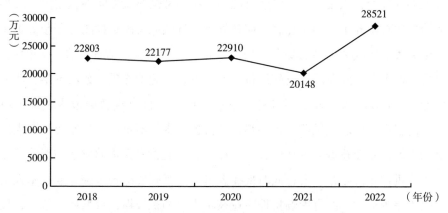

图3　2018~2022年乌拉特中旗卫生健康财政支出金额

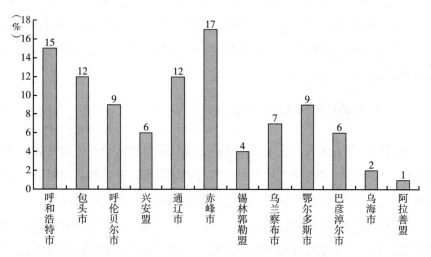

图4　内蒙古自治区各盟市2024年基本公共卫生实际补助资金分配占比

（四）疾病预防控制能力不强

乌拉特中旗区域疾病谱主要包括骨关节病、风湿类风湿、高血压、冠心病、脑梗、糖尿病、慢支肺气肿、胆囊炎胆石症、消化道肿瘤、肺部肿瘤等常见多发病种，该旗是鼠疫自然疫源地，布病和结核病发病率也较高，多种类的疾病对疾控中心预防控制、应急处置、健康危害因素检测与干预等工作提出更大的挑战和更多的要求。当前该旗疾病预防控制方面存在一些问题。一是疾控中心实验室环境设施设备不够先进、检验检测项目数量不足，能力较低。二是疾控事业外部环境有待进一步改善，宣讲宣教渠道少、形式单一，内容不能引起人民群众的共鸣，社会各界支持不足。三是疾控体系支撑保障不足，专业技术人员缺口大，疾控中心专业技术人员的数量与医院等专业医疗机构相比差距较大；同时疾控人员与同级别的综合医院专业技术人员的收入差距较大，严重影响疾控专业技术人员的积极性；自然环境恶劣，加大了引进专业人才的难度，拥有高级职称的人数较少，疾控人员招不来、留不住问题严峻。四是疾控中心协调联动力不足，向上争取项目资金和政策支持、积极沟通较为欠缺，向下联动苏木乡镇、嘎查村疾病预防机构联动力不足。五是对鼠疫的联防联控工作有待进一步加强，医务人员的防控意识和防控能力需要进一步强化。

（五）慢病医防有待进一步融合

随着国家基本公共卫生项目的实施，基层医疗机构的业务由过去的单纯提供医疗服务过渡到为全人口提供连续的健康管理。慢性病病因复杂、潜伏期较长，容易引发其他并发症，成为当前威胁人口健康的重要隐患。当前基层医疗卫生机构所提供的检测诊断、干预治疗、理疗康复等环节呈现碎片化的特点，不能有效整合并形成医防闭环，大大减弱了慢病防治的效能，不能满足基层群众的实际需求。随着医疗改革的推进，各地不断加大医疗卫生方面的投入，特别是在卫生健康方面。由于科室设施、人员配置、考核标准等不同，在基层医疗卫生机构中出现明显的卫生健康与医疗服务二者不平衡、不能有效衔接的问题，存在体制机制壁垒。人民群众对慢病医防融合需求增加与现实中基层医疗卫生机构全科医师队伍建设不足之间存在矛盾，当前慢病的防控与医治大部分依赖护理人员，而医生与护理人员短缺、专业性不足，群众满意度不高。县域新型医共体建设不断推进，医共体信息云平台建设基本完成，试点医疗机构间实现数据的互联互通，但试点外基层医疗机构尚未被全部纳入信息平台统一管理，旗—苏木乡镇—嘎查村医疗业务协同不足，一体化数字医学平台信息化建设与医保建设等综合支撑不足。

四　公共卫生体系建设对策建议

（一）完善人事薪酬制度

基层医疗机构高级职称专业技术人员较少，机构人员整体综合业务能力薄弱，建议地方政府加大人才引进力度，推出专项招聘，适当放宽户籍、年龄等要求。特别是针对农村牧区，增加农村牧区定单定向免费本科医学生的培养数量，同时积极开办高级培训班、村医研修班等，加强村医与中心卫生院、村卫生室人员的免费培训工作，开展农村牧区定单定向免费专科医学生的培养工作，将农村牧区定单定向免费培养的专科医学生充实到村卫生室，提升当地自身发展培育高级人才能力，不断夯实基层卫生机构综合能力。加大全科医生团队建设力度，通过增加定向培养临床医学专业学生、增加编制数量、多渠道培育聘用等方式保障全科医生队伍的稳定性，提升重点家庭医生签约服务质量，体现全科医生的制度优越性。为了让更多的优秀人才留在基层工作，建立适应地区基层医疗卫生行业特点的人事激励制度是重要一环。一是通过政府购买服务的方式，落实村医养老待遇，提高村医各项补助水平，为符合条件的村医缴纳"五险一金"。二是提升卫生健康服务人员工资，缩小与医疗机构同级人员之间的差距，建立基层卫生机构绩效工资体系，充分体现多劳多得、优绩高酬的人事激励机制优势。

（二）加大财政投入力度，优化投入模式，平衡投入结构

自治区政府和旗政府都应不断加大民生事业投入力度，提高公共卫生的财政投入占比，合理划分自治区、盟市、旗县三级公共卫生财政投入范围，形成良好有序的长效投入机制。优化卫生健康财政投入模式，建立多渠道筹措资金、多元卫生事业投入模式，出台相应优惠政策，鼓励吸引社会、企业、个人等多元主体参与公共卫生项目建设与运营维护，积极探索寻求社会捐助与企业资助的渠道，形成以政府财政投入为主体，社会、企业、个人参与筹资出资、建设运营维护为辅助的多元卫生服务投入模式。进一步明确同一个地区不同苏木乡镇间，同一个苏木乡镇不同嘎查村间，重点项目与一般项目间，医院、基层医疗卫生机构、专业公共卫生机构之间的财政投入比例。中央财政加大对边远地区重大公共卫生、城乡居民基本医疗保障、基本公共卫生等投入力度；自治区政府加大对牧边稀地区基本公共卫生服务、城乡居民医疗卫生保障的投入与补助力度；盟市政府在财政上给予边境欠发达旗县财政倾斜，加大基层卫生投入力度，及时更新和增加流动医疗服务车辆及车载设备，提高基层服务群众能力；县级财政加大对机构运行、基本卫生健康服务、薪酬工资奖励等相关卫生健康资金的投入。

（三）构建分级分层协同联动的公共卫生体系

深化公共卫生体系、应急管理体制和内部运行机制改革，强化基层医疗卫生机构、专业公共卫生机构和医院的公共卫生责任，构建分级分层的现代化疾病预防和控制体系。针对边境牧区鼠疫、布病、结核病发病率较高的现状，一是加强综合医院、疾病预防控制中心、苏木乡镇卫生室等传染病、地方病防控能力建设，建设适应现代化需求的网络监测系统，构建旗县—苏木乡镇—嘎查村三位一体疾病防控网络联动体系，快速提高疾病预防控制机构的早期监测预警、实验室快速检测和先期处置能力。二是增强公共卫生机构资源有效配置，坚持关口前移、抓早抓小、常备不懈的思路，按照总体规划、分步实施、缓急有序的原则，立足重大疫情防控救治需要，结合现有设施，查漏补缺、填平补齐，谋划开展房屋、设备、人才、管理配套建设，促进资源科学有效配置。三是建立重点疫情集中救治中心，集中资源力量、集中传染病患者、集中传染病方面医疗专家，展开集中救治。围绕综合性医院、疾病预防中心、疫病预防控制机构、基层卫生室的整合协同，快速提升重点疫情的防控救治能力。

（四）持续推进信息化建设，不断提升智慧化效应

持续推进医共体信息云平台建设，将试点机构之外的基层医疗机构全部纳入信息平台统一管理，加强旗县—苏木乡镇—嘎查村三级医疗业务一体化数字医学平台信息化建设，实现医疗数据的互联互通。不断完善巴音乌兰鼠防实验室远程设施，搭建实验交流平台，以交流平台为媒介，实现生物二级负压实验现场教学、远程教学、实时监控和资源调度，在及时获取检验信息的同时，可现场进行指令下达，全面整合全中心实验室资源，进行大数据分析，实现实验室信息互通互惠，确保高效利用和多级管理。利用大数据和人工智能技术，建立以信息化为支撑的现代化疫情和突发公共卫生事件预警监测网络，对特定场景、传播链条进行追踪分析，逐步建立智慧化预警多点触发机制，不断推进治理关口前移，加强可疑症状、可疑因素、可疑事件的识别，实现实时监控和主动发现、自动预警。为解决牧边稀地区优质医疗资源短缺、基层公共卫生服务能力不强、基本公共卫生服务不可及等难题，持续推进信息化建设，积极探索远程信息医疗系统的普及应用，同时，建立健全医疗大数据安全保障机制，加强卫生健康信息网络安全建设，不断提升智慧化水平。

（五）着力推动慢病医防融合

以家庭医生签约服务为载体、慢性病管理为切入点，积极推进医防融合工作。坚持以三级诊疗管理机制和家庭医生签约服务为抓手，以高血压、糖尿病等慢性病患者健康管理为突破口，以心血管病筛查项目为抓手，将国家基本公共卫生服务与基本医疗深度融合，实现"医中有防、防中有医"。力

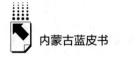

推广大群众健康防线前移，重点做好患者分级诊疗和管理工作，通过户外宣传、网络直播、有奖竞答、健康公众号等多种形式，向群众宣传慢性病预防知识，强化全民慢病预防意识，让老百姓从"要我防"向"我要防"转变。同时，积极开展入户走访活动，点对点入户走访肿瘤疾病和慢性病患者、孕产妇、困难家庭、高龄老人等群体，提供健康指导、义诊、慢病咨询、用药指导等医疗服务，让"医生多跑路，百姓少跑腿"，不断满足群众多层次、多样化的健康需求，打通服务群众健康的"最后一米"。

参考文献

方静文：《民族地区公共卫生服务体系的完善》，《民族学刊》2021年第4期。

韩俊江、王胜子：《试论我国农村医疗卫生服务体系的完善》，《东北师大学报（哲学社会科学版）》2015年第2期。

吴红艳：《2022年深圳卫生健康事业高质量发展与展望》，载范伟军主编《深圳社会治理与发展报告（2022）》，社会科学文献出版社，2023。

基础教育篇 ⟫

B.14
内蒙古基础教育信息化发展现状及展望

皇淑芳*

摘　要： 　基础教育是国民教育的基石。随着科技的不断进步，教育信息化在基础教育中的应用已取得非常好的成果。但受欠发达区情的影响，内蒙古自治区教育事业在长远发展的同时，依然面对许多困难和挑战，如教育数字化基础设施不完善、基层教师数字化能力薄弱、国家中小学智慧教育平台应用有待规范等问题仍制约着教育信息化水平的发展。应从保障教育经费投入、优化教育资金支出结构、优化义务教育薄弱环节、加强数字化转型、提升教师信息化意识等方面探索符合内蒙古实际的基础教育的信息化发展路径，更好地适应内蒙古自治区教育信息化工作的新形势和新要求。

关键词： 　基础教育　信息化　内蒙古

---

* 皇淑芳，内蒙古自治区教材编审中心一级教师，主要研究方向为教育学、编辑出版。

引 言

据 2023 年统计,内蒙古自治区共有各级各类学校 6905 所、各级各类在校生 385.24 万人、专任教师 31.76 万人①。

表 1 2022、2023 年内蒙古自治区基础教育情况

单位:所,万人

	学校类别	学校总数(所)	在校生人数(万人)	专任教师人数(万人)
2022 年	幼儿园	4299	60.74	5.22
	小学	1651	138.33	10.99
	初中	721	66.79	6.40
	高中	311	42.57	4.07
2023 年	幼儿园	3958	55.40	5.18
	小学	1635	140.84	11.20
	初中	715	66.31	6.50
	高中	318	42.84	4.21

内蒙古教育事业蓬勃发展,然而在教育财政支出和教育投资上与东部发达省份相比仍有差距,发展还很不平衡。学校的区域分布不够科学合理,严重影响学校的发展和学生的学习以及基础教育的长远发展。

教育数字化可以看作我国未来教育进步的一个新方向,是民族教育事业再创辉煌的关键路径。《中国教育现代化 2035》当中也提出了十分明晰的发展要求:预计到 2035 年我国将正式进入教育强国行列。"推进教育数字化"也是中国共产党二十大报告当中强调的重点。2022 年 6 月,《内蒙古自治区教育厅等六个部门关于推进教育新型基础设施建设构建高质量教育支撑体系的实施方案》当中也明确提出,到 2025 年,以安全、集约、高效为典型目标的全新教育格局以及基础体系将正式建构形成。围绕这一目标要

---

① 数据来源《2023、2024 学年初内蒙古自治区教育事业统计简报》。

求，2023 年自治区积极实施教育数字化战略行动，聚焦顶层设计、大数据应用、优质资源共享、智慧教育示范引领、师生数字素养提升等方面，全面推动国家中小学智慧教育平台在内蒙古的落地应用，实现与国家平台的充分贯通、统一身份认证、统一运行监测，推动数字化教育平台打造，积极构建学习新样态。初步构建了上下联动的智慧教育平台体系。2023 年末，内蒙古全区中小学注册的任务全面完成，学生、教师、家长的注册数量分别为 246 万人、40 万人、64.4 万人，设备活跃的数量总额为 1095 万个，国家中小学智慧教育平台浏览量达 8.14 亿次。内蒙古广大师生足不出户就能登录国家智慧教育公共服务平台，浏览使用上面的海量优质教育资源。

"三通两平台"① 等工程的开发设计是目前内蒙古自治区关注的核心工作指向，有了这些前期工作的辅助支持，教育信息化的水平空前提高。

一 内蒙古自治区基础教育信息化发展现状

（一）加强基础建设，满足教学需求

随着科学技术的快速发展，以"标准化学校建设"为代表的系统化工程的落地实践也让内蒙古自治区中小学校园的信息化水平取得本质性的飞跃。截至 2019 年底，99% 的学校接入了 100M 以上的带宽，普通教室的多媒体教学设备配备率达到 98%。其中有 98% 的教学网点已经实现了信息化教学模式的完全统筹与覆盖。内蒙古 2022 年围绕破解教育信息化融合发展的关键问题，实施"互联网+教育"示范引领项目，遴选 14 个旗县、37 所学校创建"互联网+教育"示范区（校）。以资源平台、教研平台、在线视讯平台为代表的六个关键子平台的价值作用尤其突出，这些平台可以和国家教育资源公共服务平台实现互融互通、共享对接，当然手机 App 的线上资源

---

① "三通两平台"指宽带网络校校通、优质资源班班通、网络学习空间人人通、教育资源公共服务平台、教育管理公共服务平台。

也得到了一定程度的开发，这自然让教师主体、学生主体拥有了更多获得新资源的契机。截至 2023 年底，平台注册的人员总量节节攀升，已经超过了 300 万人，其中资源的总数也累计增长到了 560 万份之多。乌海市、包头市等地都可以借助平台获取更为丰富的资源。异构平台的交互成为可能，以自治区平台为核心、盟市平台为支撑的服务目标正式明确，分工明晰①。

（二）扩大优质教育资源覆盖面，实现资源共享

为切实解决农村教师结构性短缺、教学水平不高的问题，进一步提高农村牧区的教学质量，"同频互动课堂"的建设强度和应用广度也得到了本质性的拓展。"同频互动课堂"项目仅在 2018 年就获得了相当可观的资金投入，有 2341 所中小学校（教学点）拥有了同频互动教室。"同频互动课堂"可以开创多种不同的模式，例如进行名师课堂授课、开展专递课堂的资源共享等。如此也就让教学活动全面破除了时间领域、空间领域的局限和束缚，整个区域内部各种资源的交互自然也就变得更为便捷、有序。"同频互动课堂"也被各级学校的教研组织部门关注，各部门在实践和应用的过程当中不断探索新方法，解决教学中的实际问题，不断提升教师教学水平和专业素养。笔者专门针对 2019 年的数据资料进行了检索、分析和研究，仅该年度，开展"同频互动"的次数就已经达到了 91 次之多，其中盟市旗县级"同频互动"共开展 404 次。而且教师参与的热情不断高涨，仅 2019 年参与实训活动和继续教育、交流等活动的教师就已经超过了 1 万人。2020 年还开展了一些特殊的教育活动，例如心理健康教育培训活动、高考指导活动等，参与教师总量已经攀升到了 30 万人次。

要让学校的牵头作用和引领作用更为突出，要充分彰显同频互动系统的亮点和优势，为各种资源的推送、传递创造更多的路径和渠道。内蒙古师范大学附属中学将该系统作为科研优化、教学创新的支持，同时开展了足球"同频互动课堂"的建设活动。苏虎街实验小学通过"订单式教学专递"方

---

① 参考资料来源：内蒙古教育信息中心（电教馆）。

式，以学校的个性化诉求为依据进行新内容的研究。阿尔山市积极发挥京蒙扶贫协作平台的价值作用，实现了和北京市东城区各学校的顺利对接，实现了优质资源共享。

组建专家团队，吸引教学名师和优秀教师建设高质量在线资源，制作上传覆盖基础教育各学科教学重难点、单元复习等课后辅导内容的"优课在线"资源 3400 余节，在内蒙古广播电视频道播出。内蒙古中小学智慧教育平台已发布课后辅导资源 3418 节、家庭教育讲座和微课 219 节、教师教学资源包 1459 件、国家统编教材同步课程资源 788 件、辅助资源 600 多件、备课教学设计 155 份，录制专家讲座课程 540 节，提供优质作业案例 4000 多件。平台开设"同频互动""名师广场""优课在线"等多个特色栏目，为 394 位学科带头人及骨干教师开通名师工作室。建设"普通高中课程改革教师教学资源包"专栏，其中资源来自 9 所学校，总量为 5302 个；[①] 与北京市教委打造"首都教育远程互助工程-京蒙教育协作智慧平台"，向内蒙古自治区提供在线研修、协同教研、双师课堂、听评课、公开课与直播等服务，实现资源共享。依托同频互动在线教研平台，身处异地的师生实现了课堂互学、智慧共享。深化"三个课堂"促进优质资源共建共享。通过专递课堂帮扶薄弱学校，优质中小学的数量为 405 所，这些实力比较强大的学校和来自偏远地区、农村地区的 498 所弱势学校联合办学、共同发展。自治区教研室通过"名师课堂"组织区内名师开展协同备课、教学研讨、在线听评、教师培训等突破空间限制的教研活动，搭建教师远程在线交流学习平台，促进教师专业化发展。

（三）推广应用，促进信息技术与教育教学深度融合

自治区根据教育信息化实际需求，将示范院校的建设摆在战略位置，全区的智慧教育探索取得了十分显著的成绩，为教育信息化应用广度、应用深

---

① 《内蒙古智慧教育平台建设再上新台阶》，《内蒙古日报（汉）》2024 年 6 月 10 日，第 2 版。

度的拓展夯实了基础。93个/所地区、学校对智能化教学模式的探索更为深入，与其他地区、学校进行深入交流，总结经验，同时也为其他学校的发展和进步提供了更多的决策参考思路。"一师一优课、一课一名师"等活动成为主要载体，信息化交流也变得更为频繁。从2014年开始，包头市的很多高中都已经实现了网络选修课学习体系的搭建，其中包含的学科领域相当丰富，有艺术领域的、科学领域的、人文领域的，等等。38所学校的高中生积极参加线上的学习活动，让课程的短板得到了有效的提升。"全国青少年机器人技术等级考试"等活动如期举办，参与人员的数量在2018年正式突破了1万名。

（四）加强管理，信息化治理水平不断提升

自治区教育管理基础数据库数据容量总计已达3.8T。无论是哪一个级别学校的教师都可以检索信息，教师的总量、学生的数量变动等也可以实现常态化的跟踪和记录，学生们的转学情况、留守儿童的数量变化情况等都可以第一时间获取，很多热点教育数据的获得变得更为简单，全面实现电子化。大学生通过平台可以查询自己的学历学籍，不仅节约了人力成本、时间成本和经济成本，对于办学的规范化发展也大有裨益。

（五）建设国家通用语言文字应用能力提升平台

在全区公办幼儿园和原民族语言授课中小学建设自治区国家通用语言文字能力提升平台，截至2023年11月底，已覆盖呼和浩特市等6个盟市54个旗县（市、区）175所中小学、1141所幼儿园，安装助教设备8557台、学前显示大屏1210块。2023年，自治区已为347所原民族语言授课的中学校园和小学校园分别安装了相应的教学辅助设备，设备的总量高达2.1万台，在一定程度上促进了整个自治区内部通用语言水平的节节攀升。

（六）成立内蒙古基础教育信息化应用专家团队

为了加快推进内蒙古自治区基础教育信息化的深化应用，培养自治区基

础教育信息化专家队伍，选择政治理论水平高，坚持党和国家的教育方针，遵纪守法，责任心强，作风严谨，组织协调能力强，身体健康；从事基础教育信息化或基础教育教学工作五年及以上，具有丰富的教育信息化实践经验，在信息化专业领域具有一定的研究和创新能力；具备承担基础教育信息化相关工作能力的教师组建成自治区基础教育信息化专家团队，根据专业特长为自治区组织的智能教育示范区和示范校创建、信息化教学应用试点、信息技术创新应用、信息化教学应用课题实验研究、教师培训等方面工作提供专业化指导和技术支持。

二　自治区基础教育信息化发展存在的问题

（一）教育数字化基础设施不完善

目前，自治区所有学校、教学点均接通了校园互联网，配备了录播教室，学校信息化装备数量基本达标。随着教育教学数字化的不断推进，问题集中体现在两个方面。一是教师、学生数字化终端设备（电脑）配置不足，有些地区即使有配置，已经使用超过 10 年，设备老化严重，一些优质教学资源难以在老旧设备上展现，无法满足现代教学需求。调研显示同频互动教室设备使用年限大于 5 年的有 7 个盟市。二是由于缺少资金投入，没有整体进行校园网千兆改造，大多数学校网络承载能力不足、网络信号不稳定，信息数据缺乏共享平台。调研中有 6 个盟市教育城域网出口设备存在扩大带宽瓶颈。

（二）基层教师数字化能力薄弱

全区普通高中信息技术教师缺口较大，学科教师信息化素养不足，部分教师使用信息化设备存在困难。具体表现为：一是信息技术教师的信息化意识薄弱；二是信息技术教师和教研员配备不足，有 7 个盟市缺少专业信息技术教师，3 个盟市现有的教育信息化工作人员、信息技术教师普遍年龄偏

大、专业水平偏低；三是部分校长不重视教师数字化能力培养，推动学校数字化转型的能力不足、办法不多；四是对学科教师的信息化素养培训形式单一，缺少将信息技术、教育教学创新理念与教育教学实践相结合的应用场景下的有效培训。

（三）基础教育发展水平与全国、先进地区相比仍然存在差距

教育投入不足，师资水平低，尤其是贫困地区，由于长期缺乏与外界的交流，教育工作者的教育理念和教育方法远远落后于教育信息化的发展需求，有限的教育资源难以发挥作用。教师的待遇低，人才大量外流。内蒙古基础教育发展水平和全国平均水平相比，无论是中小学生源的数量还是学校的总体数量都有差距，学生们在择校的时候必然会面临种种瓶颈。学校平均学生数量较多，极大地影响学生享受教学资源，而且小升初的难度较大。理念不同、办学条件不同、教学成果的差异性常态化，严重影响自治区基础教育扩优提质。

（四）国家中小学智慧教育平台应用有待规范

一是平台目前尚未实现旗县级客户端可视化管理，部分旗县管理员看不到本旗县学校填报的基本情况，无法有针对性地进行管理监督。二是部分地区没有统一的智慧管理系统、作业系统和优质备授课教学资源，部分盟市反映国家平台九大应用场景的校本应用普及率低。三是部分教师对平台功能不熟悉，应用水平有待提高。四是网络环境不稳定，影响平台使用体验。五是平台资源与本地教学需求的适配度有待提高。

三　自治区基础教育信息化发展建议

（一）发挥职能，切实保障教育经费投入

政府需要积极发挥自身的调控作用和引导作用，开展教育经费常态化法

定增长的探索，对于教育领域的扶持力度需要加大，职能作用要体现得更为突出，如此才能够让保障更有力。进一步强化主体责任，做到资金分配及时、项目加快实施、资金规范使用。研究制定合理的教育资金拨付方案，加强财政资金监督管理，确保教育资金及时到位、精准到人。建立支出进度关注提醒机制，督促学校加快实施项目，提高财政资金的使用效率。建立中小学教育数字化专项资金保障机制。参照其他省区市经验做法，加强财政支持，由政府建立中小学教育数字化专项资金保障机制，按照自治区、盟市分担比例分年度予以保障。同时将落实中小学数字校园建设规范情况列入对盟市政府督导的范围。

（二）进一步优化教育支出结构

统筹城乡、区域教育资源配置，突出公平理念，多渠道筹措资金，改善校舍环境，提升各学段办学条件，缩小地区间、城乡间的基础教育发展差距。通过"绿色通道"招募和引进优秀教师，对教师开展调剂，越是偏远地区越需要优秀教师，借助教师数量的不断增长以及教师业务素养的提升为教育事业的发展提供智力支持。将预算绩效管理嵌入教育资金投入、使用和监督全过程，将日常监管和重点绩效评价相结合，力求每一笔财政资金都花在刀刃上，用在民生急需处。办学特色要彰显，基础教育的属性要明确，为教育事业发展提供持续稳定的投入保障。

（三）优化义务教育薄弱环节改善资金使用

根据财政部、教育部规定，学校生均公用经费可用于满足学校信息技术和教师培训等方面支出。内蒙古自治区下拨的教育数字化资金主要是中央财政转移支付。2023年义务教育薄改资金中期调整，要指导各盟市、旗县（市、区）根据人口出生变化情况，科学规划学校布局，适当减少用于基础设施建设资金，增加教育信息化建设资金，确保资金使用的合理性。《内蒙古自治区教育厅关于公布第一批"数字校园标杆学校"和中小学（含教学点）"重点支持数字校园建设学校"名单的通知》（内教技函〔2021〕46

号），开展自治区"数字校园标杆学校"建设与实践探索，遴选69所农村牧区中小学和16所普通高中（县域），充分发挥示范区（校）、标杆校作用。深化试点地区和学校在优化资源配置、强化应用等方面的改革举措，更新老化设备，强化网络保障，逐步解决基础设施问题，加强设备与现有数字化教育资源的兼容性探索，应用云计算、大数据、人工智能等技术，提升数字化设备的性能和功能，以满足未来数字化教育发展的需求，为基础教育数字化的顺利开展提供可借鉴推广的模式。

（四）加快数字化转型

数字化转型是助推基础教育改革与高质量发展的重要动力，应按照"应用为王"总体要求，加强顶层设计和系统实施。加大投入，完善数字化教育基础设施，提高教师数字化应用能力，建立学生学习和教师教学质量数字化评估机制，建立中小学教育数字化专项资金保障机制。参照其他省区市经验做法，加强财政支持，由政府建立中小学教育数字化专项资金保障机制，按照自治区、盟市分担比例分年度予以保障。同时将落实中小学数字校园建设规范情况列入对盟市政府督导的范围。

（五）加强培训，提升教师信息化意识

一是不断引导和鼓励广大教师参与校园内部数字化转型活动，要根据不同教师选择和规划个性化培训内容。在2022年开展的"教育信息化教学应用实践共同体项目"落地实施基础上，开展基于项目化的信息技术应用能力培训，以完成作品为最终考核，在过程中学习视频、音频、图片、合成等技术，实现教师信息技术水平有效提高。实施学校校长信息化能力提升专项培训。加强不同学科、同一学科不同课型教师信息化应用培训，对不适宜使用信息化的教学场景要明确教学要求，避免出现为了信息化而信息化的简单操作。

二是加强数字化教研投入。通过数字化教研、集体备课、赛事活动，提高学校和教师对数字化教学与应用的重视程度，开展各类高水平的专题讲

座、培训研讨会、经验交流会等活动，让学校和教师深入了解数字化教育的优势和应用方法，增强数字化意识，推广与应用数字化教学模式，开展信息技术与学科教学深度融合的教研活动，探索适合本地和本校的数字化教学模式，推广成功经验。

三是优化教师队伍结构，鼓励年轻教师加入项目培训，提高教师队伍的整体素质。建立数字化应用教师人才库，实现区域内数字化教师资源的共享和优化配置，通过区域合作、校际合作、支教等方式，实现数字化教师资源的均衡分配。同时从人才培养角度出发，将数字能力培养纳入教师教育制度体系，为培养适应未来基础教育数字化转型的优秀教师做好准备，促进数字化教育的均衡发展。

总之，内蒙古是国家"东数西算"工程全国算力枢纽节点之一，发展数字教育有着得天独厚的优势和巨大潜力。自治区将继续全面落实国家智慧教育平台省级试点任务，充分发挥教育信息中心（电教馆）等业务部门的作用，加强与发达地区的交流与合作，持续学习先进的教育数字化转型经验，继续增强平台云、网的基础环境支撑作用，提升支持服务能力，利用技术优势积极响应平台应用推广需求，利用平台优势引导全区各地各校探索形成各级平台间优质资源协同共享机制。坚持改革创新的发展思路，探索和实践教育数字化在推进教育高质量发展方面的有效路径，切实提高自治区基础教育学校信息化整体水平和教学质量，为坚定推进国家教育数字化战略行动、加快建设教育强国贡献内蒙古力量。

参考文献

崔鑫：《内蒙古基础教育均衡发展研究》，内蒙古大学硕士学位论文，2014。

胡利平：《对内蒙古基础教育布局调整政策的分析与思考——兼论民族教育公平发展》，《内蒙古师范大学学报（教育科学版）》2008年第6期。

B.15
内蒙古基层乡镇幼儿教育现状、问题与对策研究

吴俊杰　路树萍*

摘　要：　乡镇幼儿教育在中国的教育体系中占据重要地位，乡镇幼儿教育高质量发展对振兴乡村教育、建设教育强国、推进中国式现代化具有重要意义。本报告通过对锡林郭勒盟乡镇幼儿园进行问卷调查，发现基层乡镇幼儿园在生源数量、师资水平、办园经费、办园前景等方面还存在较大的优化空间，要依托乡村振兴战略，从健全教师管理机制、优化基层乡镇幼儿园资源配置、培养家长的科学育儿观等方面入手，进一步提升基层乡镇幼儿园的教育教学质量。

关键词：　锡林郭勒盟　基层幼儿园　幼儿教育　学前教育

学前教育是终身学习的开端，是国民教育体系的重要组成部分，是重要的社会公益事业。中共中央、国务院 2021 年在《中国儿童发展纲要（2021~2030）》中指出："逐步推进学前教育全面普及。继续实施学前教育行动计划，重点补齐人口集中流入地、农村地区、欠发达地区、民族地区以及城市薄弱地区的普惠性资源短板，基本实现学前教育公共服务体系全覆盖。"当前，我国乡镇学前教育受到广泛关注，国家明确提出大力发展幼儿教育，重点发展乡镇幼儿教育。乡镇幼儿教育是指针对乡镇地区 3~6 岁年龄阶段的儿

---

*　吴俊杰，锡林郭勒职业学院师范教育系副教授，主要研究方向为教育心理学；路树萍，锡林郭勒职业学院师范教育系主任，教授，主要研究方向为教育管理和学前教育。

童所实施的教育活动，由乡镇或县级教育部门为主体办理，由乡镇教师组织，旨在通过有目的、有计划的学习活动和幼儿自发性的学习活动，帮助幼儿获得生活、社会、自然、数学、艺术等方面的知识和经验，以促进儿童身体、智力和心理的健康发展。乡镇幼儿教育作为农村幼儿教育发展的核心力量，旨在解除家庭在培养儿童时所受的时间、空间、环境制约，极大地方便了农村牧区幼儿接受优质普惠的学前教育。因此，改善乡镇幼儿教育环境、提升乡镇幼儿园教师素质、提高乡镇幼儿教育质量，充分发挥乡镇幼儿园教书育人、示范辐射作用，既是目前乡镇幼儿教育事业发展的迫切需求，也是推动和加快农村学前教育普及、缩小城乡教育差距的重要举措。

一 锡林郭勒盟乡镇幼儿园基本情况

（一）锡林郭勒盟乡镇幼儿园数量及其分布

截至 2024 年 7 月，锡林郭勒盟（简称锡盟）共有乡镇幼儿园 26 所，其中，苏尼特右旗 5 所、东乌珠穆沁旗（东乌旗）5 所、西乌珠穆沁旗（西乌旗）2 所、太仆寺旗 1 所、正镶白旗 2 所、正蓝旗 6 所、多伦县 5 所，锡林浩特市、二连浩特市、阿巴嘎旗、苏尼特左旗、镶黄旗和乌拉盖管理区没有公立乡镇幼儿园。

（二）锡林郭勒盟乡镇幼儿园规模情况

截至 2024 年 7 月，全盟乡镇幼儿园在园幼儿共 859 人，在园幼儿最少的乡镇幼儿园仅有 7 名幼儿，在园幼儿最多的幼儿园有 174 名幼儿。全盟乡镇幼儿园共有专职教师 152 人，教师最多的幼儿园有 22 名教师，教师最少的幼儿园只有 2 名专职教师。锡林郭勒盟乡镇幼儿园班级总数为 67 个，其中 16 所幼儿园设小班、中班和大班三个年龄班，正蓝旗桑根达来幼儿园是锡盟所有乡镇幼儿园中班级最多的幼儿园，设 3 个小班、2 个中班和 2 个大班。苏尼特右旗额仁淖尔幼儿园和正蓝旗第二幼儿园黑城子分园不分小班、中班和大班，

只设一个混龄班。锡林郭勒盟乡镇幼儿园在园幼儿和专职教师具体数据如表1所示。

表1 2024年锡林郭勒盟乡镇幼儿园在园幼儿、班级

所属旗县	幼儿园名称	在园幼儿数(人)	班级数(个)	专职教师数(人)
东乌旗	阿拉坦合力幼儿园	30	3	4
	道特淖尔幼儿园	21	3	10
	额和宝拉格幼儿园	12	1	5
	额吉淖尔幼儿园	9	2	5
	满都胡宝拉格幼儿园	69	3	10
多伦县	大北沟小学附设幼儿园	28	3	2
	上都河小学附设幼儿园	32	3	2
	五号小学附设幼儿园	23	3	2
	西干沟小学附设幼儿园	25	3	3
	黑山嘴小学附设幼儿园	20	3	2
太仆寺旗	千斤沟镇幼儿园	20	3	6
苏尼特右旗	阿其图乌拉幼儿园	17	3	4
	额仁淖尔幼儿园	10	混龄班	4
	赛罕乌力吉幼儿园	39	3	7
	乌日根塔拉镇幼儿园	27	3	6
	朱日和镇幼儿园	7	1	6
西乌旗	金辰幼儿园	75	3	12
	金色摇篮幼儿园	88	3	14
正蓝旗	第二幼儿园黑城子分园	15	混龄班	3
	第二幼儿园扎格斯台分园	26	3	3
	第三幼儿园那日图分园	34	3	4
	第四幼儿园哈毕日嘎分园	17	2	4
	第一幼儿园五一分园	7	1	5
	桑根达来幼儿园	174	7	22
正镶白旗	宝力根陶海苏木幼儿园	23	2	4
	伊克淖苏木善都幼儿园	11	1	3
	合计	859	67	152

（三）锡林郭勒盟乡镇幼儿园专职教师学历情况

对锡林郭勒盟26所乡镇幼儿园的152名专职教师学历情况进行调查发

现，乡镇幼儿教育中专职教师在学历结构上存在失衡的问题。从学历结构情况来看，在 152 名乡镇幼儿园专职教师中拥有本科学历人数最多，占比为 49.8%；其次是专科学历乡镇幼儿专职教师，占比为 40.3%；152 名乡镇幼儿园专职教师中具有研究生学历的教师仅有 1 人，占比不到 0.7%；而专科及以下学历的专职教师却有 14 人，占教师总人数的 9.2%。

（四）锡林郭勒盟乡镇幼儿园财政拨款情况

对锡林郭勒盟乡镇幼儿园财政拨款情况进行分析发现，参与调查的 26 所乡镇幼儿园在财政拨款上存在数额的差异，与乡镇幼儿园规模情况、园所级别等因素相关。但调研的 26 所幼儿园均反馈财政投入不足，导致许多教学活动受限。在 26 所幼儿园中资金投入逐年增加的仅有 7 所，占总数的 27.0%；资金投入从 2022 年到 2024 年逐年减少的有 8 所，占总数的 30.8%；另外有 6 所乡镇幼儿园资金投入情况是 2023 年较 2022 年有所增加，但 2024 年资金投入反而少于 2023 年，此类幼儿园占总数的 23.1%；从 2022 年、2023 年到 2024 年资金投入稳定在同一个数值的幼儿园有 5 所，占比为 19.2%。

（五）锡林郭勒盟乡镇幼儿园特色办园情况

幼儿园特色教育是幼儿园塑造自身品牌形象、提升竞争力的重要因素，可以满足个性化教育需求、促进幼儿全面发展，是当今幼儿园发展的重要趋势之一。对锡林郭勒盟乡镇幼儿园特色办园情况进行分析发现，在参与调查的 26 所幼儿园中，有 22 所幼儿园具有鲜明的办园特色，占比为 84.6%。如正蓝旗第三幼儿园那日图分园以幼儿足球、鲁班锁游戏为特色，通过引导幼儿玩鲁班锁发展幼儿的感知运动能力，开发幼儿的智力；苏尼特右旗朱日和镇幼儿园以"24 节气主题生活+自然科学探究"为特色，培养幼儿自然观察能力和习惯，活动内容周期性更新，激发幼儿好奇心和探索兴趣；东乌珠穆沁旗额吉淖尔幼儿园将其办园特色凝练为"自然、和谐、乐享、启智"，巧妙地将幼儿教育的五大领域内容融合在一起，促进幼儿全面发展；东乌珠穆

沁旗额和宝拉格幼儿园突出"草原上的一节课"的综合教育功能，将劳动意识的培养和传统体育活动相结合，充分发挥了"幼儿一日生活"活动的教育作用。

二 乡镇幼儿教育发展趋势分析

（一）影响乡镇幼儿园发展因素分析

幼儿园长远可持续的发展受多种因素的影响，幼儿园课程设置、办园理念、幼儿数量、办园经费、师资水平等都与幼儿园发展息息相关，是幼儿园可持续发展的基础和前提。本报告调查乡镇幼儿园园长、副园长、保教主任和幼儿教师们对影响乡镇幼儿园发展的主要因素的认识，共回收95份有效问卷。95位参与问卷填写的乡镇幼儿园领导和教师中有89人认为幼儿数量是影响幼儿园发展的主要因素，占总人数比例为93.7%；84人（88.4%）认为办园经费是影响幼儿园发展的主要因素；76人（80.0%）选择了师资水平作为影响幼儿园发展的主要因素；认为办园理念和课程设置影响幼儿园发展的人数分别为78人和68人，占比分别为82.1%和71.6%（见图1）。

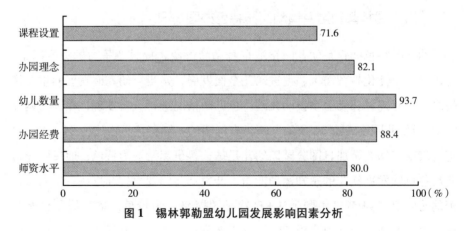

图1 锡林郭勒盟幼儿园发展影响因素分析

（二）近三年锡林郭勒盟乡镇幼儿园幼儿人数变化趋势

幼儿园幼儿数量的变化与经济社会发展、出生人口、教育政策等多方面因素相关。随着经济社会的发展、学前教育的普及、出生率的大幅度下降以及人口结构的变化，学前教育已经迎来总供求平衡的拐点。以多伦县 5 所乡镇幼儿园为样本，对 2022～2024 年乡镇幼儿园在园幼儿人数进行比较分析后可以发现，近 3 年多伦县 5 所乡镇幼儿园幼儿数量整体呈现减少的趋势，如图 2 所示。其中，2022～2023 年，多伦县 4 所幼儿园的幼儿数量表现为减少的态势，2023～2024 年仍有 3 所幼儿园的幼儿数量继续下降，有 2 所幼儿园的幼儿数量有所增加。

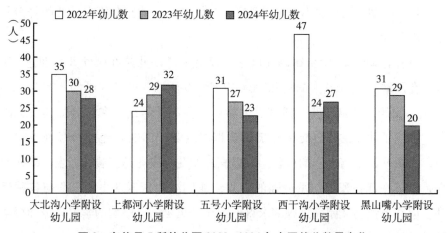

图 2　多伦县 5 所幼儿园 2022～2024 年在园幼儿数量变化

（三）对乡镇幼儿园办园前景的预测

随着家长对教育的重视度提升、家长对高质量幼儿教育的需求以及人口出生率降低等因素相互作用，乡镇幼儿园的办园前景势必发生改变。参与本次调查的 26 所幼儿园的园长、副园长、保教主任或其他幼儿园领导在被问到"对乡镇幼儿园今后发展前景如何看待"这一问题时，超过一半的参与人员对乡镇幼儿园的发展感到并不乐观，认为"在园幼儿急剧减少，幼儿

园面临合并"及"在园幼儿逐渐减少,逐步缩减办园规模的"各有 7 人,占比均为 27%,两项合计占比为 54%;另有 9 人认为"在园幼儿保持现有数量,办园规模保持不变",占调查总人数的 35%;仅有 3 人认为"在园幼儿逐年增加,办园规模逐步扩大",占比为 12%。

三 锡林郭勒盟乡镇幼儿教育发展主要问题和影响因素

(一)乡镇幼儿教育发展的主要问题

1.乡镇幼儿园规模小,难以开展各种活动,不能充分满足幼儿的好奇心和求知天性

锡林郭勒盟 26 所乡镇幼儿园中,仅有 1 所幼儿园在园幼儿数超过 170 人,在园幼儿数≤30 人的幼儿园有 19 所,6 所幼儿园的在园幼儿数为 31~88 人。由于幼儿数量少,游戏、教学、生活活动的组织和开展受到很大限制,影响了幼儿的社会交往和集体意识的培养。同时,受到教育资源的约束,无法开设丰富多样的课程,难以满足幼儿多样化的兴趣和需求。幼儿时期是孩子好奇心和求知欲最强的阶段,他们渴望探索新事物,参与各种活动。但在乡镇幼儿园,这种需求得不到充分满足,孩子们的学习兴趣和探索欲望受挫。受到规模小的影响,乡镇幼儿园在组织各种活动时缺乏资金和人力支持,许多有益于幼儿发展的活动无法正常开展,影响了幼儿的全面发展。

2.幼儿教师队伍不稳定,专业教师不愿长期在乡镇幼儿园从事幼儿教育工作

幼儿教师队伍的稳定性对幼儿园教育质量有着至关重要的影响。一方面,乡镇幼儿园教师队伍普遍缺乏稳定性,专业教师流失严重。乡镇幼儿园的工作条件较差,工资待遇与城镇、市区相比偏低,晋升机会少,难以吸引和留住优秀的幼儿教师。许多专业教师不愿长期在乡镇幼儿园工作,导致教

师流动性大，影响了教学的连续性和稳定性。另一方面，乡镇教师培训和进修机会少，教师的专业发展受到限制，保教能力和水平难以提升。这些问题使得乡镇幼儿园的教育质量难以保障，教师队伍的不稳定也影响了家长对幼儿园的信任和满意度。

3. 无法确保大班幼儿与小学有效衔接，难以满足家长对幼儿上小学后变动最小化的需求

大班幼儿与小学教育的有效衔接是幼儿教育中的一个重要环节。然而，乡镇幼儿园在这一方面存在较大问题。幼儿从乡镇幼儿园毕业不能就近升入配套的小学，还需要家长再联系意向小学。由于缺乏系统的衔接环境和教育，幼儿在进入小学后面临较大的适应困难，影响了其学习兴趣和学习效果。乡镇幼儿园与小学之间的沟通和合作不够紧密，导致衔接工作不到位，幼儿在学习内容和方法上出现较大差异，难以适应小学的教学要求。此外，乡镇幼儿园的教育资源和设备有限，无法为幼儿提供良好的学习环境，家长对孩子上小学后变动最小化的需求无法得到满足，增加了他们的焦虑和担忧。

4. 乡镇幼儿园经费来源渠道单一，主要依靠政府拨款，一些幼儿园的基础设施更新不及时，陈旧落伍的情况比较突出

政府拨款是乡镇幼儿园的主要经费来源，资金不够充裕制约着幼儿园的发展。政府拨款不足，幼儿园的基础设施建设和维护难以满足需求，许多幼儿园的教学设备陈旧落伍，教学环境较差，影响了幼儿的学习和生活质量。由于资金短缺，许多幼儿园无法进行必要的更新和改造，教学设备和设施长期得不到改善，制约了教育质量的提升。此外，幼儿园在组织教学活动和购买玩具、教具等材料时经费捉襟见肘，难以提供丰富多彩的教学内容和活动，影响了幼儿的全面发展。这些问题使得乡镇幼儿园在吸引家长和学生方面处于不利地位，进一步加剧了乡镇幼儿园的发展困境。

（二）锡林郭勒盟乡镇幼儿教育发展的影响因素

影响锡林郭勒盟乡镇幼儿园教育发展的因素主要有地理位置、人口数量、经济发展水平、文化环境和家长观念等。

1.乡镇幼儿园发展受地理位置的制约

锡林郭勒盟辖区较大，但苏木乡镇距离旗政府所在地较远，交通不便，许多乡镇幼儿园地处深度农村牧区，导致幼儿入园不便、家长接送困难。此外，交通的不便也限制了教育资源和教学经验的共享与交流，进一步制约着乡镇幼儿园教育水平的提高。

2.人口数量少给乡镇幼儿园的发展带来不利影响

随着城镇化进程的加快，乡镇常住人口相对城市较少，加上一些农牧民离开农村牧区到城镇务工经商，乡村适龄幼儿数量有限，幼儿园难以形成规模效应，导致教学资源的利用率不高，教育效果不显著。

3.经济发展水平较低影响了乡镇幼儿园的发展

乡镇经济发达程度与城市仍然存在差距，财政投入不足，幼儿园的基础设施建设和维护经费紧张，教师工作、生活条件相对较差，难以吸引和留住高素质幼儿教师，进而影响了乡镇幼儿园的可持续发展。

4.文化环境对幼儿家长观念的影响不容小觑

锡林郭勒盟内较多乡镇文化教育资源匮乏，家长对幼儿教育的重视程度不够，幼儿家长教育观念较为保守，认为幼儿园只是看护孩子的场所，对其教育功能认识不足。乡镇幼儿家长自身的文化水平也使他们对幼儿教育的认识存在一定偏差，对幼儿教育质量的期望值不高，对幼儿园的选择也较为随意，缺乏对优质幼儿教育的需求和追求。

四 内蒙古乡镇幼儿教育发展对策建议

结合问卷调查中发现的问题以及对相关影响因素的分析，锡林郭勒盟乡镇基层幼儿教育在生源数量、师资水平、办园经费、办园前景等方面还存在较大的优化空间，乡镇幼儿园的优势亟待进一步凸显，相关政策措施还需要制定并实施。锡林郭勒盟乡镇基层幼儿教育的现状也折射出当前内蒙古乡镇幼儿教育发展的共性问题，因此，内蒙古乡镇基层幼儿教育工作需从以下方面继续发力。

（一）依托乡村振兴战略，促进乡镇幼儿园教育发展

乡村振兴战略是党的十九大做出的重大决策部署，以"产业兴旺、生态宜居、乡风文明、治理有效、生活富裕"为总要求的乡村振兴战略，不仅为农业农村现代化指明了方向，也必将为乡镇幼儿教育发展创造良好条件。乡村振兴对乡镇幼儿教育的影响，主要体现在产业、人才、文化、生态和组织五个方面。产业振兴能为乡镇幼儿园提供坚实的经济基础。乡村经济的发展和农牧民收入的增加，将为乡镇幼儿园带来更多的资金支持，可以改善幼儿园的硬件条件，提升教育质量。同时，产业振兴吸引外出务工人员回流，能够扩大幼儿园的生源规模，进一步促进乡镇幼儿教育的发展。人才振兴通过引进政策、提高待遇和改善环境，吸引更多优秀幼儿教师，解决师资短缺问题。注重本地人才的培养，可以有效提高现有教师的专业素质和教学水平。文化振兴将提供丰富的教育资源和浓厚的文化氛围。通过传承地方文化和开展多样化活动，幼儿园的课程得以融入本地历史和习俗，起到增强幼儿文化认同感和自豪感的作用。文化活动的开展也丰富了教学内容，增强了家长对幼儿教育的重视和参与。生态振兴能够改善乡镇幼儿园的环境，为幼儿提供健康、安全的成长环境。在绿色环保的环境中，幼儿园可以开展更多户外活动和生态教育，形成良好的生态意识。同时，生态改善吸引了更多年轻家庭回流，为幼儿园的发展创造了有利条件。组织振兴通过加强基层组织建设，提高乡村治理水平，为幼儿园的发展提供制度保障。健全的组织体系和管理机制有助于确保幼儿教育资源的有效协调与管理，推动幼儿园的持续稳定发展。

（二）转变家长对乡镇幼儿园的观念，彰显乡镇幼儿园的独特优势

当前，许多农村家长仍以学业成绩作为衡量幼儿成长的首要标准，这种狭隘观念忽视了孩子的全面发展需求，甚至会影响幼儿的身心健康。应引导家长树立科学的育儿观，全面理解学前教育的目标和意义。幼儿园教育的重点不在于知识传授，健康情感和良好习惯的培养更加重要。情感教育是孩子

心理健康和社会适应能力的基础，对他们的未来至关重要。家长应认识到情感教育在幼儿成长中的重要性，不能只关注成绩而忽视情感需求。此外，劳动意识和能力的培养也是幼儿全面发展的关键。在农村幼儿园，孩子们有更多机会参与劳动，如种植、喂养动物和做家务，这些活动不仅能锻炼幼儿的动手能力，还能让他们体会到劳动的乐趣和价值，培养责任感和独立性。家长应重视劳动教育，认识到其对孩子全面发展的重要性。体育锻炼则是幼儿健康和良好习惯养成的关键。在乡镇幼儿园，孩子们有更多空间进行体育活动，如跑步、跳绳、踢球等，可在增强体质的同时培养运动兴趣和习惯。体育锻炼不仅能促进身体健康，还能提升心理健康水平，帮助孩子建立自信心和坚持品质。家长应认识到乡镇幼儿园在幼儿成长中的独特优势，增强对乡镇幼儿园的信任与支持。

（三）健全乡镇幼儿教师管理体制，激励教师在乡镇幼儿园从教是当前教育领域的关键任务

首先，部分幼儿教师的培养应明确指向乡镇。师范院校在招生和培养过程中应定向输送部分学生到乡镇幼儿园，并在课程设置中增加乡镇教育相关内容，使教师在学生时代就对乡镇工作环境有充分了解，增强他们的认同感和责任感，减少被分配后的心理抵触。其次，形成毕业生主动到乡镇幼儿园工作的机制。教育主管部门应制定政策，鼓励学前教育专业毕业生长期在乡镇幼儿园任教。通过制定专项激励政策，如职称评定、晋升通道和职业发展机会等，吸引并留住人才。再次，改善乡镇幼儿园教师的工作条件至关重要。教师在乡镇工作面临生活条件差、交通不便等问题。对此，教育主管部门应在工资待遇、住房补贴、交通补助等方面给予倾斜，提供必要的教学设施和生活保障，减少工作中的实际困难，确保教师安心从教。同时，教育主管部门应确保乡镇幼儿园各科教师配备齐全。目前，许多乡镇幼儿园教师身兼数职，影响教学质量。从次，应减轻教师负担，使他们能专注于教学和保育工作，提高教育质量。最后，要增强乡镇幼儿园教师的成就感。考核评价体系应考虑乡镇

幼儿园的特殊性，注重教师在艰苦环境下的贡献，而非仅以学生成绩为标准。通过有针对性的评价，增强教师的职业成就感和荣誉感，激发他们的工作热情。

（四）优化资源配置，增加资金投入，缩小乡镇与城市幼儿园的差距

政府应加大对乡镇幼儿园的资金支持，确保基础设施和教学资源的充分提供。目前，乡镇幼儿园普遍资金不足，导致设施陈旧、师资薄弱。应从国家财政预算中划拨专项资金，改善乡镇幼儿园的基础设施和教学资源，确保每个幼儿园都具备标准化的教学楼、操场及生活设施。同时，设立专项资金用于乡镇幼儿园师资培训，提高乡镇幼儿教师的专业素质，缩小城乡师资差距。城市幼儿园更新后淘汰的设备，乡镇幼儿园仍然稀缺。政府应建立教育资源调度平台，合理调配资源，减少浪费，改善乡镇幼儿园的教学条件。在有条件的乡镇，建设与幼儿园配套衔接的小学也是有效措施。这样不仅方便家长接送，还能为孩子提供连续、稳定的学习环境，减轻家长的心理负担。社会力量如企业、公益组织和个人捐赠也可以成为发展乡镇幼儿园的重要资金来源。政府通过税收减免等优惠政策，鼓励企业和个人为乡镇幼儿园提供捐赠，并利用现代信息技术搭建线上捐赠平台，方便社会各界了解需求，及时提供帮助。

参考文献

付娜、刘学金：《新型城镇化背景下乡镇中心园发展差异性分析——以 L 市 4 所幼儿园为例》，《汉江师范学院学报》2021 年第 1 期。

安红梅：《中职学前教育专业学生卫生保健职业素质提升探究》，《西部素质教育》2023 年第 12 期。

孙雨晴、贺敬雯、马元玲：《辽宁省乡村幼儿园教育现状、困境与提升对策——以北票市 10 所乡镇中心幼儿园为例》，《甘肃教育研究》2023 年第 8 期。

胡红红：《浅议乡镇学前教育发展困境及改善策略》，《甘肃教育研究》2022 年第 6 期。

梁珍明：《乡村振兴背景下广西乡镇中心幼儿园师资建设对策研究——以广西 N 县为例》，《教育观察》2023 年第 33 期。

基础设施篇 〉

B.16
中国式现代化视角下
内蒙古城市基础设施建设水平的问题研究

高　岩*

摘　要： 本文基于2015~2022年内蒙古几个城市的统计年鉴、国民经济和社会发展统计公报等数据，构建内蒙古城市基础设施建设水平评价指标体系，借助时间、空间相关性分析探寻内蒙古城市基础设施建设水平的区域差异及动态演进。研究发现：整体来看，内蒙古城市基础设施建设水平呈波动上升趋势；中西部地区城市基础设施建设水平最高，东部地区部分城市基础设施建设步伐较慢，平均值均低于中西部地区。经过分析，地区间（东部各个城市和中西部大部分城市间）和子群间（中西部和东部间）均存在明显差异，这也成为内蒙古城市基础设施建设水平整体差异的最主要来源。总体而言，内蒙古的城市基础设施建设发展呈现极化状态。

关键词： 内蒙古自治区　城市基础设施　熵权TOPSIS法

* 高岩，内蒙古自治区社会科学院公共管理研究所助理研究员，主要研究方向为社会治理。

引　言

截至 2023 年底，内蒙古的城镇化率接近七成，城镇常住人口超过1600 万人。全区以多种方式推动基础设施的完善，但截至 2023 年底，部分地区仍存在城市市政建设各项指标不均衡，重地上设施建设、轻地下管网建设和改造，忽视对于土地自然透水、蓄水、净水功能的科学利用等问题①，这严重阻滞了内蒙古的中国式现代化进程。对此，本文通过构建指标体系，评估和测度目前内蒙古的城市基建水平、各城市和区域的发展现状及存在的问题，进而找出提升内蒙古城市基础设施建设水平的路径。综观已有文献，现有关于中国及内蒙古城市基础设施建设的研究主要集中于以下两个方面。一是城市基础设施建设水平的理论研究，相关研究成果数量较少。二是城市基础设施建设水平的实证研究，主要包括城市基础设施建设水平的测度、城市基础设施建设水平的影响效应、城市基础设施建设水平的影响因素。当前学术界已经为本文研究提供了坚实的理论基础与大量的实践指引。众多文献从多维度剖析提升中国城市基础设施建设水平的策略和路径，在实证研究层面，多构建测度体系、聚焦量化评估，并深入探究影响这一建设水平的各类关键因素。尽管既有研究已经深入探讨了城市基础设施建设的各个方面，但鲜有文献将城市间或城市内部基础设施建设的时间、空间关联以及同经济高质量发展水平的耦合关系纳入考量范畴。这有可能限制了我们对城市基础设施建设水平全面而深入的理解。基于此，本文借助内蒙古 9 个地级市的面板数据，测度 2015~2022 年内蒙古城市基础设施建设水平。

---

① 《"十三五"内蒙古城市发展浅析》，https：//tj. nmg. gov. cn/tjdt/fbyjd＿ 11654/202201/
t20220128＿ 2001683. html。

一 研究方法和资料来源

（一）熵权 TOPSIS 法

熵权 TOPSIS 法作为一种广泛应用于组内综合评价的先进方法，能够高效利用原始数据的有效信息。在客观层面上精确计算被评估对象与理想中最佳及最差方案的差距，以及被测量对象与最优状态的接近程度。这种接近度成为衡量评价对象优劣程度的关键指标，并提供直观科学的依据。本文通过构建内蒙古自治区城市基础设施建设水平评价指标体系，运用熵权 TOPSIS 法对内蒙古自治区城市基础设施建设水平进行测算和分析评价。具体如下：

第一步，对各项指标进行标准化处理，正向指标与负向指标的处理公式分别为：

$$z_{ij} = \frac{x_{ij} - min\ (x_j)}{max(x_{ij}) - min\ (x_{ij})} \ (+) \tag{1}$$

$$z_{ij} = \frac{max\ (x_{ij}) - x_{ij}}{max(x_{ij}) - min\ (x_{ij})} \ (-) \tag{2}$$

第二步，计算第 j 项指标第 i 年所占比重 P_{ij}：

$$P_{ij} = \frac{z_{ij}}{\sum_{i=1}^{n} z_{ij}} \tag{3}$$

第三步，计算第 j 项指标信息熵 e_j 与冗余度 d_j：

$$e_j = \frac{-1}{ln\ (n)} \sum_{i=1}^{n} P_{ij}\ ln(P_{ij}) \tag{4}$$

$$d_j = 1 - e_j \tag{5}$$

第四步，计算第 j 项指标的权重 w_j：

$$w_j = \frac{d_j}{\sum_{j=1}^{m} d_j} \tag{6}$$

第五步，构建加权决策矩阵 f：

$$f = (f_{ij})_{m \times n} \begin{bmatrix} w_1\,z_{11} & \cdots & w_n\,z_{1n} \\ \vdots & \ddots & \vdots \\ w_1\,z_{m1} & \cdots & w_n\,z_{mn} \end{bmatrix} \tag{7}$$

第六步，计算正负理想解 f^+、f^-，以及欧氏距离 $D_i{}^+$、$D_i{}^-$：

$$f^+ = \{\max(f_{ij}) \mid i = 1, 2, \cdots, m\} \tag{8}$$

$$f^- = \{\min(f_{ij}) \mid i = 1, 2, \cdots, m\} \tag{9}$$

$$D_i{}^+ = \sqrt{\sum_{j=1}^{n} (f_{ij} - f_j^+)^2} \tag{10}$$

$$D_i{}^- = \sqrt{\sum_{j=1}^{n} (f_{ij} - f_j^-)^2} \tag{11}$$

第七步，计算贴进度 B_i：

$$B_i = \frac{D_i^-}{D_i^+ + D_i^-} \tag{12}$$

B_i 值介于 0 和 1，数值增长代表城市社会基础设施建设水平提升，反之不然。

（二）耦合协调度模型

耦合协调度模型常用于评估和分析多个系统或子系统之间相互作用关系及其协调性。本文构建经济高质量发展水平与城市基础设施和城市建设的耦合协调度模型，用以分析两者的协调发展程度，具体步骤如下：

$$C = 2\frac{\sqrt{U_1\,U_2}}{U_1 + U_2} \tag{13}$$

$$T = \alpha\,U_1 + \beta\,U_2 \tag{14}$$

$$corr = \sqrt{C \times T} \tag{15}$$

其中，U_1 表示城市基础设施和城市建设水平，U_2 表示经济高质量发展水平，α 与 β 均取值 0.5，C 表示耦合度，T 表示综合协调指数，$corr$ 为耦合协调度。耦合协调度等级的划分标准如表 1 所示。

表 1　耦合协调度等级划分

区间	协调等级	耦合协调程度	区间	协调等级	耦合协调程度
(0.0—0.1)	1	极度失调	[0.5—0.6)	6	勉强协调
[0.1—0.2)	2	严重失调	[0.6—0.7)	7	初级协调
[0.2—0.3)	3	中度失调	[0.7—0.8)	8	中级协调
[0.3—0.4)	4	轻度失调	[0.8—0.9)	9	良好协调
[0.4—0.5)	5	濒临失调	[0.9—1.0)	10	优质协调

（三）Dagum 基尼系数及其分解方法

该方法在测算地区总体差异（G）的同时，通过子群分解将总体差异（G）进一步细分为子群内差异（G_w）、子群间差异（G_{nb}）以及超变密度（G_t）。参考吕承超等人[1]的研究，本文选择 Dagum 基尼系数及其分解方法对经济高质量发展的空间差异进行测算和分解。总体基尼系数（G）、子群内差异 G_w、子群间差异 G_{nb} 和超变密度 G_t 的计算公式分别为：

$$G = \frac{\sum_{j=1}^{k} \sum_{h=1}^{k} \sum_{i=1}^{n_j} \sum_{r=1}^{n_h} |y_{ji} - y_{hr}|}{2 n^2 \bar{y}} \tag{16}$$

$$G_w = \sum_{j=1}^{k} G_{jj} p_j s_j \tag{17}$$

$$G_{nb} = \sum_{j=2}^{k} \sum_{h=1}^{j-1} G_{jh}(p_j s_h + p_h s_j) D_{jh} \tag{18}$$

---

① 吕承超、崔悦：《中国高质量发展地区差距及时空收敛性研究》，《数量经济技术经济研究》2020 年第 9 期，第 62~79 页。

$$G_t = \sum_{j=2}^{k} \sum_{h=1}^{j-1} G_{jh}(p_j s_h + p_h s_j)(1 - D_{jh}) \tag{19}$$

主要变量的定义如下：

$$G_{jj} = \frac{\dfrac{1}{2\bar{y}_j}\sum_{i=1}^{nj}\sum_{r=1}^{nh}\mid y_{ji} - y_{jr}\mid}{n_j^2} \tag{20}$$

$$G_{jh} = \frac{\sum_{i=1}^{nj}\sum_{r=1}^{nh}\mid y_{ji} - y_{hr}\mid}{n_j n_h (\bar{y}_j - \bar{y}_h)} \tag{21}$$

$$p_j = \frac{n_j}{n} \tag{22}$$

$$s_j = \frac{n_j \bar{y}_j}{n\bar{y}} \tag{23}$$

$$D_{jh} = \frac{d_{jh} - p_{jh}}{d_{jh} + p_{jh}} \tag{24}$$

$$d_{jh} = \int_0^\infty d F_j(y) \int_0^y (y - x) d F_h(x) \tag{25}$$

$$p_{jh} = \int_0^\infty d F_h(y) \int_0^y (y - x) d F_j(y) \tag{26}$$

公式中，k 表示子群个数；n 表示子群内城市个数；y_{ji}（y_{hr}）表示 j（h）子群内 i（r）城市的经济高质量发展水平；$\bar{y}$表示所有城市的经济高质量发展水平均值；D_{jh} 为子群 j 与子群 h 之间经济高质量发展的相对影响；d_{jh} 和 p_{jh} 为子群之间经济高质量发展水平的差值，即分别在 $y_{ji} > y_{hr}$ 或 $y_{hr} > y_{ji}$ 条件下，城市样本值加总的数学期望。

（四）数据来源

1. 数据来源

基于内蒙古各地级市社会经济数据的可获得性，本文选定 9 个城市为研究样本，研究的时间区间为 2015～2022 年。为探讨耦合协调度在区域层面的

时空演进规律，本文进一步将内蒙古自治区各城市进行了东、中、西部的划分。

2. 数据来源处理

为分析耦合协调度的演进规律及其影响因素，本文构建了一个包含经济高质量发展与城市基础设施建设水平相关指标的数据集合。

（1）经济高质量发展水平测度指标体系的主要数据来源包括各城市历年的统计年鉴、国民经济和社会发展统计公报、中国知网中国城市统计数据库（http：//data-cnki-net/）。测度指标体系所覆盖的原始数据按照表1中的具体含义及公式进行处理，最后通过熵权 TOPSIS 法测算得到所有样本城市各年份的经济高质量发展水平指数。

（2）基础设施和城市建设指标体系数据来源于内蒙古各城市历年的统计年鉴、国民经济和社会发展统计公报。

二 指标体系的构建

党的二十大报告提出："坚持人民城市人民建、人民城市为人民。"具体而言，当前中国要实现"人口规模巨大的现代化"，最基础性的工作就是让人民群众在城市里生活得更美好、更幸福。本文依据科学性、可操作性与全面性标准，融合学界研究成果及国家城市基础设施建设政策导向，构建了内蒙古城市基础设施建设水平的综合评价体系，以科学评估其发展现状与成效。

在城市基础设施方面，城市人均日生活用水量作为衡量水资源利用效率的关键指标，直接反映了居民生活品质与水资源管理的成效；城市燃气普及率则是衡量城市能源结构现代化与居民生活便利性的重要标尺，体现了能源供应的普及性与安全性；城市人均道路面积作为交通基础设施的核心指标，关乎城市交通流畅度与居民出行效率，是城市发展的重要支撑；污水处理厂集中处理率，作为环境保护的关键一环，彰显了城市对污水治理的重视程度及环境可持续发展的能力。这些指标共同构成了评估城市基础设施水平的重要维度。城市建设指标体系全面而系统地评估了城市生态环境质量与居民生活品质，其核心涵盖四个方面：一是城市建成区绿地率，直观反映城市绿色空间占比，是衡量生态宜居的重要指标；二是城市生活垃圾无害化处理率，体现城市对废弃物管理的能力与环保责任；三是城市建成区绿化覆盖率，进一步细化了城市绿色植被覆盖情况，强调绿化的广泛性与连续性；四是城市人均公园绿地面积，直接关联居民享受自然空间的权利，是提升居民幸福感的关键因素。这四项指标共同构成了评估城市可持续发展能力的重要标尺。

内蒙古的经济高质量发展评价指标体系遵循了创新、协调、绿色、开放、共享的新发展理念。"十三五"期间，内蒙古推动经济转型与升级，力促经济高质量发展。财政稳健增长，税收结构优化，人均生产总值突破 1 万美元。就业成为民生之本，在此期间，内蒙古累计实现城镇新增就业 128.44 万人，完成了既定目标，城镇登记失业率始终控制在 4% 左右，稳定可控。人均可支配收入由 2015 年的 22310 元增加到 2020 年的 31497 元，生活水平显著提高。同时，金融支持力度增大，贷款规模稳步增长，为经济发展提供坚实支撑。

为此，本文设立了衡量经济高质量发展与城市基础设施建设的两个指标体系。经济高质量发展评价指标体系包括创新、协调、绿色、开放、共享等 5 个一级指标以及 14 个二级指标，城市基础设施建设评价指标体系包括 2 个一级指标及 8 个二级指标，指标层级与衡量标准详见表 2、表 3。

此外，本文在进行区域性分析评估时，对于内蒙古各区域的划分，参考我国对东中西部的划分，结合内蒙古地理位置和经济发展的实际，将内蒙古划分为蒙东、蒙中和蒙西。蒙东包含了位于东北地区的赤峰、通辽和呼伦贝尔 3 个市，蒙中包含了位于华北地区的呼和浩特、乌兰察布 2 个市；蒙西包含了位于西北地区的包头、鄂尔多斯、乌海、巴彦淖尔 4 个市。

表2　内蒙古城市基础设施建设评价指标体系

一级指标	二级指标	指标衡量
基础设施	城市人均日生活用水量(升)(X1)	统计数据
	城市燃气普及率(%)(X2)	统计数据
	城市人均道路面积(平方米)(X3)	(道路建成面积/市辖区人口)×100%
	污水处理厂集中处理率(%)(X4)	统计数据
城市建设	城市建成区绿地率(%)(X5)	统计数据
	城市生活垃圾无害化处理率(%)(X6)	统计数据
	城市建成区绿化覆盖率(%)(X7)	(城市内全部绿化种植垂直投影面积÷城市用地面积)×100%
	城市人均公园绿地面积(平方米)(X8)	统计数据

表3　内蒙古经济高质量发展评价指标体系

一级指标	二级指标	指标衡量
创新	万人拥有科技活动人数(人)	科技活动从业人员数/年末常住人口总数
	科技支出占财政支出比重(%)	(科技支出费用/财政支出费用)×100%
	研发强度(%)	(科技经费支出/GDP)×100%
协调	产业结构高级度(%)	(第三产业产值/第二产业产值)×100%
	城镇化水平(%)	(城镇人口数/总人口数)×100%
	金融机构贷款率(%)	(金融机构贷款/GDP)×100%
绿色	单位GDP能耗(吨标准煤/万元)	统计数据
	单位GDP废气排量(吨/万元)	统计数据
开放	进出口总额占GDP比重(%)	(进出口总额/GDP)×100%
	入境旅游人数(人)	统计数据
共享	每万人口医疗卫生机构床位数(张)	统计数据
	城镇登记失业率(%)	统计数据
	人均公园绿地面积(平方米)	统计数据
	城乡居民基本医疗保险参保人数(万人)	统计数据

三　结果分析

(一)时空演化分析

本文选择2015年和2022年两个时间截面,对经济高质量发展和城市基础设施建设水平的测算结果进行可视化展示。

1. 城市基础设施建设水平

如表4、表5（对利用熵权 TOPSIS 法后加权生成的数据进行分析。C 表示评价对象与最优方案的接近程度，该值越大说明越接近最优方案）所示，城市基础设施建设水平的分布呈现显著的区域性特征，内蒙古各经济区内的城市往往具有相似的发展水平，同时也表现出明显的空间异质性，呈现中西部高而东部偏低的态势。2015~2022 年，整体城市基础设施建设水平的排名并未发生明显变化，中西部连片区域处在较高水平；东部地区的提升相对不明显，仍维持在低等水平区间；此外，内蒙古经济排名较高的城市，如鄂尔多斯、包头通常表现出高于周边城市的发展水平，这可能是由于这些城市在经济发展中具备先发优势，从而在城市基础设施建设方面表现更为突出。

表4　2015 年内蒙古城市基础设施建设水平综合评价结果

区域	城市	正理想解距离 D+	负理想解距离 D-	相对接近度 C	排序结果
东部	赤峰市	24.470	1.365	0.053	8
	通辽市	24.092	0.970	0.039	9
	呼伦贝尔市	16.976	9.149	0.350	5
中部	呼和浩特市	19.449	5.669	0.226	7
	乌兰察布市	16.314	10.128	0.383	4
西部	包头市	0.887	24.735	0.965	1
	鄂尔多斯市	13.913	12.059	0.464	2
	乌海市	19.203	6.378	0.249	6
	巴彦淖尔市	16.506	10.786	0.395	3

表5　2022 年内蒙古城市基础设施建设水平综合评价结果

区域	城市	正理想解距离 D+	负理想解距离 D-	相对接近度 C	排序结果
东部	赤峰市	36.529	10.543	0.224	7
	通辽市	42.524	3.734	0.081	9
	呼伦贝尔市	30.425	18.581	0.379	5

区域	城市	正理想解距离 D+	负理想解距离 D−	相对接近度 C	排序结果
中部	呼和浩特市	28.218	18.097	0.391	4
	乌兰察布市	24.118	22.306	0.480	2
西部	包头市	32.505	21.471	0.398	3
	鄂尔多斯市	15.077	41.981	0.736	1
	乌海市	44.051	6.092	0.121	8
	巴彦淖尔市	29.885	18.175	0.378	6

2. 经济高质量发展综合评价

如表6所示，城市基础设施建设水平的空间分布格局与经济高质量发展水平存在一定程度的类似性，均呈现"东部低、中西部高"的格局。从评价结果看，内蒙古各城市经济高质量发展总体向好，各城市综合测度指数排序不断变化。2022年，呼和浩特、包头、鄂尔多斯和呼伦贝尔位于前四位，表明这四个城市经济高质量发展水平相对较高，赤峰、通辽、乌兰察布处于后三位，表明经济高质量发展水平相对较低。此外，不同城市间经济高质量发展水平差异较大，从2022年评价得分看，最高的达0.518，最低的仅为0.194。

表6 2015、2022年内蒙古自治区各城市经济高质量发展综合评价得分

区域	城市	2015年	2022年
东部	呼伦贝尔	0.452	0.314
	通辽	0.166	0.196
	赤峰	0.200	0.251
中部	呼和浩特	0.522	0.518
	乌兰察布	0.156	0.194
西部	巴彦淖尔	0.288	0.294
	乌海	0.249	0.266
	包头	0.263	0.401
	鄂尔多斯	0.362	0.478

（二）耦合协调度的时空演化分析

1. 时间层面

为更直观地反映各城市耦合协调度的演进趋势，本文绘制了耦合协调度的时间演进趋势图。如图1所示，尽管个别年份的耦合协调度出现波动，但整体呈现上升趋势。其中，中部和西部地区的耦合协调度长期保持较高水平，尤其是鄂尔多斯、包头和呼和浩特，其耦合协调度显著高于其他城市；相对而言，东部地区则长期处于低位。通过分析可知，耦合协调度较高的地区，其经济发展增速更快，这表明区域间耦合协调度的差异有可能维持。

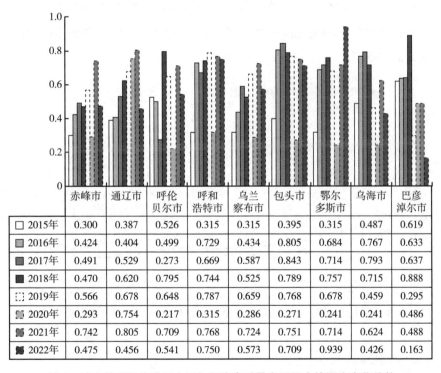

	赤峰市	通辽市	呼伦贝尔市	呼和浩特市	乌兰察布市	包头市	鄂尔多斯市	乌海市	巴彦淖尔市
2015年	0.300	0.387	0.526	0.315	0.315	0.395	0.315	0.487	0.619
2016年	0.424	0.404	0.499	0.729	0.434	0.805	0.684	0.767	0.633
2017年	0.491	0.529	0.273	0.669	0.587	0.843	0.714	0.793	0.637
2018年	0.470	0.620	0.795	0.744	0.525	0.789	0.757	0.715	0.888
2019年	0.566	0.678	0.648	0.787	0.659	0.768	0.678	0.459	0.295
2020年	0.293	0.754	0.217	0.315	0.286	0.271	0.241	0.241	0.486
2021年	0.742	0.805	0.709	0.768	0.724	0.751	0.714	0.624	0.488
2022年	0.475	0.456	0.541	0.750	0.573	0.709	0.939	0.426	0.163

图1　城市基础设施建设水平与经济高质量发展耦合协调度变化趋势

为进一步考察内蒙古各城市经济高质量发展水平与城市基础设施建设水平耦合协调度的差异来源，将各城市分为东、中、西三个区域，图2描述了耦合协调度的 Dagum 基尼系数表现与差异来源。从总体视角看，考察期内耦合协调度总体基尼系数呈波动下降趋势，差异值由 2015 年的 0.233 下降至 2022 年的 0.107。这表明内蒙古各个城市之间的耦合协调度存在明显空间差异，但差异在逐渐缩小。从差异来源的角度分析，子群间差异、子群内差异的系数同样呈现波动下降趋势，子群间差异由 2015 年的 0.699 降至 2022 年的 0.437，子群内差异由 2015 年的 0.304 降至 2022 年的 0.151。各差异来源的贡献度并不相同，2015~2019 年，子群间差异对总体差异的贡献最大，超变密度和子群内差异贡献较小。由此可见，子群间差异是区域耦合协调度差异的主要来源。需要特别指出的是，2019~2021 年，由于受到疫情和经济波动的影响，总体基尼系数表现与差异存在不稳定因素，呈现较大的变化。因此，缩小区域间的差异是推动整体耦合协调度提升的关键所在。

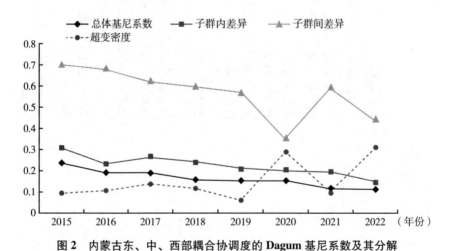

图 2 内蒙古东、中、西部耦合协调度的 Dagum 基尼系数及其分解

2. 空间层面

基于耦合协调度的测算结果，本文对 2015 年、2018 年和 2022 年三个时间截面的测度结果进行呈现，如表 7 所示。从空间分布情况可知，耦合协调度的空间异质性特征十分显著，整体呈东低西高的梯度分布格局，这种差异特征在 2018 年较为明显，而在之后的年份有所缓解。在区域层面，中西部地区保持相对领先的地位，而东部城市在大多数年份表现相对滞后，这一现象可能与中西部经济优势和地理优势等因素密切相关。在区域内部，呼和浩特市、包头市和鄂尔多斯市通常具有较高的耦合协调度，高值区域往往在周边城市。这表明，核心城市的影响逐渐以经济优势区为组织形式在空间范围内辐射传播，并对区域协调和整体协调的进程产生了显著的积极影响。由此可见，耦合协调度的提升过程可能依次经历整体水平不高、核心城市率先发展、区域协调发展三个阶段。

表 7　内蒙古分区域耦合协调度变化趋势

区域	城市	2015 年	2018 年	2022 年
东部	赤峰市	0.300	0.470	0.475
	通辽市	0.387	0.620	0.456
	呼伦贝尔市	0.526	0.795	0.541
中部	呼和浩特市	0.315	0.744	0.750
	乌兰察布市	0.315	0.525	0.573
西部	包头市	0.395	0.789	0.709
	鄂尔多斯市	0.315	0.757	0.939
	乌海市	0.487	0.715	0.426
	巴彦淖尔市	0.619	0.888	0.163

四　对策建议

为探究内蒙古城市基础设施建设水平与城市经济高质量发展的耦合协调程度及其影响因素，本文基于 2015~2022 年内蒙古 9 个地级市的面板数据，对样本城市的经济高质量发展水平和城市基础设施建设水平两者的耦合协调特征进行了详细测度和分析，对其中存在的影响因素及其作用机制进行了实证检验，研究得出以下结论。①耦合协调水平呈波动上升趋势，但表现出明显的空间非均衡性，2022 年除呼包鄂耦合协调度较高外，其余城市基本处于勉强协调水平及以下。②耦合协调度的总体差异表现为波动下降趋势，其

中子群间差异是总体差异的主要来源。同时，耦合协调度表现出显著的空间相关性，空间上邻近的城市往往具有相似的耦合协调水平。③经济发展水平、信息交流强度、城市基础设施建设水平对本市和邻市的耦合协调水平均有显著的正向影响，本文得出以下政策启示。

第一，聚焦共建共享、构建高水平的内蒙古城市基础设施。在推动内蒙古城市高质量发展的过程中，首要任务是聚焦共建共享原则，着力构建高水平的城市基础设施。这意味着不仅要加强传统交通、水利、能源等基础设施的升级与改造，确保其安全、高效运行，还要积极引入现代信息技术，如智慧城市、物联网等，提升基础设施的智能化水平。同时，注重区域协同发展，打破行政区划壁垒，推动基础设施互联互通，实现资源共享、优势互补。此外，还要强化绿色生态理念，在基础设施建设中融入绿色元素，打造低碳环保的城市生活环境，为内蒙古的可持续发展奠定坚实基础。

第二，以人民为中心，持续优化城市空间布局。以人民为中心，持续优化城市空间布局，是构建现代化宜居城市的核心理念。这意味着城市规划与建设需要紧密围绕居民的实际需求与生活质量展开，确保每一寸土地都能最大化地服务于民。我们不仅要关注城市的功能分区与交通流线，还要深入考虑居民的生活便利性、环境舒适度及文化归属感。通过精细化规划与管理，打造绿色生态、安全便捷、充满活力的城市空间。同时，加强公众参与，让居民的声音成为城市空间布局优化的重要参考，只有这样的城市，才能真正成为人民幸福生活的美好家园。

第三，发挥经济发达城市的头雁作用，是提升内蒙古城市基础设施建设水平的关键策略。这些发达城市应利用其经济优势和创新资源，成为引领区域基础设施发展的核心力量。通过规划先行、政策引导，促进资金、技术、人才等要素向周边城市流动，推动基础设施项目合作共建。同时，建立区域协调发展机制，加强城际规划对接、项目协同和政策沟通，确保基础设施建设的整体性和系统性。通过经济发达城市的示范带动，不仅可以加快周边城市基础设施建设步伐，还能提升其质量和水平，促进区域一体化发展，形成资源共享、优势互补、协同并进的发展格局。

参考文献

胡宗义、鲁耀纯、刘春霞：《我国城市基础设施建设投融资绩效评价——基于三阶段 DEA 模型的实证分析》，《华东经济管理》2014 年第 1 期。

陈明生、郑玉璐、姚笛：《基础设施升级、劳动力流动与区域经济差距——来自高铁开通和智慧城市建设的证据》，《经济问题探索》2022 年第 5 期。

孔芳霞、刘新智、周韩梅等：《新型基础设施建设与城市绿色发展耦合协调的时空演变特征与影响因素》，《经济地理》2022 年第 9 期。

杨翘楚、余典范：《数字基础设施建设对服务业"鲍莫尔成本病"的影响研究——来自中国地级及以上城市的经验证据》，《当代经济科学》（网络首发）。

彭文斌、曹笑天：《数字基础设施建设对城市碳生产率的影响研究——来自"宽带中国"的经验证据》，《经济纵横》2024 年第 8 期。

阿荣、玉林：《内蒙古中部地区海绵城市建设评价与优化研究》，《内蒙古民族大学学报（自然科学版）》2023 年第 3 期。

B.17
内蒙古边境节点乡镇基础设施
提档升级研究[*]

王哈图[**]

摘　要： 随着国家对边境地区发展的日益重视，内蒙古边境节点乡镇基础设施提档升级成为重要课题。本文阐述了内蒙古边境节点乡镇基础设施建设的重要性及现有成果，梳理了当前边境节点乡镇基础设施的现状，包括交通、水电、通信、公共服务等方面存在的不足。在此基础上，探讨了基础设施提档升级对于边境地区经济发展、民生改善、边防稳固以及生态保护的重要意义。进一步分析了制约基础设施提档升级的因素，如资金投入、技术支持、政策保障等。最后，提出了一系列具有针对性和可操作性的提档升级策略及建议，为推动内蒙古边境节点乡镇的可持续发展提供了理论支持和实践参考。

关键词： 节点乡镇　基础设施　内蒙古边境

一　引言

内蒙古作为中国的北大门，拥有丰富的自然资源和独特的地理位置，其边境地区的基础设施建设不仅关乎当地居民生活质量的提升，更是维护国家安全、促进边疆地区经济社会发展的重要基石。随着国家发展战略的推进和内蒙古自身发展的加快，加强边境地区的建设成为当务之急。边境地区的稳定与发展关

---

* 本文系内蒙古自治区社会科学院2024年度决策咨询专项课题"内蒙古边境节点村镇基础设施提档升级调查研究"（批准号：2024SKJ014）研究成果。
** 王哈图，内蒙古自治区社会科学院公共管理研究所副研究员，主要研究方向为公共服务。

乎国家安全和民族繁荣，而基础设施的完善是实现这一目标的关键。

节点乡镇通常处于交通网络、经济发展带或区域规划中的关键位置，是连接不同地区、促进资源流通和经济交流的重要枢纽。研究边境节点乡镇基础设施提档升级的意义重大。首先，有利于促进边境地区的经济发展。良好的基础设施能够吸引投资，推动特色产业的发展，增加就业机会，促进边民增收致富，从而增强边境地区的经济活力和竞争力。其次，有助于提升边境地区居民的生活质量。通过改善水、电、路、信等基础设施，为居民提供更便捷、舒适的生活条件，增强他们的幸福感和归属感。再次，加强基础设施建设对于巩固国防安全具有重要作用。完善的基础设施能够提高边境管控能力，为党政军警民合力强边固防提供有力支撑，有效维护边境地区的安全稳定。最后，还能推动民族团结和文化交流。促进各民族在边境地区的和谐共处、共同发展，传承和弘扬民族文化，增强中华民族的凝聚力和向心力。总之，研究内蒙古边境节点乡镇基础设施提档升级，对于实现边境地区的繁荣稳定、国家安全和民族复兴具有不可忽视的重要意义。

二　内蒙古边境节点乡镇基本情况

（一）内蒙古边境节点乡镇分布情况

内蒙古自治区与俄罗斯、蒙古国接壤，边境线总长4200多公里，沿边一线共涉及7个盟市的20个旗市区。这些边境旗市区下辖乡镇[①]中有60多个是直接抵边的（见表1）。这些乡镇分布在漫长的边境线上，横跨我国东北、华北、西北3个大区，分别与俄罗斯、蒙古国的多个边疆区和省接壤。由于内蒙古东西直线距离长达2400多公里，所以边境地区地貌类型、气候条件等都明显不同，由东向西依次呈现草甸草原、典型草原、荒漠草原等不

---

① 实际上通过表1可见，涉及的行政区有乡、镇、苏木、街道、区（其中满洲里本身为县级市，其下辖区为功能区，为乡镇级别），为行文简便，本文将此类行政级别相同的地方统称为乡镇。

同自然景观，平均降雨量自东向西由 280 毫米（额尔古纳市）降至 37 毫米
（额济纳旗）①。

表 1　内蒙古边境旗市区及其抵边乡镇

盟市	旗市区	乡镇
呼伦贝尔市	满洲里市	东山街道、兴华街道、东湖区
	扎赉诺尔区	—
	额尔古纳市	恩和哈达镇、莫尔道嘎镇、蒙兀室韦苏木、恩和俄罗斯族民族乡、黑山头镇
	陈巴尔虎旗	鄂温克民族苏木、巴彦哈达苏木、东乌珠尔苏木、西乌珠尔苏木
	新巴尔虎左旗	嵯岗镇、阿木古郎镇、乌布尔宝力格苏木、罕达盖苏木、甘珠尔苏木
	新巴尔虎右旗	呼伦镇、达赉苏木、阿拉坦额莫勒镇、阿日哈沙特镇、克尔伦苏木、贝尔苏木、宝格德乌拉苏木
兴安盟	阿尔山市	白狼镇、天池镇
	科尔沁右翼前旗	满族屯满族乡
锡林郭勒盟	二连浩特市	格日勒敖都苏木
	东乌珠穆沁旗	呼热图淖尔苏木、满都胡宝拉格镇、嘎海乐苏木、萨麦苏木、阿拉坦合力苏木、嘎达布其镇、额吉淖尔镇
	阿巴嘎旗	吉尔嘎郎图苏木、那仁宝拉格苏木、巴彦图嘎苏木
	苏尼特左旗	巴彦乌拉苏木、查干敖包镇、赛罕高毕苏木
	苏尼特右旗	额仁淖尔苏木
乌兰察布市	四子王旗	江岸苏木、巴音敖包苏木
包头市	达茂旗	满都拉镇、巴音花镇、查干哈达苏木
巴彦淖尔市	乌拉特中旗	甘其毛都镇、巴音乌兰苏木、川井苏木
	乌拉特后旗	巴音前达门苏木、潮格温都尔镇、获各琦苏木
阿拉善盟	阿拉善左旗	乌力吉苏木、银根苏木
	阿拉善右旗	塔木素布拉格苏木
	额济纳旗	哈日布日格德音乌拉镇、苏泊淖尔苏木、赛汉陶来苏木、温图高勒苏木

注：文中边境乡镇、苏木、街道、区根据各旗市区政府网情况介绍及各地行政区划图列出。

① 《走进额济纳-地理环境》，http://www.ejnq.gov.cn/col/col1850/index.html。

（二）边境节点乡镇经济社会发展情况

内蒙古边境地区乡镇大多自然条件相对恶劣，生态环境脆弱，产业基础薄弱，经济发展受到诸多限制。第一产业受气候、土壤等条件制约，生产规模小、产量低，以传统的畜牧业为主，但面临草场退化、载畜量有限等问题。第二产业发展滞后，工业企业数量少、规模小，缺乏大型支柱产业，且受交通、市场等因素限制，发展难度较大。第三产业有一定发展，主要集中在旅游、边贸等领域，但整体服务水平和层次有待提升。

1. 经济社会发展概况

内蒙古边境地区拥有丰富的自然资源，如煤炭、稀土、农畜产品等，这些资源为经济发展提供了有力支撑，经济社会发展呈现稳步向好的态势。内蒙古边境地区由于自身发展条件不一样，经济发展速度和水平也存在较大差异。一些地区凭借资源优势和产业基础，实现了经济的快速发展和地区生产总值的显著提升；而另一些地区则受到自然条件、产业结构等因素的制约，经济发展相对滞后。2022年，内蒙古自治区的地区生产总值达到了23159亿元，按可比价格计算，比上年增长4.2%，20个边境旗市区中只有6个旗市的 GDP 增速超过了4.2%①。

额尔古纳市位于祖国最北端，西北部隔额尔古纳河与俄罗斯相望，边境线长674.89公里，约占全自治区中俄边境线的63%，总面积28959平方公里，有黑山头、室韦两个国家一类口岸。2023年额尔古纳市超额完成上级下达的粮油种植指标，粮食产量再次迈上6亿斤台阶；全年乳产量达14.1万吨，同比增长94.2%；肉产量达1.4万吨，是2022年的1.5倍②。科右前旗位于内蒙古自治区东部、兴安盟中西部，地处大兴安岭中段东坡，西北部与蒙古国接壤，国境线长32.27公里，面积16964平方公里。作为传统的农牧业大旗，科右前旗粮食产量稳定在30亿斤左右，属全国超级产粮大县。

---

① 数据来源：《内蒙古统计年鉴2023》。

② 《额尔古纳经济发展概况2023》，http：//www.eegn.gov.cn/News/show/532289.html。

2023年科右前旗地区生产总值增长5.7%，规模以上工业增加值增长112%，固定资产投资增长0.3%，社会消费品零售总额增长4%。① 乌拉特后旗坐落于巴彦淖尔市西北部，西邻阿拉善盟，北与蒙古国南戈壁省接壤，国境线长195.25公里，全旗总面积24525平方公里。2023年乌拉特后旗地区生产总值增长3.5%，粮食总产量同比下降22.9%，规模以上工业企业增加值增长5.2%，固定资产投资累计同比增长39.4%，社会消费品零售总额同比增长7.5%②。额济纳旗位于内蒙古自治区最西端，东南与阿拉善右旗相连，西和西南与甘肃省毗邻，北与蒙古国接壤，边境线长507公里，总面积114606平方公里。2023年额济纳旗地区生产总值增长5.3%，社会消费品零售总额同比增长2.5%，固定资产投资同比下降36.1%，农村牧区常住居民人均可支配收入同比增长5.8%③。

2. 人口外流现象严重

内蒙古边境地区面临人口严重外流、留守人员年龄偏大等问题。青壮年人口的流失导致劳动力不足，对当地的经济发展、边防建设等产生了一定的影响。

额尔古纳市2023年末户籍人口75192人，比2022年减少1.4%。科右前旗2023年总人口330969人④，比上年减少0.2%。乌拉特后旗2023年末户籍人口57313人，比2022年减少1.5%。

3. 产业结构单一

内蒙古边境旗市区地理位置不同、自然资源分布不均，这直接影响了各地的发展路径，造成大部分地区产业结构单一的局面。一些地区以草原、森林等生态资源为主，重点发展农牧业和生态旅游等产业。拥有丰富矿产资源的地区，则以第二产业为支柱。

额尔古纳市拥有丰美的天然草场和肥沃的黑土地，气候湿润，宜农宜牧，

---

① 科右前旗人民政府：《前旗概况2023》，http：//www.kyqq.gov.cn/kyqq/mlkyqq/kyqqgk/index.html。
② 乌拉特后旗人民政府：《乌拉特后旗概况2023》，http：//www.wlthq.gov.cn/zjwlthq/wlthqgk/jjfz/。
③ 额济纳旗人民政府：《走进额济纳》，https：//www.ejnq.gov.cn/col/col1854/index.html。
④ 数据来源：《内蒙古统计年鉴2023》。

是国家重要的粮油生产基地,被评为"国家产粮产油大县""国家保护性耕作示范市"。农牧业在经济发展中占有重要地位,2022 年额尔古纳市地区生产总值为 502887 万元,其中第一产业 242193 万元,占比为 48.16%[①],远高于自治区 11.46%的平均水平[②]。科右前旗是典型的农牧业大旗,产业结构单一,2022 年地区生产总值为 1287945 万元,其中第一产业 752120 万元,占比为 58.40%,远高于自治区 11.46%的平均水平。

乌拉特后旗是内蒙古自治区矿产资源最丰富的旗县之一,现已探明的矿产资源有 8 大类 46 个品种 118 处矿点[③],各类矿产资源分布广、储量大。丰富的矿产资源为发展采矿业、冶炼业等第二产业提供了坚实的物质基础。2022 年乌拉特后旗地区生产总值为 1078767 万元,其中第二产业 847234 万元,占比为 78.54%[④],高于自治区 48.54%的平均水平。

额济纳旗拥有丰富的自然景观和人文资源,特别是胡杨林等独特的自然景观,吸引了大量游客前来观光旅游。额济纳旗不断加大对旅游业的投入,完善旅游基础设施,提升旅游服务质量,使旅游业成为该市的支柱产业之一。胡杨林旅游区晋升为全盟唯一的国家 5A 级旅游景区,进一步提升了额济纳旗的旅游知名度和吸引力。旅游业的快速发展带动了餐饮住宿等服务业的兴起和繁荣,从而推动了第三产业比重的提升。2022 年额济纳旗地区生产总值为 400045 万元,其中第三产业 270941 万元,占比为 67.73%[⑤],远高于自治区 40%的平均水平。

4. 生态环境多样

内蒙古边境地区以温带大陆性季风气候为主,具有降水量少而不匀、风大、寒暑变化剧烈的特点。冬季漫长严寒,多寒潮天气,夏季短促而炎热,降水集中且较少。这种气候特点对当地的生态环境和农业生产有着深远的影

[①] 根据《内蒙古统计年鉴 2023》得出。

[②] 根据《内蒙古统计年鉴 2023》得出。

[③] 乌拉特后旗人民政府网:《乌拉特后旗概况》,http://www.wlthq.gov.cn/zjwlthq/wlthqgk/gk/。

[④] 根据《内蒙古统计年鉴 2023》得出。

[⑤] 根据《内蒙古统计年鉴 2023》得出。

响。内蒙古边境地区以草原生态系统为主。从东北到西南，内蒙古边境地区的植被类型依次为森林、草原、荒漠。该地区大部分为干旱、半干旱的农牧交错地区，生态环境十分脆弱。

三　边境地区基础设施提档升级的实践与成效

（一）自治区层面的实践

内蒙古边境地区基础设施建设得到了国家和自治区的高度重视，并出台了一系列政策文件来推动。这些政策文件不仅明确了基础设施建设的目标和任务，还提出了具体的资金支持和实施措施。未来，随着这些政策文件的深入实施，内蒙古边境地区的基础设施将进一步完善，为边境地区的经济社会发展提供有力支撑。

2023 年 11 月，内蒙古自治区第十四届人民代表大会常务委员会第七次会议审议通过了《内蒙古自治区促进边境地区高质量发展条例》；内蒙古自治区发改委先后起草印发了《新时代支持边境地区高质量发展的实施意见》（内发改振兴字〔2021〕286 号）、《内蒙古自治区"十四五"促进边境地区发展实施方案》（内发改振兴字〔2022〕1162 号）、《内蒙古自治区落实国家〈支持东北边境地区提升发展活力的实施方案〉重点任务及分工方案》和《关于印发内蒙古自治区"十四五"兴边富民行动实施方案的通知》（内发改投字〔2022〕2039 号）等自治区层面文件，对边境地区未来发展提出了明确目标任务、工作举措和保障措施，为进一步加强内蒙古边境城镇基础设施能力建设、推进边境地区产业发展、统筹边境地区城乡发展、加快重点城镇建设、强化边境地区民生保障等重点任务提供了行动路径。内蒙古自治区发改委建立健全了自治区守边固边工作联席会议机制，明确了牵头和协同责任部门，会同自治区守边固边工作联席会议机制各成员单位共同推动了各项工作落实。

（二）盟市层面的实践

表2　内蒙古自治区各盟市出台的提升边境地区基础设施水平相关政策文件

盟市	相关文件
呼伦贝尔市	《全面提升对外开放水平打造沿边开发开放最具活力合作先导区的实施方案》《呼伦贝尔中俄蒙合作先导区建设规划》
兴安盟	《兴安盟建设一流边防线实施方案（2023～2024年）》《阿尔山口岸发展规划》
锡林郭勒盟	《促进边境地区人力资源和社会保障工作高质量发展三年行动方案（2023～2025年）》
包头市	《包头市人民政府关于贯彻落实国务院支持沿边重点地区开发开放若干政策措施的实施意见》《新时代支持达茂边境地区高质量发展的实施方案》
巴彦淖尔市	《巴彦淖尔市深入推进兴边富民行动实施方案》
阿拉善盟	《阿拉善盟推动基础设施重点项目建设行动方案（2022～2025年）》

《呼伦贝尔中俄蒙合作先导区建设规划》虽不完全聚焦基础设施建设，但为边境地区整体发展提供了战略方向，对基础设施建设具有指导意义。其中提到加大中央财政预算内基础设施投资力度、提高补贴比例、减免地方配套，增加对外资源性产业合作和园区等基础性建设的投资补助等政策支持，这为边境地区基础设施建设提供了重要的资金和政策保障。

《兴安盟建设一流边防线实施方案（2023～2024年）》要求围绕基础固边、产业兴边、保障稳边、团结戍边"四项工程"开展建设工作，大力推动边防线建设，推动边境地区高质量发展。《阿尔山口岸发展规划》对阿尔山口岸的功能布局、产业体系、基础设施建设、开放平台建设、协同发展、营商环境、安全防控等方面进行了详细规划，是指导阿尔山口岸未来发展的行动指南，对于推动兴安盟边境地区的对外开放和经济发展具有重要意义。

巴彦淖尔市为深入贯彻党中央、国务院关于兴边富民行动的决策部署，结合本市实际，制定并实施了《巴彦淖尔市深入推进兴边富民行动实施方案》。这是巴彦淖尔市边境地区基础设施建设的重要政策依据，旨在通过一系列有力举措，加强边境地区公共基础设施建设，提升边境地区居民的生产

生活条件，推动边境地区经济社会发展。

《阿拉善盟推动基础设施重点项目建设行动方案（2022~2025年）》旨在加快构建现代化基础设施体系，提升边境地区的基础设施保障能力。推进国家高速公路（G1817）巴音呼都格至巴彦浩特段公路、213国道东风航天城至十四号基地段公路、银川至巴彦浩特支线铁路、临河至哈密铁路（内蒙古段）扩能改造等项目，以提升边境地区的交通通达能力。

（三）内蒙古边境节点乡镇基础设施建设成效显著

为确保边境地区水电路信基础设施建设行动全面推进，自治区边防委建立了推进边境地区水电路信建设工作沟通调度机制，并加强相关部门的资源统筹和融合衔接，切实推动各项工作取得实效。水电路信基础设施建设三年行动开展以来，全区累计有61个哨所和1.6万边民的用水困难、63个哨所和1.8万边民的用电难题得到解决，贯通等级公路、巡逻路520公里，铺设光缆2471公里，新建通信基站208个，实现边防哨所移动信号全覆盖，331国道4G信号覆盖率从47%提高到74%，边境一线基础设施和公共服务正在加快改善①。

1. 供水保障能力增强

内蒙古大力完善农村供水工程体系，2023年投资4.81亿元，新建扩建集中供水工程531处、分散式水源工程909处，受益农牧民32万人，边境牧区1.4万名农牧民的拉水距离缩短至5公里之内，农区规模化供水比例及牧区供水到户、牲畜自动化饮水等智能供水比例进一步提高，极大地方便了边境地区农牧民的日常用水②。2022年11月底，内蒙古边防一线安全用水工程全部完工，让八千里边防线官兵喝上了纯净水，告别了之前的苦咸

① 安寅东：《内蒙古边境地区"水电路讯"基础设施建设见功效》，《内蒙古日报（汉）》2024年9月6日，第1版。

② 《自治区政府新闻办召开自治区水利建设工作成效新闻发布会》，https：//www.nmg.gov.cn/zwgk/xwfb/fbh/bmxwfbh/202401/t20240126_ 2447414.html。

水①，保障了边防官兵的身体健康，对服务边防部队战备训练、筑牢北疆安全稳定屏障具有重要意义。锡林郭勒盟 2023 年依托自治区农村牧区供水保障工程，为苏尼特右旗、苏尼特左旗、阿巴嘎旗、东乌珠穆沁旗等边境旗投资超 4000 万元，完成边境牧区新建水源井 303 眼、储水窖 43 座，受益人口3739 人。2024 年计划在阿巴嘎旗、东乌珠穆沁旗、苏尼特左旗、苏尼特右旗 4 个边境旗投资 3620 万元，新建水源井 244 眼、储水窖 94 座，有效解决边境地区居民的饮水安全问题。2023 年，四子王旗加快推进边境苏木产业基础设施建设。新打机电井 129 眼，解决了边境牧区 443 户 1242 人远距离拉水的问题，使边境地区吃水难问题得到全部解决。达茂旗边境牧区分散式水源点工程重点解决抵边嘎查牧民饮水不方便、水质不合格等问题，通过安装净水设备、配套入户管道等措施，不仅为巴音花镇、满都拉镇、查干哈达苏木 3 个苏木（镇）的 361 户牧民解决了水源水质不合格问题，同时也实现了绝大部分牧户自来水入户的目标，彻底解决牧民拉水问题，实现边境牧民用水自由。

2. 公路建设不断推进

农村公路是覆盖范围最广、服务人口最多、提供服务最普遍、公益性最强的交通基础设施。2014 年以来，国家、自治区累计投入各类资金 600 亿元，支持内蒙古新改建农村公路 10.3 万公里，完成投资 1172 亿元，成功打通了农村公路"神经末梢"。截至 2023 年底，内蒙古农村公路总里程达到 17.7 万公里，779 个苏木乡镇和 11050 个嘎查村全部通硬化路，农村牧区公路建设发生历史性变化。一张"外通内联、通村畅乡"的农村交通网已然织就，农牧民群众获得感、幸福感、安全感不断增强。2014~2024 年锡林郭勒盟为边境地区新建农村牧区公路 3829.94 公里，抵边自然村硬化路建设规模达 255.76 公里，较上一个十年边境地区新建农村牧区公路增长 72.07%。公路建设有效改善了边境地区居民的出行条件，降低了出行成本，解决了过去雨雪天气农牧民生

---

① 《告别"苦与涩"内蒙古八千里边防线官兵喝上"纯净水"》，https：//www. thepaper. cn/ newsDetail_ forward_ 20992089。

产生活资料运输难的问题，为兴边富民、守护边防提供了安全、畅通、便捷的道路交通条件①。铁路建设方面，重点推动了锡乌铁路、锡多复线等建设项目通车运营，加快太锡快速铁路、虎丰一期铁路建设进度。全盟干线铁路和支线铁路分别达到 7 条和 5 条，建成铁路里程达 2483 公里，运营里程达 2320 公里，建成和运营里程居自治区各盟市首位，为边境地区的物资运输和人员往来提供了重要的交通支撑②。巴彦淖尔市致力于改善边境地区交通条件，边境旗及甘其毛都口岸全部通高等级公路，所有建制嘎查村通沥青路、水泥路。达茂旗投资 38.26 亿元修建农村公路（水泥路）583 公里、整修 210 国道和 331 国道 263.5 公里，改善边境地区的交通状况。

3. 电网覆盖面持续扩大

内蒙古在"十三五"期间向 20 个边境旗市区累计投资 46.28 亿元推进农网改造升级，占全区农网改造升级总投资的 14.42%。截至 2020 年底已完成全部工程及投资。其中，国网内蒙古东部电力有限公司供电区域内的 8 个边境旗市区农村供电可靠率达 99.86%、电压合格率达 99.84%、户均配变容量 2.06 千伏安；内蒙古电力（集团）有限责任公司供电区域内的 12 个边境旗市区农村供电可靠率达 99.79%、电压合格率达 99.5%、户均配变容量 2.48 千伏安。2021 年内蒙古在农网巩固提升工程投资计划方面继续向边境地区倾斜，进一步改善了边境地区的电网状况，满足了边境地区居民和企业的用电需求。巴彦淖尔市通过实施偏远牧区用电升级、抵边嘎查电网改造升级等工程，显著提升了边境地区电力服务能力。对于居住分散、大电网无法覆盖的区域，通过实施风光互补方式解决群众用电难问题。达茂旗以通网电、协调蒙能公司风光互补等方式，分级分类、逐年解决边境地区未通电问题。2022 年达茂旗投入发展资金 1054 万元，实施特色优势产业配套设施项

① 《内蒙古锡林郭勒在边境地区十年新建公路近 4000 公里》，https://baijiahao.baidu.com/s?id=1801643135506694681&wfr=spider&for=pc。

② 内蒙古自治区人民政府：《锡林郭勒盟加强基础设施建设，蓄积边境民族地区经济社会发展后劲》，https://www.nmg.gov.cn/zwyw/gzdt/msdt/202108/t20210820_1807747.html。

目，新建 10 千伏架空线路等电力设施①。2019 年以来，锡林郭勒盟累计投资 5.5 亿元，为 15 个边防哨所、5364 户边远农牧民接通网电。2024 年，锡林郭勒盟计划投资 1.88 亿元，实施 40 个行政村办公地通网电工程，同时投资 2.8 亿元实施 1600 户农牧户通网电工程，提升边境地区的供电保障水平②。2023 年乌拉特中旗巴音乌兰苏木建成 3 兆瓦分布式光伏发电项目，产生的电力就近入网，为边境嘎查村集体提供稳定收入。乌拉特后旗为 4 个嘎查村集体争取到分布式光伏项目共计 0.2 兆瓦，投入专项资金 88 万元，年收益达 9.9 万元③。

4. 网络覆盖范围扩大

通信基础设施方面，一些政策文件围绕整体的发展规划，对边境地区基础设施建设提出了指导意见和发展方向。例如，《工业和信息化部等十三部门关于加快"宽带边疆"建设的通知》明确了边疆地区在宽带网络、移动网络等方面的建设目标和重点任务，对于推动内蒙古边境地区的信息基础设施建设具有重要意义。2016 年以来，锡林郭勒盟加快推进"宽带锡盟""电信普遍服务 4G 网络试点""智慧广电固边工程"等项目建设，累计争取国家电信普遍服务 4G 基站 406 座，占全区基站建设数量的 23%，争取数量为各盟市第一位。截至 2023 年，全盟 4G 基站总数达到 2727 座，5G 基站总数达到 3888 座，每万平方公里拥有 4G 基站 134 座、5G 基站 191 座，全盟行政村（嘎查）宽带网络覆盖率达到 90% 以上，4G 网络覆盖率从不足 55% 提升到 70% 以上，有效提升了边境地区的网络通信水平。2022~2023 年启动实施农村牧区通信"盲户"无线宽带网络接入工程，2023 年 10 月底项目全部完工，累计完成投

---

① 《我为群众办实事｜"电"亮成边牧民幸福路　守护好祖国"北大门"》，https：//mp. weixin. qq. com/s？_ _ biz = MzA4NTc4NTEwMA = = &mid = 2655933709&idx = 2&sn = 3d13cf39a16d6ed14d3c2dad111862fd&chksm ＝ 84685a6eb31fd378cfb2eef7338a9467b936 4090f2fe8ba5b67a6b5b05b864c5685 f5517469d&scene=27。

② 锡林郭勒盟行政公署：《锡林郭勒：让边远牧民喝好水、用长电、连上网、走新路》，https：//www. xlgl. gov. cn/xlgl/zx/mnyw/2024070809500268213/index. html。

③ 《推动五大任务见行见效·高质量发展看巴彦淖尔｜兴边富民　欣欣向荣》，https：//baijiahao. baidu. com/s？ id=1778834872246968912&wfr=spider&for=pc。

资 8254 万元，率先在全区实现农村牧区通信"盲户"无线宽带网络全覆盖，让边境地区的农牧民也能享受到便捷的网络通信服务[①]。四子王旗联通公司新建 11 座通信基站，使部分边境地区在原有信号覆盖的基础上新增联通信号；移动公司为边境苏木 5 座基站新装 5G 设备，进一步提升了边境牧民的通信效率[②]。达茂旗建设边境地区通信基础设施及边防技改一期 5G 基站工程，利用卫星电话、边境无人监控前端项目等加强信号保障，提升边境地区的通信水平。

四 基础设施提档升级面临的困难与挑战

（一）人口空心化

部分地区常住人口严重外流，留守人员年龄偏大。乌兰察布市四子王旗总面积 2.55 万平方公里，边境线长 104 公里。受生产、生活条件，特别是教育和医疗条件限制，学龄孩子和老人大多搬到乌兰花镇居住，边境人口逐年减少，边境三个苏木总户籍人口 4664 户 8714 人，外出户 2844 户 4260人，占户籍人口的 48.9%；抵边一线四个边境嘎查户籍人口 929 户 1791 人，外出户 635 户 990 人，占户籍人口的 55.3%，长期驻边人口几乎全部是老人。

（二）教育医疗资源匮乏

内蒙古边境乡镇由于地理位置偏远、经济相对落后，中小学校数量相对较少，且缺乏高质量的教育设施和师资力量，难以满足当地学生的教育需求。边境旗市区每万人拥有的学校数量远少于自治区平均水平。例如，达茂

---

① 锡林郭勒盟行政公署：《2023 年锡林郭勒盟通信基础设施建设情况新闻发布》，https：//www.xlgl.gov.cn/xlgl/zw/zwgk/xwfbh/2023122109405467126/index.html。

② 《四子王旗：努力让农牧民都吃上"产业饭"》，http：//nm.cnr.cn/xinwensudi/20231222/t20231222_526531482.shtml。

旗 2022 年末户籍人口为 107782 人，有 6 所小学，平均每万人拥有 0.56 所，而全区平均水平为 0.69 所；四子王旗 2022 年末户籍人口为 204729 人，有 9 所小学，平均每万人拥有 0.44 所。

内蒙古边境地区地广人稀，医疗机构的分布较为稀疏，一些偏远的边境乡镇可能只有小型卫生院或诊所，无法提供全面的医疗服务。由于医疗工作环境和待遇相对较差，难以吸引和留住优秀的医疗人才，医生的数量远远不能满足当地居民的医疗需求。边境旗县拥有的医疗卫生机构床位数和技术人员数远少于自治区平均水平。例如，达茂旗医疗卫生机构床位数为 649 张，每万人口为 60.21 张，全区平均水平为 69.37 张；医疗卫生机构技术人员为 537 人，每万人口为 49.82 人，而全区平均水平为 88.15 人[①]。四子王旗医疗机构床位数为 709 张，每万人口为 34.63 张；医疗机构技术人员为 937 人，每万人口为 45.77 人。

（三）产业支撑不足

内蒙古边境地区的产业结构相对单一，缺乏具有竞争力的主导产业和产业集群，难以形成对基础设施建设的有效支撑。例如，科右前旗、额尔古纳市以农牧业为主，第一产业比重比自治区平均水平高出 46.94 个和 36.7 个百分点。第一产业通常附加值较低，且受自然条件、市场价格波动等因素影响较大。例如农产品价格受季节、气候和市场供需关系影响明显，价格不稳定，会导致经济增长速度受限，难以实现快速发展。乌拉特后旗在工业方面有一定的积累，在有色金属冶炼、化工等领域形成了较为成熟的生产体系和技术基础，造成了第二产业占比达 78.54% 情况。过度依赖第二产业，尤其是少数几个工业行业，会使经济面临较大的产业结构单一风险。例如当某个主导工业行业市场需求下降、技术变革或面临外部竞争压力时，整个地区经济可能会受到严重影响。额济纳旗第三产业比重高达 67.98%，高出自治区平均水平近 28 个百分点。如果第三产业比例过高且脱离了第一、第二产业

---

① 数据来源：《内蒙古统计年鉴 2023》。

的支撑，可能会出现经济空心化现象，而且第三产业中的部分行业（如旅游业、餐饮业等）受外部因素影响较大，就业稳定性相对较差。

（四）资金短缺

内蒙古边境节点乡镇基础设施提档升级面临资金来源有限和资金分配不均的双重挑战。一方面，资金来源较为单一，主要依赖政府财政投入和少量的社会资金，而边境地区经济发展相对滞后，地方财政收入有限，难以满足基础设施建设的巨大资金需求。另一方面，在资金分配上存在不均的情况。部分地区由于地理位置重要或经济基础较好，获得了相对较多的资金支持，基础设施改善较为明显；而一些偏远、贫困的边境乡镇，由于各种因素，所能分配到的资金较少，导致基础设施建设进展缓慢。这种资金分配不均的状况进一步加剧了地区之间的发展不平衡，影响了边境地区整体的稳定与发展。要解决资金短缺问题，需要积极拓展资金来源渠道，如吸引更多的社会资本投入，同时优化资金分配机制，确保资金能够更公平、有效地分配到各个边境节点乡镇。

（五）技术难题

内蒙古边境地区特殊的地理环境给基础设施施工和设施维护带来了诸多技术难题。例如，在一些高寒、高海拔地区，施工条件恶劣，对建筑材料的性能和施工工艺要求极高。冬季漫长寒冷，冻土层深厚，道路、桥梁等基础设施的建设和维护面临巨大挑战，容易出现地基下沉、路面开裂等问题。此外，风沙大、干旱少雨的气候条件也给电力、通信等设施的稳定运行带来困难，设备容易受到风沙侵蚀和干旱影响，增加了维护成本和技术难度。在水资源匮乏的地区，供水设施的建设和维护需要采用特殊的技术和工艺，以确保水资源的有效利用和供应稳定。

（六）人才匮乏

专业人才的不足严重影响了内蒙古边境节点乡镇基础设施提档升级项目

的推进。由于边境地区工作条件艰苦、待遇相对较低，难以吸引和留住高素质的专业人才，如工程设计、施工管理、技术维护等方面人才短缺。这导致项目规划不够科学合理，施工过程中缺乏有效的管理和技术指导，设施建成后的维护工作也难以保障质量。此外，人才匮乏还限制了对新技术、新理念的应用和推广，影响了基础设施建设的效率和质量。

五　基础设施提档升级的对策建议

（一）提升公共服务设施

提升医疗卫生水平：加强边境地区医疗卫生服务体系建设，提高基层医疗卫生机构的服务能力和水平，推动医疗资源向边境地区倾斜配置等。具体措施包括：投入资金建设和完善边境地区医疗卫生设施，加强医疗卫生人才培养和引进工作，制定优惠政策鼓励医疗机构到边境地区提供服务，推广使用远程医疗等新型医疗服务模式。

加强教育设施建设：加大对边境地区教育设施建设的投入力度，改善学校办学条件和教学环境，提高教育教学质量等。具体措施包括：投入资金建设和改善边境地区学校设施，加强教师队伍建设和管理培训工作，推广使用现代化教学手段和设备，加强与发达地区学校的交流合作。

（二）加强交通运输设施建设

对边境节点乡镇的主要道路进行升级改造，提高路面质量和通行能力。具体措施包括：对主要道路进行拓宽和硬化处理，提高道路承载能力和行车速度；加强道路维护和保养，确保道路畅通无阻；在重点路段设置交通信号灯和监控设备，提高交通安全水平；鼓励和支持边境地区发展公共交通系统，如设立边境地区公交网络或农村客运班线等，方便居民出行。

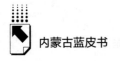

（三）完善能源与水利设施

加强农村电网建设。对边境地区农村电网进行升级改造，提高供电可靠性和稳定性。具体措施包括：对老旧电网进行改造和升级，提高电网承载能力和供电质量；推广使用新型节能设备和材料，降低能耗和成本；加强电网运行维护和管理，确保供电安全稳定。同时，推广新能源应用如太阳能、风能等，以减少对化石能源的依赖。

完善水利设施。加强农田水利设施建设和管理维护，推进节水灌溉技术推广应用，解决部分边境地区饮水安全问题等。具体措施包括：对农田水利设施进行普查和维修改造；推广使用节水灌溉技术和设备，提高水资源利用效率；投入资金解决部分边境地区饮水安全问题，保障居民基本生活用水需求。

（四）加强信息网络设施

扩大宽带覆盖面。推动"互联网+"行动计划在边境地区的落地实施；加快边境地区宽带网络建设步伐，提高宽带覆盖率和接入速率。具体措施包括：投入资金建设宽带网络基础设施，提高网络覆盖率和传输速度；推广使用光纤等高速传输技术，提高网络传输质量；加强网络运行维护和管理，确保网络稳定可靠。

（五）拓宽资金渠道

为解决内蒙古边境节点乡镇基础设施提档升级的资金问题，应采取多元化的资金筹集方式。首先，加大政府财政投入力度，设立专项扶持资金，并确保资金精准投放。其次，鼓励金融机构提供低息贷款和优惠政策，支持基础设施建设项目。再次，积极引入社会资本，通过 PPP 模式等吸引企业参与投资。最后，设立基础设施建设基金，向社会公众募集资金。

在资金分配方面，应制定合理的方案。根据各地基础设施的实际需求和发展潜力，进行科学评估和分类。优先保障重点地区和关键项目的资金需求，如交通枢纽、能源供应等。对于偏远和贫困的边境乡镇，给予适当的倾斜和扶持，确保资金分配的公平性和有效性。

（六）加强技术创新

在技术创新方面，应积极引入先进技术，加强与国内外科研机构和企业的合作。引进适用于高寒、高海拔等特殊地理环境的建筑和施工技术，提升基础设施的建设质量和耐久性。同时，加大对本地技术研发的支持力度。设立专项科研基金，鼓励本地企业和科研单位开展针对边境地区基础设施建设和维护的技术研究。注重技术人才的培养和引进，建立技术交流平台，促进新技术的推广和应用。加强对现有技术人员的培训，提升其技术水平和创新能力。

（七）培养专业人才

制定系统的人才培养和引进计划。与高校和职业院校合作，开设相关专业课程，培养适应边境基础设施建设和管理的专业人才。提供实习和实践机会，让学生在实际项目中积累经验。同时，出台优惠政策吸引外部人才到边境地区工作。为人才提供良好的发展环境和待遇，建立人才激励机制，对在基础设施提档升级工作中表现突出的人才给予奖励和晋升机会。加强对本地人才的培养，开展针对性的培训项目，提升其专业素养和综合能力。

六 结论与建议

内蒙古边境节点乡镇基础设施的提档升级是一项长期而艰巨的任务，需要政府、社会、居民等多方面的共同努力和持续投入。本报告通过对内蒙古边境节点乡镇基础设施现状与问题的深入分析，提出了具体可行的措施与实施计划。建议相关部门和单位高度重视边境地区基础设施建设工作，加强规划引领和资金投入，注重人才培养和技术引进，推动边境地区经济社会全面发展，提升居民生活质量和社会福祉水平。

参考文献

熊术新、晏雄、韩全芳：《云南边境地区社会治理与社会发展》，社会科学文献出版社，2016。

于水：《农村基础设施建设机制创新》，社会科学文献出版社，2012。

刘银喜、任梅：《公共管理论丛：农村基础设施供给中的政府投资行为研究》，北京大学出版社，2015。

陈志华、胡必亮：《"一带一路"基础设施建设》，北京师范大学出版社，2023。

B.18
内蒙古数字化基础设施建设研究报告[*]

王秀青[**]

摘　要： 作为国家大数据综合试验区，内蒙古在网络基础设施建设、算力基础设施建设、应用基础设施建设方面取得了长足的进步，持续赋能产业升级和社会发展。但是仍存在数字化基础设施建设地区发展不平衡、数字化基础设施之间互联互通作用发挥不足、以用促建作用发挥不足、数字化基础设施相关规章制度还不完善、科技支撑和创新水平低等问题。进一步完善内蒙古数字化基础设施，需要从强化数字化基础设施建设的互联互通、发挥数字化基础设施以用促建的作用、完善数字化基础设施建设的保障制度、加快数字技术研发和攻关等方面着力突破，全面提升内蒙古数字化基础设施建设运营水平。

关键词： 数字化　基础设施　内蒙古

随着社会数字化转型的加快，数字化基础设施为数据成为新型的生产要素提供了基础条件，也成为经济社会转型发展的重要支撑。内蒙古作为国家大数据综合试验区，积极推进数字化基础设施建设，逐步形成了数据存储、传输等设施与新技术融合发展格局。完善内蒙古数字化基础设施，建立健全适应数字化基础设施创新发展的制度机制，加快数字化基础设施建设赋能经

* 本文为内蒙古自治区社会科学院 2024 年度课题"内蒙古提升社会治理数字化水平"（批准号：YB2436）的研究成果。

** 王秀青，内蒙古自治区社会科学院公共管理研究所助理研究员，研究方向为公共服务、基层治理。

济社会数字化转型，既是推动数据要素高质量供给、释放数据要素新动能的内在要求，也是增进民生福祉、满足人民群众美好生活需要的底层保障。

一　数字化基础设施的概念特征

（一）数字化基础设施的概念

数字化基础设施是指基于新一代信息技术演化发展形成的能够体现数字经济特征的信息基础设施，涵盖5G互联网、数据中心、人工智能、工业互联网等领域，主要依托先进的信息网络技术，并以信息技术和万物深度融合创新为动力源泉，对各个行业进行全面的数字化升级转型。具体来说，数字化基础设施可以细分为多个相互依存的层级结构，如图1所示。第一层是网络通信基础设施层，该层次的核心任务是完成数据的获取、传输和分发，主要涵盖不断升级更新的通信技术设施，例如4G和5G移动通信网络、高速光纤宽带网络、IPv6协议支持下的互联网体系以及实现广域覆盖的卫星互联网等。第二层为存储计算资源层，它是海量数据信息处理和分析的基础，主要包括数据中心设施、人工智能运算所需的算力和算法支持系统以及云计算服务平台等。第三层为融合应用与服务层，这一层次主要聚焦底层技术赋能实际应用，从而释放数据价值和技术效应，它包含了工业互联网、物联网等关键技术领域的操作系统和基础软件，并延伸至针对各行各业实际需求所定制的应用软件、应用平台。此外，第三层级还聚焦对传统基础设施的数字化升级改造，以适应数字经济时代的需要和发展趋势。

（二）我国数字化基础设施发展历程

数字化基础设施的发展历程可以追溯到20世纪中叶计算机技术的兴起，但真正进入快速发展阶段是在21世纪初。自2002年中国第一个国家信息化规划出台后，信息化建设正式起步，推动数字化基础设施建设迈入快车道。到2008年前后，云计算概念被高度关注，数据中心等新型计算资源基础设施得到部署和应用。进入21世纪前十年，"宽带中国"战略实施，中国信

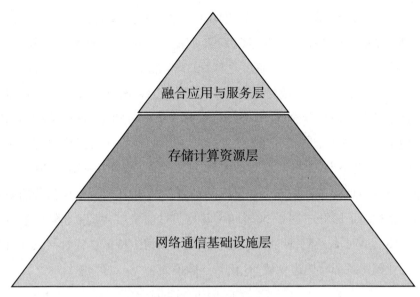

图1 数字化基础设施建设层级结构

息化相关政策主要集中在数据化基础设施建设以及互联网技术的应用推广上。通信网络、电子信息、软件等一系列数字技术领域的技术创新，推动了数字化基础设施的提档升级，互联网生态初步显现。2015年后，"互联网+"战略、大数据战略等国家级战略推动网络通信技术的迭代更新，区块链、人工智能等新一代技术引领中国数字化基础设施建设，成为"数字中国"建设的重要抓手和推动力。2020年以后，"东数西算"工程全面启动，以5G、人工智能、工业互联网为代表的数字化基础设施建设提速发展，带动了数字化转型产业链上下游以及各行业开展数字化基础设施的应用投资，丰富了数字化应用场景，为数字化转型提供了支撑保障。

二 内蒙古数字化基础设施建设情况

（一）网络基础设施建设情况

1.全区网络基站建设情况

2023年全区5G基站数为60446个，新增5G基站数20000个，增长率为49%，在12个西部省区市中排名第八。全区每万人拥有5G基站25.23个，高于全国平均水平，相较于2022年底的16.80个同比增长约50%，如1表所示。在4G基站建设方面，全区2023年度电信普遍服务项目已完工185个基站，其中包含行政村4G基站28个、边疆4G基站157个。从盟市建设情况来看，2023年全区5G基站数量排在前三位的是呼和浩特市10187个、包头市7466个、赤峰市6929个；5G基站数量排在后三位的是阿拉善盟1463个、乌海市1755个以及兴安盟3230个①，如图2所示。2023年各盟市基站建设取得了新突破，如巴彦淖尔2023年依托第九批电信普遍服务项目，在边境地区开工建设30个4G基站，目前全市4G网络覆盖率达到98%，5G基站总数达到3484个，基本实现了临河主城区、各旗县政府所在地、工业园区及部分周边乡镇5G信号连续覆盖。

表1　2022、2023年内蒙古和全国每万人拥有5G基站数情况

单位：个

区域	2022年	2023年
内蒙古每万人拥有5G基站数	16.80	25.23
全国每万人拥有5G基站数	16.39	23.95

2. 全区网络覆盖情况

截至2022年底，全区行政村宽带通达率为100%，光缆线路总长度达到159.1万公里。5G用户共有901万户，占比为29.9%。累计建成26.7万个10G-PON端口，家庭千兆光纤网络覆盖率达180%，千兆以上宽带占比在12个西部省区市中排名第九②。全区5G网络已实现12个盟市市区、103个县级行政区和914个苏木乡镇主要区域连续覆盖。其中，鄂尔多斯市、乌兰察布市、兴安盟、呼伦贝尔市、通辽市、锡林郭勒盟、阿拉善盟等7个盟市

---

① 王岚：《发挥内蒙古自治区通信产业优势加速形成新质生产力》，《通信世界》2024第12期，第12~14页。

② 《内蒙古数字农牧业农村牧区发展规划（2023~2025）》http://nmt.nmg.gov.cn/gk/zfxxgk/fdzdgknr/ghjh/202311/t20231109_2408010.html。

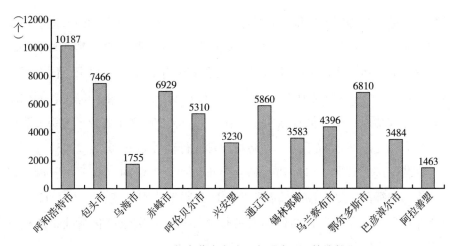

图2　2023年内蒙古自治区各盟市5G基站数

实现了旗县（市、区）全覆盖，全区旗县（市、区）覆盖率达58%。根据2023年12月底核查数据，内蒙古全区12338个行政村村委会、学校、卫生室等主要公共机构4G网络覆盖率达到99.88%。电信普遍服务项目已完工，4G基站平均下载速率为44.2兆每秒，各基站使用效果良好，有效支撑了当地医疗、教育、电商等业务发展①。锡林郭勒盟2023年顺利完成农村牧区通信"盲户"无线宽带网络接入工程，无线宽带网络覆盖了11个旗县（市、区）50个苏木乡镇300多个嘎查村接近4000户农牧民，率先在全区实现了农村牧区无线宽带网络全覆盖②。此外，内蒙古积极推进山水林田湖草沙等重要生态区的网络建设工作，在岱海、呼伦湖、乌梁素海周围，以及辉腾希勒草原、响沙湾、希拉穆仁草原、阿尔山国家森林公园等地成功实现了网络全面覆盖。

3. "双千兆"网络发展情况

以5G网络和千兆光网为代表的"双千兆"网络，具有超大带宽、超低

---

① 《内蒙古自治区2023年度电信普遍服务补助资金绩效自评报告》，https：//nmca. miit. gov. cn/xwdt/gzdt/art/2024/art_ 10628ea35f08458380a2875ef8f1ccdd. html。

② 《锡林郭勒盟率先在全区实现农村牧区通讯"盲户"无线宽带网络全覆盖》，《锡林郭勒日报》2023年11月14日，第A1版。

时延、先进可靠等鲜明特征，是新型基础设施的重要组成和承载底座。内蒙古共有4个"千兆城市"，分别是呼和浩特、包头、鄂尔多斯和赤峰。2021年，呼和浩特达到固网10G-PON端口覆盖80%用户的建设要求，同全国其他28个城市一道率先成为全国首批"千兆城市"。2022年，包头、鄂尔多斯和赤峰成功入选第二批全国"千兆城市"，标志着呼和浩特、包头、鄂尔多斯和赤峰完成《"双千兆"网络协同发展行动计划（2021~2023）》。全区将继续推进通辽市、乌海市、乌兰察布市和兴安盟的"双千兆"网络建设工作，并提前规划在锡林郭勒盟主城区开展千兆网络建设，力争12个盟市全部达到"双千兆"网络协同发展行动要求，夯实数字化基础设施建设底座，助力全区经济社会发展。

（二）算力基础设施建设情况

1.算力产业整体布局情况

内蒙古是8个国家算力枢纽关键节点之一，拥有和林格尔数据中心集群（和林格尔新区、集宁大数据产业园）这一国家数据中心集群，在我国"东数西算"工程中发挥着重要作用。从算力产业整体布局来看，内蒙古整体按照"1+10+N"进行谋篇布局，推动全国一体化算力网络内蒙古枢纽节点建设，以此来保障未来算力产业发展需求。其中，"1"是指按照国家"东数西算"战略布局，重点推进国家"东数西算"工程十大数据中心集群之一和林格尔数据中心集群项目建设。"10"是指允许和林格尔数据中心集群以外其他盟市中心城区结合本地实际，科学合理布局建设绿色算力设施，主要用于满足本地实时性算力的客观需求。"N"是指靠近城镇、口岸、产业园区、商圈、大型厂区等需求集聚区建设集网络、存储、计算等资源于一体的边缘计算节点，主要用于满足用户对极低时延和极佳体验的新型业务需求。通过适度超前做好新能源场址预留、电网规划建设、战略用电政策制定等工作，内蒙古算力产业协同发展格局正在形成。

2.算力产业建设规模概况

从算力产业建设规模来看，截至2023年底，全区数据中心服务装机能力达到 260 万台，上架率 67.4%，总体算力规模突破 5000P。2023 年全区数据中心完成投资额 70 亿元，累计新增服务器 60 万台，主要集中在和林格尔新区。新引进华为智算中心等千亿级重大项目，建设成阿里、并行等智算超算重点项目，建成全国最大的"扶摇"自动驾驶智算中心。以内蒙古算力枢纽节点和林格尔数据中心集群为例，截至 2024 年 7 月，和林格尔数据中心集群服务器装机能力已超过 370 万台，算力总规模达到 4.7 万 P，其中智能算力 4.1 万 P，居全国前列。预计到 2024 年底，和林格尔数据中心集群内服务器装机能力超过 400 万台，算力总规模将达到 6.5 万 P，其中智能算力 5.8 万 P，能够有力支撑人工智能产业发展①。根据《中国综合算力指数（2023 年）》，内蒙古拥有算力建设规模、环境、存力等方面的优势，综合算力指数在全国排名第七，在西部省份中占绝对优势，如图 3 所示。

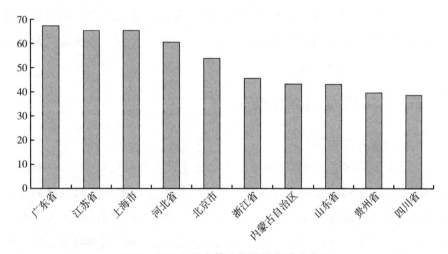

图 3　2023 年综合算力指数排名前十省份

3. 算力产业生态构建情况

从产业生态看，内蒙古已经形成了汇集上游、中游、下游三个层次的算力产业格局，涉及硬件、软件和服务等多个环节，一条较为完备的算力

---

① 《内蒙古："绿色算力"赋能"东数西算"》，https：//www.163.com/dy/article/J5S6F3R405346RC6.
html？spss＝dy_author。

产业链正在逐步完善。以和林格尔数据中心集群为核心牵引力量，内蒙古算力产业上游集聚了 10 多家设备制造和生产型企业，包括服务器、传感器、高低压电控设备、机柜等设备以及半导体材料等，落地了华为北方基地、诚迈科技数字服务基地、新华三中央实验室以及智百诺、望龙两个信创终端品牌，构建起软硬一体的信创产业生态。中游建成了国家互联网骨干直联点城市和国际互联网数据专用通道，在全国率先开通了呼和浩特—合肥、呼和浩特—北京点对点 400G 全光网络，与全国 25 个直辖市和省会城市建立了直达链路，正在打造"2—5—20"三层"延时圈"，即第一个圈层呼包鄂乌毫 2 秒，第二个圈层京津冀毫 5 秒，第三个圈层长三角 20 毫秒；落地建设了运营商、金融机构、头部企业等算力项目 60 多个，启动建设了集群算力资源监测与调度平台。下游招引了 20 多家数据加工处理企业、10 多家运维企业以及移动九天、电信星辰、联通元景、讯飞星火等 10 个通用大模型，训练总参数量超过万亿个，绿色算力全产业链集聚发展的生态体系正在加快形成。

（三）应用基础设施建设情况

1. 政务服务建设情况

从政务服务网络建设情况来看，全区电子政务外网已形成"纵向到底、横向到边"的布局，实现了自治区、盟市、旗县、苏木乡镇四级纵向骨干网络全覆盖，横向自治区、盟市、旗县（市、区）政务部门全接入。电子政务外网骨干网络带宽全面升级，自治区到盟市纵向骨干线路带宽升级到主备双万兆，盟市至旗县（市、区）纵向骨干线路带宽升级至主备双千兆，旗县（市、区）至乡镇纵向网络 100Mbps 以上带宽达 86%。自治区本级互联网出口链路带宽近 10Gbps，自治区本级城域网部门主备链路接入带宽平均为 500Mbps。电子政务外网已具备移动用户接入能力，政务部门移动用户可通过 4G、5G 通信网络随时随地访问政务云业务系统[1]。

---

[1] 资料来源：内蒙古自治区大数据管理局。

从政务服务应用情况来看，数字化基础设施的深入发展改变了医疗、养老、社会保障等方方面面。如医保信息平台在参保登记、待遇结算、异地就医、公共服务、医保智能监管、药品耗材集中采购等领域发挥了重要作用，实现了就医购药一站式服务、一窗口办理、一单制结算，为参保群众提供了更加优质便捷的医保服务。全区金保工程的启动与建设，实现了全区范围内五级服务网络的全面贯通，全面支撑了全区社会保险、劳动就业、劳动关系、人事人才、社会保障卡等各业务板块，为自治区人社领域的业务开展和公共服务奠定了坚实的基础。

2. 智慧城市建设情况

智慧城市建设是城市基本公共服务高质量发展的重要支撑。各盟市立足发展实际，将智慧城市建设融入了城市发展的实践探索中。包头市智慧城市大数据平台充分发挥数据收集处理的功能，实现了与相关地区、部门和企业的数据共享应用。鄂尔多斯市坚持以数字驱动城市发展，构建城市发展新格局：通过城市智能体在政务服务上实现"一网通办"、在智慧应用上实现"一屏统览"、在城市运行上实现"一网统管"，使数字城市的发展更有温度、更加智慧、更高质量。乌兰察布遵循 1 个中心、1 个智能中枢、4 个关键应用的设计思路，搭建起智慧城市的基本架构，通过对不同应用场景和数据资源的聚合，实现了智能分析、综合研判等功能。乌海依托城市大脑，在环卫监管、工地管理、停车场监管、综合执法、市政监管等智慧应用场景的事件处置流转上效率大幅提升。兴安盟打造融合党建、治理、服务多项内容的现代化智慧平台，实现了大数据承载、物联设备接入、基础应用组件支撑、应急指挥基础功能、AI 视频解析、五级视频会议、网格化社会治理联动、接诉即办热线事件处置、基础市域社会治理大脑等 20 多项功能。

3. 农牧业数字化发展情况

数字技术的快速发展和创新应用也催化了农牧业数字化发展和转型。在呼和浩特、鄂尔多斯、赤峰等地，相关农业主管部门部署推进农牧业数字化转型，涌现出内蒙古正大集团、现代牧业集团、呼伦贝尔农垦集团等一批开

展数字化转型的涉农企业，建成内蒙古海芯华夏全国设施农业大数据运营平台、华颂马铃薯单品种大数据平台、蒙牛乳业数字化工厂等示范项目。数字技术与农牧业、农村牧区加速融合，2015 年以来自治区建成农机化服务信息系统、草原科学化管理信息系统等 13 个业务系统，促进了农牧业生产、经营、销售等全流程的智能化。农作物重大病虫害数字化监测预警平台和国家系统的无缝对接，实现了对全区 10 个盟市 53 个旗县的实时监控。鄂尔多斯市鄂托克前旗、兴安盟扎赉特旗成为首批国家数字乡村试点县。云计算农畜产品合格证制度的顺利启动标志着全国首个畜产品安全追溯地方标准在内蒙古落地执行，实现了对牲畜肉制品生产、加工、运输、销售全过程的信息化管理。遥感、物联网、大数据等数字技术在农牧业、农村牧区各领域广泛应用，线上线下融合的现代农牧业蓬勃发展，也给农牧民生产生活带来便利，促进了农牧业生产的提质增效。

三　内蒙古数字化基础设施建设存在的问题

（一）数字化基础设施地区发展不平衡

从全区范围来看，内蒙古数字化基础设施呈现快速发展的趋势，数字化基础设施建设水平逐年提升。但是内蒙古数字化基础设施存在地区发展不平衡的现象，总体呈现中间发展水平高、东西发展水平低的现象。内蒙古地域狭长，区域间发展策略和资源禀赋都存在差异，导致了数字化基础设施发展不平衡的现象。如位于内蒙古中部的呼包鄂城市群，全年地区生产总值也远高于其他盟市，数字化基础设施相对完善充分，数字技术应用发展水平也成为其他盟市的样板。尤其是首府城市呼和浩特，作为内蒙古经济发展的主力，拥有和林格尔数据中心集群（和林格尔新区、集宁大数据产业园）这一国家数据中心集群，是全区数字化基础设施发展的中心，使得中部地区的数字化基础设施整体领先东西部，尤其是呼伦贝尔、锡林郭勒、兴安盟等东部地区数字化基础设施建设整体相对滞后。从城乡分布来看，由于资源的集中和人口的聚集，城市数字化基础设施建设水平远高于人才质量欠缺、资源投入不足的农村牧区。如城市在网络覆盖率与通信稳定性、智慧城市建设等各方面资源应用都优于农村牧区。

（二）数字化基础设施之间互联互通作用发挥不足

数字化基础设施之间的协同特性决定了其只有互联互通才能发挥最大化的作用。由于数字化基础设施建设的主体一般以企业为主，在促进数字化基础设施发展的同时也存在相互竞争的市场结构，或是由于技术标准不统一、建设制度不完善、体制机制滞后，数字化基础设施互联互通的作用发挥不足。从数据资源开放共享方面看，内蒙古全区信息资源共享程度偏低，数据开放程度、开放数量和质量、开放范围与全国其他先进地区相比还存在很大的差距，全区仅有 1/3 的盟市上线了地市级数据平台[1]，访问量和下载量累计次数反映出平台使用效率低下的问题。根据复旦大学国家信息中心数字中国研究院发布的《2022 中国地方政府数据开放报告》[2]，全国各省份数据开放利用指数排名中内蒙古排在第 20 名，位于参评的 27 个省区市中最低档级。从数据交换机制上看，全区存在数据交换机制不畅的问题。由于数据存在信息安全和规范使用的现实问题，且全区尚未形成统一规范的交换共享机制，尤其是跨部门、跨行业的数据共享机制滞后造成数据交换共享存在较高的协调成本，内蒙古数据共享的积极性不高。此外，数字化基础设施建设缺乏标准，全区使用的数据库品牌多达十几种，导致数据共享出现不兼容问题，降低了数据共享的可用性。

（三）以用促建作用发挥不足

内蒙古地域辽阔、资源丰富，不同行业不同领域对 5G、人工智能等新技术应用需求强烈，能源、农牧业、生态环境、医疗、化工等行业领域都需

---

① 赵渊：《内蒙古社会治理数字化发展存在问题与对策研究》，内蒙古师范大学硕士学位论文，2023。
② 复旦大学国家信息中心数字中国研究院：《2022 中国地方政府数据开放报告》，2022。

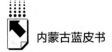
要信息技术赋智赋能。从现有情况来看，全区在不同行业领域积极进行新技术应用实践探索，在智慧城市、智慧牧场、智慧矿山等方面都取得了长足的进步。但是全区对信息技术的应用仍不充分，以用促建作用有待进一步发挥，体现为在安全生产、现代农牧业、城市治理等许多具体层面信息技术助力精准化实施、物联网使用仍有较大的发展空间。如全区在运用大数据和智能化手段加强城市精细化管理方面进行了生动实践和探索，但在缓解"城市病"、引领城市转型发展等方面还有较大提升空间，尤其是在数据基础设施的战略性布局、协同性应用、跨领域协作等方面有待进一步加强，在调动市场能动性、发挥政企协作力量、强化数据基础设施对城市数字化治理的推动作用方面还有待进一步加快探索。在智慧农牧业方面，对农业数据挖掘收集和整理整合等应用仍需进一步深入拓展，尤其是土地、作物、气象、水资源等相关农业信息的数字化程度不高，信息技术赋能科学化生产决策的作用还有待进一步发挥。

（四）数字化基础设施相关的规章制度还不完善

在数字化基础设施相关规章制度建设方面，内蒙古出台《内蒙古自治区"十四五"工业和信息化发展规划》《数字内蒙古建设发展规划（2018~2025年）》等文件，对全区数字化建设进行了整体的谋篇布局；《内蒙古自治区通信基础设施总体规划（2020~2035年）》《内蒙古自治区云计算产业发展规划（2011~2020年）》等文件，对内蒙古数字化基础设施建设做出了具体的部署，一个相对完备的制度环境已经初步形成。但是全区在数字化基础设施建设相关的制度方面，还有进一步完善的空间。比如全区的数字化基础设施建设规则和建设标准还不够统一，数据分类分级存储、流动的体制机制不健全，政府数据开放的深度和广度还不够，相关技术标准还不全面，数据基础设施共建共享的约束与激励制度尚未建立。在推动数据跨境流通方面，硬件和软性技术设施建设不足，数据交易相关的规则和机制还不健全，跨境数据流动的规则等探索有待加快。

四　完善内蒙古数字化基础设施建设的对策建议

（一）强化数字化基础设施建设的互联互通

按照互联、互通、融合的发展理念协同推进数字化基础设施的整体布局，加强技术、平台、标准之间的内在统一性和联通性，提升数据要素流动效率与价值。一是完善数字化基础建设规则标准。要加快对全区数字化基础设施建设标准的进一步探索，着力推进标准和技术攻关，构建数字化基础设施相关的行业技术、参数指标、配置、设计等基础制度和标准规范，推动大型企业之间形成共建共享共治的良性合作机制，加快构建更加成熟稳定的数字化治理体系。二是建立健全数据流通合规体系。完善、畅通不同主体之间的数据交易流通制度机制，明确不同类型数据的权责主体，通过法律法规对不同场景下数据的使用规则进行约束，对于不适宜流通使用的数据制定相应的开放和保密规则，营造更加规范有序、包容审慎的数据要素制度体系。三是加强数据中心、云计算、物联网的一体化建设，注重开放共享和集约建设的理念，避免低水平建设或重复建设，充分发挥示范项目的引领作用以及科技孵化、产业落地的促进作用，不断塑造数据基础设施发展新动力和新势能。

（二）发挥数字化基础设施以用促建的作用

强化数字化基础设施以用促建作用的发挥，发挥好数字化基础设施建设支撑经济社会发展、满足人民群众需求的作用。要增强数字化基础设施建设的统筹规划，构建全区数字化基础设施建设组织体系，形成一个横向上覆盖各单位部门、纵向上包括自治区、盟市、旗县（市、区）的数字化基础设施建设大网络，推进数字化项目跨部门、跨地区集约建设和共建共享，最大限度减少重复建设和资源浪费。要明确需求导向、问题导向、效果导向的原则，开展广泛的调研和需求分析，了解各行各业对数字化基础设施建设的实

际需求，深入推进数字化基础设施建设与全区产业发展紧密结合。如新能源、冶金、煤化工、装备制造、奶业等支柱产业，对数字化需求巨大，聚焦这些能够显著降低成本、改善服务、提升效率的行业，发挥数字化基础设施的支撑作用，促进产业数字化、网络化、智能化转型。拓展数字化应用场景，深度挖掘社会发展、城市发展的数字化需求，结合金融、交通、农牧业、医疗等重点领域的发展特性，加快融合基础设施建设，强化数字化场景的应用拓展，推动智慧城市、智慧医疗、智能建造的进一步提档升级，充分释放数据新型生产要素赋能社会治理精细化、政府决策科学化、公共服务高效化的利用价值。

（三）完善数字化基础设施建设的制度保障

根据全区发展实际，建立健全数字化基础设施建设的各级各类规则制度，遵循"边设计、边实施、边完善"原则，加快制定出台数字化基础设施建设领域相关政策，完善数字化基础设施建设制度体系。一是加强对数字化基础设施建设的顶层设计，持续深化全区数字化基础设施的全面计划部署，继续深入推进全区5G网络建设、算力基础设施建设布局，在实现城区网络等资源深度覆盖的基础上，支持向农村牧区等条件允许的基层延伸。做好工业、能源、医疗、交通、教育等重点领域的数字化基础设施建设部署，推动实现更广泛、更深层次的数字化基础设施全覆盖。二是继续完善与数字化基础设施建设相配套的人才、金融、税收等制度政策。通过税收优惠、研发补贴、税收减免、低息贷款等政策引导，鼓励企业和社会资本流入数字化基础设施建设。三是加快制定和完善与数字化基础设施建设相适应的监管政策，如数据保护法、个人信息保护法等，从而构建更加成熟稳定的网络安全保障体系与适应性监管框架，提升网络安全保障能力和水平，为数字化基础设施建设提供法律保障。

（四）加快核心技术研发和攻关

加快数字化基础设施领域的核心技术攻关，提升数字化技术基础研发能力，着力打造数字化技术硬实力。一是持续强化科技创新突破，加大科研经费投入力度，集中力量加大对 5G 增强、大数据、云计算、区块链、人工智能等技术的研发支持力度，解决开发平台、基础软硬件、工业软件等"卡脖子"问题。围绕研发设计环节，加快建设技术水平高、集成能力强的专业数字平台，推动创新链、产业链、资金链的精准对接。二是建立完善科技创新型企业培养体系。加快推进全区创新型企业的培育，通过设立科技创新专项资金，重点支持科技型企业的研发、成果转化和项目产业化，在全区培育一批具有核心竞争力的科技型企业。三是加快科技支撑能力建设。建立与全区数字化基础设施建设相适应的数字化人才培养体系与评价机制，加强数字化基础设施建设领域的人才培养和引进工作，鼓励高校、科研院所以及科研企业等研究机构培养数字化创新型人才和领军人才，为数字化基础设施建设提供智力支持。

参考文献

张政、冯少飞：《大模型算力基础设施技术趋势、关键挑战与发展路径》，《信息通信技术与政策》2024 年第 6 期。

钞小静、廉园梅、元茹静、陈思宇：《数字基础设施建设与产业链韧性——基于产业链恢复能力数据的实证分析》，《数量经济技术经济研究》2024 年第 11 期。

赵精武、周瑞珏：《人工智能治理的算力维度：论算力互联互通》，《郑州大学学报（哲学社会科学版）》2024 年第 4 期。

梁泽闽、陈何、程德明：《福建省新型数字基础设施高质量发展对策研究》，《木工机床》2024 年第 2 期。

B.19
内蒙古口岸能力补强工程实施对策研究

照日格图*

摘　要： 目前，内蒙古已拥有 20 个对外开放口岸，形成了铁路、公路、航空多方位、立体化的口岸开放格局。近 5 年来，内蒙古本级财政累计投入口岸建设资金约 5.2 亿元，累计实施 151 个项目，口岸基础设施建设持续加强，全区口岸货运能力达到 2 亿吨，2023 年全区口岸货运量超过 1 亿吨，刷新全国陆路沿边口岸纪录，全区 14 个陆路口岸承担了约 90% 以上的中蒙陆路运输和 65% 以上的中俄陆路运输任务。但是，与以高水平对外开放促进高质量发展要求相比，内蒙古口岸基础设施建设、口岸管理服务水平、口岸公共卫生核心能力建设、口岸通道建设方面还有待加强。因此，要实施口岸能力补强工程，着力推动口岸发展新格局，推动智慧口岸建设，优化国际国内通道布局，不断提高口岸对外开放层次，优化口岸开放布局。

关键词： 口岸能力　补强工程　对外开放　内蒙古

　　把内蒙古打造成为我国向北开放重要桥头堡，是习近平总书记交给内蒙古的五大任务之一，也是内蒙古推动更高水平对外开放，并以高水平开放促进高质量发展的现实需要。口岸是国家对外开放的门户，是国内国际双循环交会点，是对外交往和经贸合作的桥梁，在国家对外开放大格局中具有重要战略地位。

---

* 照日格图，内蒙古自治区社会科学院内蒙古"一带一路"研究所副所长，副研究员，研究方向为国别区域与国际关系。

一 内蒙古口岸发展现状

内蒙古地处我国北疆，横跨三北，内联八省区、外接俄蒙，历史上就是"草原丝绸之路"和"万里茶道"的重要枢纽和通道，如今更是"一带一路"的重要节点、国家西部陆海新通道的重要门户，区位优势和开放条件得天独厚。在内蒙古绵延8000里的边境线上分布着20个对外开放口岸①，其中，铁路口岸2个、公路口岸12个、航空口岸6个、对俄口岸6个、对蒙口岸10个（见表1）。

表1 内蒙古口岸及功能定位

口岸类型	口岸名称	口岸类型	基础和特色	功能定位
内蒙古综合枢纽口岸	满洲里口岸	公路航空铁路	对俄最大口岸，中欧班列东通道，国家重点开发开放试验区，自治区进口木材加工基地，跨境电商基地	以进出口贸易、进口加工、国际物流、跨境旅游、现代服务业等功能为主的综合枢纽口岸
	二连浩特口岸	公路航空铁路	对蒙最大综合性口岸，中欧班列中通道，国家重点开发开放试验区	以国际贸易、国际物流、加工制造、商贸服务等功能为主的综合枢纽口岸
内蒙古公路重点专业口岸	甘其毛都口岸	公路铁路（规划）	我国对蒙煤、铜贸易最大口岸，辐射呼包鄂银榆城市群	以进口蒙古国煤、铜为主，成为贯通南北、横跨东西能源通道的专业口岸
	策克口岸	公路铁路（规划）	西部重要的煤炭进口口岸，陕甘宁青四省区共有的唯一一陆路口岸	以中国西部能源资源交易与物流为核心的重点专业口岸
	满都拉口岸	公路铁路（规划）	蒙古国矿产资源进口重要通道，服务于包头工业基地	以煤炭、铁矿石等货物进口为主的重点口岸
内蒙古公路普通口岸	室韦口岸	公路	对俄公路口岸，进口为主，过货规模不大，口岸周边旅游资源丰富	以边境贸易、跨境旅游为主的普通口岸
	黑山头口岸	公路	对俄公路口岸，进口为主，过货规模不大，口岸周边旅游资源丰富	以边境贸易、跨境旅游为主的普通口岸
	阿日哈沙特口岸	公路	和蒙古国第二大城市乔巴山距离最近，客流为主，货流为辅	以对蒙人文交流和跨境旅游、对蒙生产生活物资出口为主的普通口岸

① 满洲里、二连浩特的公路、航空、铁路口岸分开计算。

续表

口岸类型	口岸名称	口岸类型	基础和特色	功能定位
内蒙古公路普通口岸	额布都格口岸	公路	口岸辐射的蒙古国东方省,农畜牧业资源丰富、粮食耕地面积400万亩	以边境贸易货物进出境,对蒙原油、煤炭进口为主的普通口岸
	阿尔山口岸	公路	自然生态资源丰富、旅游资源丰富	以跨境旅游、人文交流为主的普通口岸
	珠恩嘎达布其口岸	公路铁路（规划）	国际性陆路口岸,锡赤通向北开放的重要窗口	以原油、饲草料进口为主的普通口岸
	乌力吉口岸	公路	对内辐射西南、西北等地区,服务国家西部陆海新通道	以煤炭进口为主的普通口岸
内蒙古其他四个航空口岸	呼和浩特航空口岸	航空	全区最大航空口岸,国际快件分拨中心,自治区航空枢纽,临空产业发展基地	我国向北开放重要国际航空枢纽口岸
	包头航空口岸	航空	地处区内最大综合性工业城市	联通华北、西北的区域性航空口岸
	鄂尔多斯航空口岸	航空	口岸客运量增速较快,积极发展临空经济	自治区航空重要节点,辐射带动蒙晋陕甘宁等西北地区发展的航空口岸
	海拉尔口岸	航空	交通便捷,面向俄蒙地区、连接东北亚的重要航空节点	以商贸旅游为主,持续发展客货运的航空口岸

资料来源:《内蒙古自治区"十四五"口岸发展规划》。

内蒙古现有的 20 个对外开放口岸,已形成铁路、公路、航空等多方位、立体化口岸开放发展格局。其中,满洲里、二连浩特两个综合枢纽口岸,以国际贸易、物流仓储、加工制造为主导。甘其毛都口岸、策克口岸、满都拉口岸三个公路重点专业口岸,依托不同区位条件和蒙古国矿产资源优势,充分发挥重点口岸的辐射带动作用,向专业化方向发展。其他 7 个公路普通口岸,主要为人文交流、货物贸易、跨境旅游等通关服务,重点补齐发展短板,做精做强做细口岸通道功能,使通关便利化水平不断提高。

二 内蒙古实施口岸能力补强工程现状

近年来，内蒙古口岸虽然取得了长足发展，但与发达地区口岸相比，对标高质量发展要求，还存在同质化竞争、基础设施薄弱、通关能力不强、产业基础薄弱、辐射带动能力不强、融资机制不健全、管理机制体制不完善等问题。2021年9月16日，海关总署印发的《国家"十四五"口岸发展规划》（以下简称《规划》），明确"十四五"期间将重点推进平安、效能、智慧、法治、绿色"五型"口岸建设。同时，规划首次提出重点枢纽口岸示范、以补短板为主的口岸设施升级改造、口岸智慧创新、口岸国际合作四大重点工程。内蒙古围绕国家相关规划，聚焦口岸高质量发展，采取口岸能力补强工程等一系列政策举措，持续推动口岸高质量建设。

（一）加强口岸基础设施建设

内蒙古紧抓国家推动"两新一重"（即新型基础设施建设，新型城镇化建设，交通、水利等重大工程建设）建设的重大机遇，加快补齐制约口岸高质量发展的基础设施短板，严格按照《国家口岸查验基础设施建设标准》要求，制定《建设国家向北开放重要桥头堡2023年重点任务》，印发《向北开放重要桥头堡建设三年滚动实施重大建设项目库》，牵头起草《推进内蒙古口岸高质量发展实施方案》等政策文件，制定问题清单、目标清单、项目清单以及口岸区位交通图、口岸功能（产业）图等"三张清单、两张图"，协调推进口岸重大项目建设。

内蒙古推动全区口岸17项重点建设项目纳入国家"十四五"规划102项重大工程，推动11个陆路口岸恢复客货双通，下拨2亿元口岸经济发展专项资金，支持44个建设项目，带动投资7.18亿元。包头航空口岸通过国家验收，鄂尔多斯航空口岸进境海关指定监管场地通过海关总署验收。内蒙古协调推动满洲里、二连浩特恢复8座以下车辆通关。内蒙古对外开放的12个公路口岸已全部通二级及以上公路，二连浩特口岸已通高速公路。目

前，内蒙古口岸公路交通运输网络基本形成，边境口岸城镇与区内中心城市实现高等级公路连通。满洲里、甘其毛都 2 个重点口岸高速公路正在加快建设①。

聚焦口岸重点项目建设，以通关效率提升为导向，进一步完善口岸基础设施，提升口岸通关能力。重点支持满洲里、二连浩特两个综合枢纽口岸以及甘其毛都、策克、满都拉三个公路重点专业口岸和 7 个公路普通口岸建设。其中，策克口岸实施口岸"六进六出"运煤通道扩建、珠恩嘎达布其口岸启用"四进二出"货运通道、甘其毛都口岸启用口岸"十二进七出"智能卡口系统后，口岸通关效能大幅提升。

（二）全面推进口岸通关便利化

2023 年，内蒙古研究制定《2023 年提升口岸进出境货运量工作方案》，推动全区口岸全部恢复货运功能。健全高峰延时通关、周末应急通关、重要物资"绿色通道"保障机制，推动满洲里、二连浩特口岸先后试行 24 小时货运通关制。持续强化口岸运行信息日报制度，建立每日分析研判、每月定期通报、季度小结、年度总结工作机制，引领全区口岸牢牢把握工作主动权。重点开展整车出口专项疏解行动，推动黑山头口岸实现整车出口分流，满洲里口岸阶段性拥堵问题得以全面解决。甘其毛都口岸、策克口岸成功试运行无人驾驶跨境运输，二连浩特公路口岸 TIR 进口业务量居全国首位，口岸绿色智能转型发展已迈出坚实步伐。

为深入贯彻落实习近平总书记关于"智慧海关、智能边境、智享联通"重要指示精神和《国家"十四五"口岸发展规划》及自治区《关于建设国家向北开放重要桥头堡的实施方案》《内蒙古自治区"十四五"口岸发展规划》关于智慧口岸建设要求，结合内蒙古口岸发展需要，内蒙古自治区商务厅制定实施《内蒙古自治区智慧口岸建设指导意见》，推进智慧口岸建

---

① 《内蒙古 20 个对外开放口岸打通互联互通"大动脉"》，《内蒙古日报》2023 年 11 月 29 日，第 1 版。

设。满洲里口岸、二连浩特口岸列入国家智慧口岸建设试点。2023 年以来，内蒙古自治区财政安排 4000 万元支持内蒙古智慧口岸项目建设，资金主要支持打造安全、高效、绿色、智能的现代化口岸。内蒙古口岸系统坚持"全区一个总案、各口岸一个子案"原则，已制定了二连浩特、满洲里 2 个智慧口岸实施方案，确保智慧口岸建设标准化、精准化。

充分发挥科技引领支撑作用，打造智慧口岸，不断加强海关监管和服务能力，让监管服务提质升级。目前，内蒙古已完成 11 个公路口岸货运通道智能卡口建设，已于对蒙古国口岸推广使用载货清单电子传输。建成国际贸易（内蒙古）"单一窗口"一期工程，并已投入使用。全区 14 个边境口岸限定区域、海关监管场所基本覆盖视频监控系统，可视化监管、智能化管理、扁平化指挥能力有效提质。为提高口岸智能化、机械化作业水平，二连浩特、甘其毛都、策克、满都拉等口岸正在规划建设智慧物流项目。

（三）优化以口岸为中心的通道布局

作为我国向北开放的重要桥头堡，内蒙古加强区域合作、联通国内国际的战略地位和作用日益凸显。口岸在内蒙古实施新一轮高水平对外开放、全面构建对外开放新格局进程中发挥着重要的通道支点作用。

近年来，内蒙古紧紧围绕"两个屏障、两个基地、一个桥头堡"战略定位，以跨境通道和口岸建设为重点，积极推进策克、甘其毛都、珠恩嘎达布其铁路口岸项目建设，推动中蒙策克—西伯库伦、中蒙甘其毛都—嘎顺苏海图、中蒙珠恩嘎达布其—毕其格图、中蒙满都拉—杭吉等四个跨境铁路口岸建设，为建设外联蒙古、俄罗斯，内联国内腹地的集疏运体系，建设功能配套、衔接紧密、快速便捷的国际大通道打下了良好的基础。优化以口岸为中心的内外通道布局，加快建设便捷、高效、快速、安全、大容量、低成本的区域互联互通大交通战略体系，建成接通满洲里、二连浩特两个枢纽口岸高速公路和 6 个口岸一级以上公路，高效对接口岸集疏运设施网络，进一步提高了铁路网、公路网、电网技术水平和运输能力。

畅通满洲里、二连浩特、策克、甘其毛都等口岸与腹地城市的联系，提

升铁路、公路、航空联通水平，增强口岸辐射带动能力。畅通满洲里、二连浩特、珠恩嘎达布其国际性口岸与天津、锦州、大连等环渤海地区港口的铁路和公路联系，促进了国际陆路口岸和海港深化合作。加快推动集宁—二连浩特铁路电气化改造，推动珠恩嘎达布其—毕其格图连接公路建设项目，发挥好口岸通道、枢纽、平台、窗口四大功能，进一步提升全区口岸通关能力、集疏运能力、落地加工能力，向具有国际竞争力的一流现代化口岸迈进。

全力构建横贯东西、纵连南北、顺通北京、畅联八省、抵边达海、城乡一体的现代化综合立体交通网，编制实施《内蒙古自治区综合立体交通网规划》，推动建设 G5511 二广高速集阿联络线通辽段、G0616 甘其毛都至海流图高速公路，力争 2024 年实现盟市间高速公路互联互通、重点口岸高速公路全部接通。

（四）推动中欧班列增量扩容

作为共建"一带一路"的旗舰项目和标志性品牌，中欧班列是深化国际合作的重要载体，是推动区域经济发展的重要支撑，也是保障产业链供应链安全的"生命通道"。中欧班列有东、中、西三条主要运输大通道，其中，内蒙古的满洲里口岸和二连浩特口岸，分别是中欧班列东线和中线通道的主要进出境口岸。

近年来，内蒙古高度重视并积极支持和促进中欧班列发展，推动满洲里口岸和二浩特连口岸铁路口岸建设、数字化口岸建设，有效提升了中欧班列通关便利化水平。2022 年二连浩特铁路口岸完成扩能改造，宽、准轨接发列车线路增加至 30 条，实现宽轨场、准轨场、换轮库、边检场四场合一集中控制运输组织模式，接运能力提升了 20%[①]。2022 年 12 月，集二铁路乌叶图站开通启用，可更好服务"一带一路"建设和中欧班列开行，促进区

---

① 《班列畅行 外贸腾飞——内蒙古向北开放显成效》，《经济参考报》2024 年 1 月 31 日，第 4 版。

域经济社会发展。二连浩特持续推进数字化口岸建设，实现与海关部门信息数据互通共享、高度协同，通关时间压缩5%以上。

满洲里铁路口岸是中欧班列东通道的重要组成部分。为进一步提升中欧班列运行效率，满洲里站实行了一系列优化措施，如数字口岸建设，整列、成组取送，压缩调车作业时间，增加国际货场宽、准轨行车场线路，更新智能化机械设备，探索列车"宽轨出重"模式等，使作业效率较之前提高近15%，压缩班列取送车时间近0.5小时，进一步提高了班列换装效率。这些举措大大提升了班列的运输效率和服务质量，使得满洲里口岸的货物吞吐量不断攀升，创下历史新高。

乌兰察布市是内蒙古东进西出的桥头堡、北开南联的交会点，2019年，成功入选首批陆港型国家物流枢纽建设名单，是全国唯一的中欧班列非省会节点城市，正成为中蒙俄经济走廊和"一带一路"建设的重要节点、国家西部陆海新通道的重要门户、中欧班列中部通道的枢纽咽喉。2024年1月，《乌兰察布中欧班列集散中心建设实施方案》获批，乌兰察布向北开放"桥头堡"枢纽节点项目建设取得新进展。

三　内蒙古口岸存在的问题与挑战

内蒙古共有陆路口岸14个，承担了约90%以上的中蒙陆路运输、65%以上的中俄陆路运输，中欧班列过境数约占全国总数的40%。2023年内蒙古口岸货运量达1.078亿吨，同比增长84.6%。其中，陆路口岸货运量首破1亿吨，刷新我国沿边省区陆路口岸年总货运量纪录[1]。2023年内蒙古进出境中欧班列8324列，同比增长12.6%。其中，满洲里口岸进出境中欧班列5007列，同比增长3.5%；二连浩特口岸进出境中欧班列3317列，同比增

---

[1] 《1亿吨，陆路口岸货运量创造沿边省区新纪录》，《内蒙古日报（汉）》2024年1月28日，第1版。

长 30.1%①。通过实施口岸能力补强工程，内蒙古口岸能力进一步提升，但存在部分口岸基础设施薄弱，口岸通关能力不强，智慧口岸、智慧国门建设有待提升等问题，与前沿地区相比仍有不足，与市场主体的预期仍有差距。

（一）口岸基础设施建设有待加强

口岸基础设施建设，是提升口岸对外开放水平，发展中国特色国际一流现代化口岸的必然要求。近年来，内蒙古各类口岸建设取得了长足的进步，但是口岸建设的时间较早、基础设施投入不足、基础配套设施年久失修、信息化程度较低，导致口岸承载功能弱化。一些普通口岸交通基础设施、查验设施、物流体系等集成化建设不足。其中，一些普通口岸没有适合的监管场所存放货物，口岸堆场仓储量较小，口岸项目建设缓慢停滞。一些口岸虽然过货能力和过货量在沿边口岸中首屈一指，却面临着口岸基础设施陈旧老化、铁路沿线剩余用地不足、发展空间严重受限等问题。部分铁路口岸集装箱场为露天场地，集装箱交接、保管重箱和安全检查的场所建设不足。口岸信息化建设相对滞后，距离"智慧口岸、智慧监管、智能边境"还有一定的差距。

（二）口岸管理服务水平有待提升

深入推进口岸"放管服"改革，优化通关流程、提高效率、降低合规成本、改善通关服务，提高通关便利化整体水平，实现口岸"人流、物流、资金流、信息流+通关+服务"一体化联动，是建设效能口岸的重要举措。近年来，内蒙古扎实推进智慧监管项目先行先试，通过强化口岸大数据监测分析、提升口岸智能化管理水平、搭建智慧监管企业服务平台等探索实现对人流、物流、信息流全方位、全链条、全覆盖的信息化和数字化管理，进一步提升口岸通关便利化水平，但当前市场主体关切的"堵点""痛点""难

---

① 《1亿吨，陆路口岸货运量创造沿边省区新纪录》，《内蒙古日报（汉）》2024年1月28日，第1版。

点"问题依然严峻。比如，一些口岸未形成常态化农产品绿色通关通道，未设立危险品货物的专用通道、危化品监管场地等问题。智能卡口建设尚未全覆盖，智慧口岸建设刚刚起步，口岸无人驾驶跨境运输尚未普及推广，部分口岸卡口交通管理较松，影响通关效率。部分口岸检验费用较高、耗时较长，检验检疫效率低。

（三）口岸公共卫生核心能力建设有待加强

口岸公共卫生核心能力是世界卫生组织对缔约国口岸公共卫生管理水平的基本要求，具体包括口岸卫生检疫监管，食品、饮用水卫生安全管理，环境卫生控制，突发公共卫生事件应对等多方面内容。目前，内蒙古一些普通口岸海关部门进出口检验检疫手段落后，查验机械化采样少、人工采样多；采样、送检、化验和出具报告等检验程序较多，检验周期长，抽检效率较低；口岸检测设备不够先进，进口货物通关一车一检，大大影响了通关效率；一些普通口岸企业设备、煤炭抽检样品需要送到外地和重点口岸进行检测化验，影响生产经营。另外，一些普通口岸技防设施设备出现损坏和问题，未能及时全面修复，出入境边防检查站、海关监控设施设备已无法满足需求，尤其是现有系统急需升级，新建换装场房等基础设施需要增加监控设备。中蒙和中俄进出口货物的通关合作有待深化，中俄进出口货物的通关查验结果互认协议尚未达成，还互不认可对方检验结果。

（四）口岸通道建设有待加强

内蒙古地处我国北疆，横跨三北，内联八省区、外接俄蒙，历史上就是"草原丝绸之路"和"万里茶道"的重要枢纽和通道，如今更是"一带一路"的重要节点、国家西部陆海新通道的重要门户，在8000里的边境线上除拥有20个对外开放口岸之外，还有自由贸易试验区（申请建设中）、国家重点开发开放试验区、综合保税区、经济合作区、国际旅游合作区、边民互市区（点）等各类开放平台。目前，内蒙古"四横十二纵"综合运输大通道初步形成，但"口岸+枢纽+通道+平台+产业"协调联动，做大做强口岸方面发展不足。加快完善口岸交通基础设施，优化拓展口岸通道网络布局、海外枢纽节点布局、国际通道网络布局、提升口岸集疏运能力，服务"网上丝绸之路"建设还需要发力。内蒙古各类口岸主动融入京津冀、长江经济带、东北振兴、西部陆海新通道，与各类平台协调发展还有很大不足。口岸经济发展缺乏战略统筹、口岸要素集中集聚集约度不高、口岸带动辐射能力不强等问题仍然制约内蒙古发展。边境口岸过货量突破 1 亿吨，但是相关货物的物流组织、交易流转、贸易结算并未在内蒙古实现。

四 内蒙古实施口岸能力补强工程的对策建议

《国家"十四五"口岸发展规划》提出，全面落实新时代口岸高质量发展要求，以口岸综合绩效评估为抓手，统筹推进平安、效能、智慧、法治、绿色"五型"口岸建设，到 2025 年，基本建成口岸布局合理、设施设备先进、建设集约高效、运行安全便利、服务完备优质、管理规范协调、危机应对快速有效、口岸经济协调发展的中国特色国际一流现代化口岸。因此，内蒙古应实施口岸能力补强工程，以"五型"口岸建设为统领，深入推进口岸四大重点工程建设，高质量落实 11 项重点任务，推动内蒙古口岸现代化。

（一）实施口岸能力补强工程，推动形成动口岸发展新格局

口岸是国家对外开放的门户，是对外开放必不可少的重要基础设施。近年来，内蒙古各类口岸的发展极大地促进了我国和世界各国的国际合作、经贸发展、人员往来、对外交流，在中国改革开放进程中发挥着重要作用。

（1）加快破除制约口岸高质量发展的基础设施瓶颈，积极推进策克、甘其毛都、珠恩嘎达布其铁路口岸项目建设，加快推进连接满洲里、二连浩特、甘其毛都口岸高等级公路项目建设，推进国际快件监管中心和国际邮件互换局（交换站）建设，推动中国联通中蒙（二连浩特）、中国电信中俄（满洲里）跨境陆缆传输系统建设等，积极对接俄蒙，共同推进边境口岸通关能力对等提升。推进满洲里口岸跨境电商边境仓、国际航空快件处理中心

项目建设等，不断增强口岸承载能力。

（2）以瓶颈路段和拥堵口岸为重点，推进二连浩特铁路口岸场站改造和中欧班列集装箱集拼集散中心项目，积极推动满洲里口岸、二连浩特口岸或集宁铁路枢纽建设进出口货物集拼集散中心，推动中欧班列内蒙古境内"卡脖子"路段升级改造和综合枢纽口岸站扩能改造，积极拓展与中东欧国家之间的中欧班列通道，提升中欧班列开行质量效益。持续优化运输组织，大力拓展回程货源，促进运输资源集约高效利用。从运行效率、服务质量、创新能力、品牌文化等多方面丰富品牌内涵，进一步做大做强始发中欧班列，不断提升国际影响力。

（3）加强中蒙俄三方交流合作，借助国际金融组织的支持，加快中欧班列沿线铁路、口岸、集结中心等基础设施改造升级，依托沿线重点合作项目和境内外园区建设，推动产业、贸易、物流、信息、金融等领域合作，鼓励支持三国企业家加强交流合作，鼓励企业采取合资、入股、收购等多种方式，参与口岸节点、场站和通道等基础设施建设，逐步解决仅靠自身财力难以支撑口岸升级等问题。

（4）加强调查研究，系统性优化调整口岸功能。根据口岸周边交通条件、经济腹地产业发展及人口情况，结合区域产业布局和发展需要，综合考量口岸实际需求及其潜在优势，认真审视各口岸发展的潜力和前景，在全自治区范围内系统性优化口岸分工，做大做强重点核心优势口岸，以重点核心优势口岸带动口岸片区发展，以口岸片区发展带动沿边区域经济发展。

（二）实施口岸能力补强工程，进一步提升口岸便利化水平

紧抓国家推动"两新一重"建设的重大机遇，严格按照《国家口岸查验基础设施建设标准》开展查验基础设施建设，根据发展需求对现有口岸基础设施进行有序改善、统筹利用、升级改造。重点抓好公路、铁路、航空口岸功能、产业、物流体系配套基础设施建设。

（1）加大口岸基础设施维护改造投入。加强公路口岸旅检通道配套设施改造，推广使用货运汽车、矿产品专用通道和 AGV 专用通道，推动开辟

公路口岸货运第二通道。在重点专业口岸以及部分普通口岸新建煤炭海关监管区、空箱集装箱周转场地，提升口岸煤炭仓储能力。建成启用入境重载公路二期工程、出境车辆服务区等项目。推动部分口岸集装箱换装场扩能改造项目，加快铁路第二机械换装场粮食换运区改造进程。推进中欧班列满洲里集散中心建设，支持具备条件的口岸建设智能跨境空轨运输项目，推动公路口岸无人驾驶运输，创新跨境运输模式。

（2）深入推进国际贸易"单一窗口"建设，拓展更多便利功能和服务，分阶段、分步骤开展"智慧口岸"建设试点工作，深度服务和融入共建"一带一路"，全面参与中蒙俄经济走廊建设，高质量实施《区域全面经济伙伴关系协定》（RCEP），更好地发挥自由贸易协定效能，进一步推动贸易自由化便利化。

（3）促进企业减负增效，充分发挥"两步申报"及"一保多用"综合效应，积极探索首问负责制、一次性告知制度、24 小时预约通关制度、企业"问题清零"机制，积极推广第三方检测结果采信制度，提升通关便利化水平。

（4）加强口岸核心能力建设，严格按照国家《口岸公共卫生核心能力建设技术规范》要求，尽快配套发布强制性标准的释义和量化考核指标，推进该标准在内蒙古所有开放口岸落地实施，进一步提升进出口贸易的便利化水平。加强国际交流合作，积极向国际社会推荐中国标准、推广中国经验，不断提升我国在国际公共卫生治理方面的软实力及话语权。

（三）实施口岸能力补强工程，推动智慧口岸建设

高度重视智慧口岸建设，研究成立智慧口岸数字化专班，自治区商务厅（口岸办）牵头，其他政府部门、监管单位及相关主体协同推进《内蒙古自治区智慧口岸建设指导意见》提出的相关任务，积极推进智慧口岸建设，持续拓展口岸服务能级，提升口岸综合运行效能。

（1）优化口岸功能布局，构建智慧口岸体系。以口岸设施设备智能化、信息系统集约化、运行管理数字化、综合服务便利化、跨境合作常态化为主

要内容，以"一张网、一个平台、一站式服务"为目的，打造功能布局科学合理、设施设备更加先进、运行管理安全高效、服务保障优质便利、口岸经济协调发展，适应中国式现代化要求的智慧口岸。加强智慧口岸顶层设计和统筹规划、分类施策，各口岸根据功能定位、任务特点和发展需要，结合实际制定方案，重点解决各自为政、重复建设、信息孤岛、智能化水平偏低等问题。

（2）推进设施设备智能化，提高货运通关智能化水平。针对不同口岸类型和功能特点，着眼高质量发展需要，以改造口岸相关基础设施设备、升级先进智能查验设施设备、推进口岸相关部门系统升级和信息共享、建设口岸区域信息化系统和数字化综合管理系统、推进口岸数据资源综合利用、持续提升口岸智能化管控水平、持续深化国际贸易"单一窗口"应用、持续推进口岸公共卫生核心能力建设、加快跨境贸易服务生态体系建设、全面推进跨境贸易信息交流与合作、积极参与双多边国际合作等工作为重点，解决"痛点""堵点""难点"，实现减环节、优流程、提效率、降成本。

（3）加强智慧口岸建设，形成数字产业链和供应链。以智慧口岸建设为抓手，从口岸、通道、平台等领域出发，积极建设智慧口岸、智慧通道、智慧平台，着力实现通关便利化、通道智能化、平台融合化，提高物流效率，构建国际供应链信息通道，形成数字产业链和供应链，加速构建陆海空内外联动、南北通道辐射、东西双向互济、内外双向循环、全面对外开放的口岸发展大格局。

（四）实施口岸能力补强工程，优化国际国内通道布局

以口岸补强工程建设为抓手，从服务产业合作需求出发，加快打通物流通道堵点，深度服务和融入共建"一带一路"，全面参与中蒙俄经济走廊建设，保障国家产业链供应链安全，加快形成以国内大循环为主体、国内国际双循环相互促进的口岸新发展格局。

（1）提升口岸能力，应提升供应链服务水平，做到"有点有线，由点及面"。以往的口岸建设工作以节点和道路的基础设施建设为主，对设施运

营和围绕产能合作的综合服务能力建设较弱。这要求我国口岸建设既充分发挥国内枢纽在"一带一路"通道中的重要功能，又围绕产能合作加快提升海外供应链综合服务能力。

（2）要加强顶层设计，以口岸为节点，统筹谋划陆海空，加快构建国内国际立体化的通道网络体系，分阶段、分步骤推进。依托中蒙扎门乌德-二连浩特经济合作区、中国（内蒙古）自由贸易试验区等重点领域、重大项目，实现通道重点突破。口岸补强工程要注重以铁、海、公为主的多式联运体系和供应链服务网络建设，补齐航空货运、铁路货运、公路货运短板，以配套供应链综合服务能力提升国际物流供应链系统能力。

（3）加强国际合作，进一步完善国际物流基础设施互联互通建设规划，加大对俄罗斯、蒙古国等周边国家重要物流枢纽和关键节点设施建设的投入和运营合作力度，先解决供应链中断隐患，加快陆海空货运通道布局。配合推进中国—蒙古国、中国—俄罗斯、中蒙俄三国铁路通道建设和相关公路通道建设。在强化国家综合运输通道基础上，重点完善国内通道与上述国际通道的联通对接，形成中西部国际物流大通道。

（4）积极探索中国内蒙古和蒙古国、俄罗斯之间国际贸易"单一窗口"、金融、电子身份、数字证书、跨境贸易电子信息、通关查验结果互通互认等方面的合作，加强内蒙古与蒙俄口岸在互联互通、口岸建设、口岸信息、国际贸易及互联网平台等方面的深度交流合作。加强内蒙古口岸和天津港、锦州港的合作，与我国主要枢纽口岸（港口）的货运合作，畅通立体化物流通道。

参考文献

张丽娜：《以更大力度更大气魄推进改革开放》，《内蒙古人大》2021年第3期。

姚建丽、杨永胜、栗航宇：《适应高质量发展的内蒙古自治区全口岸协调发展模式研究》，《人民城市，规划赋能——2022中国城市规划年会论文集（14区域规划与城市经济）》2023年9月23日。

辛阳、刘洪超、胡婧怡：《经济通道"如何转化为"通道经济"（经济新方位）——从码头口岸一线看辽宁增强外贸新动能》，《人民日报》2024 年 1 月 17 日，第 3 版。

《内蒙古落实国家重大区域发展战略的思路对策研究》课题组、黄占兵：《内蒙古落实国家重大区域发展战略的战略构想》，《北方经济》2021 年第 12 期。

环境保护篇

B.20

内蒙古林业生态产品价值实现机制研究[*]

——基于呼伦贝尔市生态产品价值实现机制试点经验

武振国　王　琦[**]

摘　要： 　建立健全生态产品价值实现机制，是践行"绿水青山就是金山银山"理念的现实路径，对促进内蒙古生态优势转化为发展优势具有至关重要的意义。内蒙古自治区以呼伦贝尔市为试点开展了生态产品价值实现机制的理论和实践探索，大兴安岭林区率先在国有林区开展碳汇项目开发交易，积极推进生态产业化、产业生态化，为全区探索生态产品价值实现机制积累了一定的经验做法。未来，内蒙古还需进一步借鉴全国自然资源领域林业生态产品价值实现的特色做法和先进经验，着力完善林业生态产品价值实现政策制度，建立健全林业生态产品价值实现机制，打通林业资源与生态价

---

　*　内蒙古自治区社会科学基金"内蒙古生态产品价值实现机制创新研究"（2024EY09）阶段性研究成果。

**　武振国，内蒙古自治区社会科学院科研管理处副处长，研究员，主要研究方向为城乡融合发展及生态治理；王琦，内蒙古自治区社会科学院科研管理处研究实习员，主要研究方向为习近平生态文明思想。

值双向转化通道及实现路径，助力内蒙古构建生态优先、绿色发展的生态文明建设新模式。

关键词： 林业　生态产品价值　内蒙古　林草碳汇

　　建立健全生态产品价值实现机制，既是贯彻习近平生态文明思想、践行"绿水青山就是金山银山"理念的重要举措，也是坚持生态优先、推动绿色发展、建设生态文明的必然要求。党中央、国务院高度重视生态产品价值实现机制及制度建设。党的十八大报告明确要求"实施重大生态修复工程，增强生态产品生产能力"。党的十九大报告提出"既要创造更多物质财富和精神财富以满足人民日益增长的美好生活需要，也要提供更多优质生态产品以满足人民日益增长的优美生态环境需要"。党的二十大报告强调"建立生态产品价值实现机制，完善生态保护补偿制度"。2021年4月，中共中央办公厅、国务院办公厅印发了《关于建立健全生态产品价值实现机制的意见》，对生态产品价值实现做出了总体部署和顶层设计。2024年1月发布的《中共中央、国务院关于全面推进美丽中国建设的意见》，再次明确"健全生态产品价值实现机制"等目标任务。内蒙古生态资源丰富，森林面积（3.57亿亩）全国第一、草地面积（8.15亿亩）全国第二、湿地面积（0.73亿亩）全国第四[1]，是中国北方面积最大、种类最全的生态功能区，孕育了丰富、优质的林草湿等生态产品，推动林草碳汇等生态产品价值转化具有得天独厚的资源优势和巨大潜力。

一　内蒙古林业生态产品价值实现机制的建设进展与主要做法

　　内蒙古从推动绿色发展、促进人与自然和谐共生的高度积极谋划部署，

---

[1] 霍晓庆、邬思湉：《全区森林草原湿地碳汇能力测算和林草碳潜力分析评估结果出炉》，《内蒙古日报（汉）》2024年8月11日，第1版。

开展了全区生态产品价值实现机制的理论和实践探索。2022年11月，为贯彻落实《关于建立健全生态产品价值实现机制的意见》有关部署要求，推动生态产品价值有效转化，走好以生态优先、绿色发展为导向的高质量发展新路子，内蒙古自治区党委办公厅、自治区人民政府办公厅结合自治区实际公开发布《关于建立健全生态产品价值实现机制的实施方案》，计划在呼伦贝尔市、兴安盟、锡林郭勒盟、鄂尔多斯市、阿拉善盟和阿尔山市等地开展生态产品价值实现机制试点。

2023年内蒙古率先将在呼伦贝尔市开展生态产品价值实现机制试点列入自治区建设我国北方重要生态安全屏障重点任务。呼伦贝尔市是内蒙古自治区生态大市，拥有森林、草原、湿地等多样生态系统，在巩固"东北亚水塔"涵养功能、构筑我国北方生态安全屏障进程中具有重要的战略作用，为生态产品价值实现机制建设提供了坚实的资源基础。以此为契机，近年来呼伦贝尔市积极推进森林碳汇工作并探索林草湿碳汇价值实现路径，率先在大兴安岭重点国有林区推进林业碳汇开发交易。据测算呼伦贝尔市林草碳汇量约占全区的49%、全国的4.6%。完备的生态系统、丰富的森林资源为推动林业生态产品价值实现提供了广阔空间。呼伦贝尔市围绕自然资源领域林草湿生态产品监测和价值核算机制、碳汇等生态产品市场交易体系、生态产品价值实现保障机制等方面做出积极探索，全年累计争取各类资金22.12亿元，制定林草沙生态体系建设、草产业、林草湿碳汇、旅游康养、林下资源开发利用等多个产业发展行动方案，积极拓展生态产品价值实现途径，实现林草总产值86.96亿元，为内蒙古探索生态产品价值实现机制积累了丰富的可推广、可复制、可发展的先进做法。本文以试点城市呼伦贝尔为例，探讨内蒙古在林业生态产品价值实现机制建设方面的主要进展与做法。

（一）先行探索完善生态产品价值实现的指导性政策

近年来，呼伦贝尔市通过森林碳汇价值实现试点和林草湿碳汇生态综合补偿机制试点建设，大力发展碳汇产业，探索巩固提升林草湿碳汇能力的发展模式、碳汇产品生态价值转化方式，全面推进碳汇项目标准化开发，推动银行业金融机构更好助力全市林草湿碳汇价值实现等，可以说进行了一系列基础性、长远性的林业碳汇工作探索。为推进碳汇交易工作，实现林业资源生态价值的实现，呼伦贝尔市成立内蒙古自治区首家碳汇交易协调服务中心，组建林草湿碳汇专家库，制定印发《关于加快推进旗市区碳汇项目开发和交易的指导意见（试行）》《呼伦贝尔市林业碳汇预期收益权抵（质）押贷款业务指南（试行）》等文件，先后创建了阿荣旗、鄂温克族自治旗、额尔古纳市、柴河林业局 4 个旗县级试点，拓宽了森林碳汇产品价值多元化转化渠道，真正将生态效益转化为经济效益。

2021 年 10 月，呼伦贝尔市人民政府为了更好地统筹协调生态产品价值实现机制工作，积极与国家、自治区对接联络，成立了由市长担任组长的呼伦贝尔市推进生态产品价值实现机制领导小组；明确领导小组办公室设在市发展和改革委员会，全方位负责牵头制定生态产品价值实现机制实施方案，统筹组织推动建立健全评价、检测等各项机制；同时也给予一定的经费支持，对批准建设的国家级、自治区级生态产品价值实现创新平台分别一次性给予 100 万元和 50 万元经费支持①。2023 年，呼伦贝尔市林草局起草了《2023 年碳汇试点工作实施方案》，为全市林草碳汇项目破题提供了政策依据，明确了任务指标；市发改委正在研究起草"呼伦贝尔市创建内蒙古自治区生态产品价值实现机制试点三年工作方案"，重点围绕全市生态系统生产总值核算、生态价值转化保障体系建立健全等方面提供政策依据，推动呼伦贝尔市生态产品价值加快转化为经济价值。

（二）依托林业企业开展森林碳汇价值实现试点

呼伦贝尔市聚焦发掘碳汇市场潜力，以推动形成经济效益、生态效益与社会效益良性循环为目标导向，让低碳成为呼伦贝尔发展最鲜明的特质，在林业碳汇项目的开发方面有序开展了一系列举措。

---

① 呼伦贝尔市人民政府：《关于落实"科技兴蒙"行动促进科技创新若干政策措施》（呼政发〔2021〕22 号）第四条。

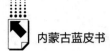

一是与国家林草局合作有序开发林业碳汇项目，储备林业碳汇产品。在红花尔基林业局、柴河林业局和阿荣旗选择了 8.05 万亩新造林地，预计可产生约 12.2 万吨的可交易碳汇，价值为 750 万~1000 万元①。为支持这一进程，呼伦贝尔市创建了阿荣旗、鄂温克族自治旗、额尔古纳市、柴河林业局四个旗县级森林碳汇价值实现试点，鼓励试点地区创新森林碳汇项目开发机制，从而拓宽森林碳汇生态产品价值的多元化转化渠道。呼伦贝尔林业集团结合鄂伦春自治旗、陈巴尔虎旗的实际情况，制定了碳汇建设项目实施方案，将两地纳入全市碳计量监测范围。通过分类分层逐步扩大林草湿碳汇潜力评估范围，全力推动碳计量监测工作。同时，呼伦贝尔林业集团与华能伊敏煤电公司签订了林业碳汇预售协议，实现了约 750 万元的碳汇交易②，用于抵消碳配额缺口，加快了生态产品价值转化工作见实见效。

二是依托森工企业先行先试，探索生态产品价值实现路径。位于呼伦贝尔市的内蒙古森工集团是内蒙古自治区最大的森工企业。2014~2023 年，内蒙古森工集团共开发储备 VCS 项目 11 个，通过内蒙古产权交易中心实现收益约 3500 万元。近年来，内蒙古森工集团成立了内蒙古大兴安岭碳汇科技公司，该公司致力于建设碳资产管理、碳汇技术支撑、碳汇市场交易的多层次碳汇产业体系，夯实了林业碳汇巩固提升与项目交易的基础；通过修订技术参数和模型，统一开发大兴安岭重点国有林区碳汇资源，累计销售碳汇产品达 5600 余万元，成为自治区生态产品价值转化的先行者。同时，内蒙古森工集团还尝试探索"生态司法+碳汇"合作，推进"以碳代偿"机制落地，累计实现生态补偿 23 万元，对接包钢、蒙能等自治区重点控排企业，创新服务形式，并与包钢集团签订了 1500 万元碳汇产品交易合同，与远景科技能源集团完成了 500 万元碳汇产品交易。此外，内蒙古首单森林碳汇价

---

① 李玉琢：《呼伦贝尔开启"点绿成金"之路》，《内蒙古日报（汉）》2024 年 4 月 19 日，第 2 版。

② 李可新：《呼伦贝尔市实现 750 万元市域内碳汇交易》，《内蒙古日报（汉）》2023 年 9 月 21 日，第 1 版。

值保险的成功落地,展示了保险行业在支持"双碳"目标实现中的创新作用。这些举措覆盖从碳供应到碳消费的全链条合作流程,在消纳碳汇产品、碳汇产品价值转化、森林生态系统应对气候变化和绿色金融等方面积极探索,建立起了多维度的零碳业务合作模式。呼伦贝尔市在林业碳汇建设上发挥了示范引领和辐射带动作用,促进了区域林业碳汇交易和碳汇经济的发展。

表 1　呼伦贝尔森林碳汇价值实现的标志性事件

序号	主要事件	重要影响
1	内蒙古森工集团与远景科技能源集团完成500 万元碳汇产品交易(2024 年)	打通了自治区在国企与国企、国企与民企之间探索区域碳中和交易的新途径,标志着内蒙古自治区探索构建"东纳西控"区域碳中和市场迈出新步伐
2	内蒙古森工集团与包钢集团签订 1500 万元碳汇产品交易合同(2023 年)	
3	呼伦贝尔林业集团与华能伊敏煤电公司签订 750 万元林业碳汇交易合同(2023 年)	是市域碳汇交易的成功破题,也是补充企业配额缺口的一次有益探索
4	内蒙古森工集团与自治区人民检察院、自治区林草局三方签署认购林草碳汇替代生态环境损害修复协作框架协议(2023 年)	是探索"生态司法+碳汇"工作机制和推进"以碳代偿"机制落地的新尝试
5	呼伦贝尔市鄂温克族自治旗巴音岱林场与中国人寿签订一份 36.14 万元的森林碳汇价值风险保障协议(2022 年)	是内蒙古首单森林碳汇价值保险

(三)率先发布地级市生态空间总价值量核算成果

呼伦贝尔市作为我国首个发布"生态空间总价值量测算成果"的地级市,其庞大而完整的森林、湿地、草地生态系统,展现出不可替代的生态服务功能,对于确立森林在生态环境建设中的核心地位与作用具有里程碑意义。

2023 年 8 月,呼伦贝尔市举行了《内蒙古呼伦贝尔市生态空间绿色核算与碳中和研究》编制完成新闻发布会,会上发布的研究成果显示,呼伦贝尔市生态空间生态产品的物质量堪称巨大。其中包括年涵养水源 253.36

亿立方米，年固碳量 1742.25 万吨（碳当量，折合 CO_2 为 6388.25 万吨），年固土量 7.5 亿吨，年保肥量 4331.82 万吨，年吸收气体污染物量 259.73 万吨，年滞尘量 2.44 亿吨，年释氧量 4710.92 万吨，年植被养分固持量 257.93 万吨。研究测算表明，呼伦贝尔市 2020 年的生态空间绿色核算总价值量达到 12310.27 亿元，其中森林生态系统贡献了 7217.46 亿元，占到了 58.63%。采用"森林全口径碳汇"评估方法，呼伦贝尔市 2020 年的森林全口径碳汇量为 1203.65 万吨，相当于中和了 2019 年内蒙古自治区碳排量的 6.40%，显著发挥了森林碳中和的作用。这一碳汇量主要包括乔木林植被层、森林资源土壤层以及其他森林植被层三部分，其中乔木林植被层固碳量最多（见图 1)①。

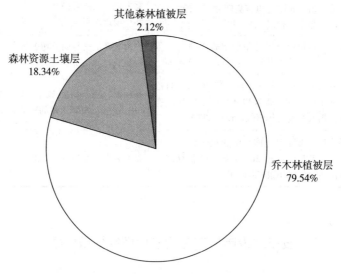

图 1　呼伦贝尔森林碳汇量情况

此外，内蒙古基于碳汇造林、森林经营碳汇、天然次生林经营碳汇、用材林转变保护林和湿地碳汇等项目方法学，对大兴安岭重点国有林区碳汇项目潜力进行了评估，并建设了碳汇项目数据库，构建了碳汇资源及项目潜力

---

①　牛香、崔健等：《内蒙古呼伦贝尔市生态空间绿色核算与碳中和研究》，中国林业出版社，2022。

的空间分布图，以指导项目的合理开发时序。牛香、崔健等的研究结果显示，由于森林资源分布不同，呼伦贝尔森林的碳中和能力也存在较大空间异质性（见表2），为各旗市区更好发挥森林固碳作用、促进区域实现碳达峰碳中和目标提供了重要参考依据。与此同时，呼伦贝尔市协同国家和自治区推进碳排放权市场交易体系建设，开发了大兴安岭重点国有林区温室气体清单更新信息平台、国家碳排放权注册登记信息平台、林业碳汇交易结算信息平台，并积极参与自愿减排交易，实现了在内蒙古产权交易中心挂牌销售。综上所述，呼伦贝尔市在生态空间绿色核算与碳中和研究方面的突破性进展，不仅彰显了其生态建设的巨大成就，而且为国家巩固和增强生态系统碳汇能力，推进碳达峰碳中和工作提供了有力支撑。

表2 呼伦贝尔森林全口径碳中和能力空间分布情况

序号	森林全口径碳中和能力	旗市区
1	1000万吨/年以上	鄂伦春自治旗
2	500万~1000万吨/年	额尔古纳市、牙克石市、根河市
3	200万~500万吨/年	扎兰屯市、鄂温克族自治旗、阿荣旗
4	100万吨/年以下	莫力达瓦达斡尔族自治旗、新巴尔虎左旗、陈巴尔虎旗、海拉尔区、新巴尔虎右旗、满洲里市

（四）多渠道拓展林业生态产品转化途径

内蒙古大兴安岭林区生态功能区面积为10.67万平方公里，森林面积为8.37万平方公里。近年来，大兴安岭林区加快构建现代林业产业体系，打造森林食品产业集群，做大做强木材加工集群，依托资源优势开发地方特色康养产品，高起点、高定位、高端化打造森林旅游、林下经济等产业，以拓展生态产品价值实现途径。林草产业产值不断攀升，产业项目储备继续强化，林区资源优势正逐步转化为经济优势，为实现生态保护与经济收入双赢迈出扎实步伐。

一是发展森林生态旅游。呼伦贝尔市正致力于发展森林生态旅游，依托重点风景名胜景区建设项目积极发展森林康养产业以实现林业生态产品的价值，2023年森林康养产业重点项目完成投资1.08亿元，已立项待投资0.52亿元（见图2）。在呼伦贝尔市政府的支持下，内蒙古森工集团不断推进文旅项目建设，探索将自然资源转化为经济发展的新途径，结合多种元素，持续打造和推广"内蒙古大兴安岭"旅游品牌，宏伟蓝图包括构建南部、东部、北部三大林业旅游板块，并通过7条进出林区的通道，打造多个旅游和休闲设施，特别是2023年和2024年的活动及推介会展示了林区丰富的旅游资源和特色产品。大兴安岭林区以其优美的自然风光、清新的空气环境、健康的森林食品和丰富的生态文化，正成为越来越多人向往的旅游胜地。这些努力已经初见成效，内蒙古大兴安岭林区旅游产业发展的基本框架已形成，众多项目被纳入自治区及呼伦贝尔市的旅游发展规划之中。

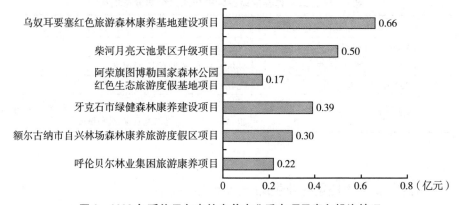

图2　2023年呼伦贝尔森林康养产业重点项目意向投资情况

二是培育壮大林下经济。自呼伦贝尔市2022年提出《生态产业乘时乘势发展行动计划》以来，通过加强政策供给和精准投资，该地区不仅优化了产业结构，还增强了发展动能。2023年，依托呼伦贝尔市"五大行动计划"，市林业和草原局制定了发展行动计划，吸引了22.12亿元资金，用于推进六大产业发展方案，实现了86.96亿元的林草总产值。在这一过程中，呼伦贝尔市利用林下资源优势，通过木本粮油基地升级、做强木材加工产业、延长林果产业链、做大森林食品产业链、扶持中草药产业链、鼓励特色养殖产业链等举措推进林下经济全产业链发展，并加强"蒙"字标品牌的建设。呼伦贝尔蓝莓、黑木耳等林业产品获得"2023 年度内蒙古知名区域公用品牌"荣誉，品牌价值评估达 14.09 亿元，但仅占呼伦贝尔市 10 个入选品牌价值的2.06%（见图 3）。2024 年一季度，林下产品公司通过参加博览会和商品交易会等活动，以及与多家企业建立沟通机制，不断拓宽销售渠道，收入显著增长，销售了桦树汁等 40 余种绿色产品。这些努力使得林下经济成为呼伦贝尔2023 年生态产品价值转化的亮点，有效实现了生态产业化和产业生态化的目标。

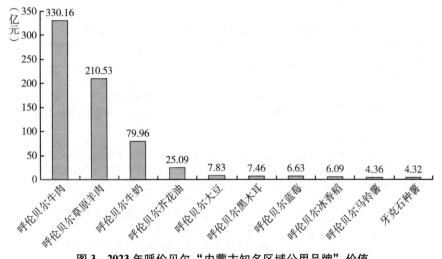

图 3　2023 年呼伦贝尔"内蒙古知名区域公用品牌"价值

　　可见，一年来呼伦贝尔市按照内蒙古自治区党委、政府的决策部署，着力完善生态产品价值实现政策制度，推进生态产业化、产业生态化，内蒙古大兴安岭林区率先在国有林区开展碳汇项目开发交易。2023 年内蒙古森工集团全年碳汇产品销售额突破 2200 万元，为把祖国北部边疆这道风景线打造得更加亮丽提供了有力支撑。但目前内蒙古生态产品转化的效果与蕴藏的巨大生态资源价值量还不相匹配，相较于福建、浙江等生态文明建设先行地区，还存在生态产品价值实现政策不健全、转化基础不清、价值核算起步晚、转化途径较单一等现实问题。

二　国内林业生态产品价值实现的典型案例借鉴

近年来，自然资源部从要素端、供给侧入手，积极指导地方开展实践探索，持续发布了四批自然资源领域生态产品价值实现典型案例。为充分发挥案例的示范作用和彰显借鉴意义，本文从 7 个典型涉林案例（见表 3）中梳理自然资源领域林业生态产品价值实现的特色做法和经验，以期实现从个案智慧到类案经验的凝练与启示。

表 3　林业领域生态产品价值实现典型案例的主要做法

省份	案例	主要做法
福建省	"森林生态银行"案例	一是政府主导，设计和建立"森林生态银行"运行机制；二是全面摸清森林资源底数；三是推进森林资源流转，实现资源资产化；四是开展规模化、专业化和产业化开发运营，实现生态资本增值收益
	林权改革和碳汇交易促进生态产品价值实现案例	一是推进集体林权制度改革，建立产权清晰的林权制度体系；二是推动"林票"制度改革，激发林农活力，促进林业规模化、产业化发展；三是探索林业碳汇产品交易，推动林业碳汇经济价值实现
	推动武夷山国家公园生态产品价值实现案例	一是创新国家公园体制机制，强化生态产品价值实现支撑保障；二是实施生态保护修复，提升优质生态产品供给能力；三是健全生态产品价值实现机制，推进国家公园科学保护和利用；四是坚持全民共建共享，创建人与自然和谐共生示范
重庆市	森林覆盖率指标交易案例	一是明确任务，分类划标；二是构建平台，自愿交易；三是定期监测，强化考核
广东省	公益林碳普惠项目案例	一是政府主导，提供基础数据和制度保障；二是保护优先，提升生态产品供给能力；三是第三方核算，明确碳减排量；四是市场化交易，显化生态产品价值
吉林省	发展生态产业推动生态产品价值实现案例	一是加强自然生态系统保护修复，增强生态产品供给能力；二是创优矿泉水品牌；三是壮大人参产业；四是做好旅游文章
北京市	构建城市"绿心"促进生态产品价值实现案例	一是规划引领，构建城绿融合发展格局；二是生态与文化交融，打造城市景观生态样板；三是平衡公益性服务和社会化运营，开展多元化价值实现路径探索

（一）深入推动产权明晰的集体林权所有制改革，为生态产品价值实现提供可靠制度保障和基础数据平台

在北京、广东、福建、重庆等 4 地的生态产品价值实现典型案例中，各地通过政府主导创建的统一高效的生态资源协同管理体制机制，将碎片化、零散化的生态资源进行整合提升，并同步推动林权发证及配套改革措施，在此基础上搭建资源向资产和资本转化平台，有效破解生态资源单家独户难以集约统筹发展利用的问题，使生态产品有了价值实现的基础平台，强化了生态产品价值实现支撑保障。以福建省三明市林权改革为例，三明市通过规范林权类不动产登记，组建林权权籍勘验调查小组，调整充实乡镇自然资源所力量，建立林权纠纷联合调查处理机制；建立林权登记信息共享平台，强化林权登记与管理衔接，进一步明晰产权，并逐步探索林权"三权分置"改革，明确林地所有权，落实农户承包权，放活林地经营权，在全国率先颁发林地经营权证书，制定林权流转管理、合同管理、承包经营纠纷调处、林权收储等制度。这既保障了人民群众的财产权利和合法权益，又摸清了森林资源底数，实现了林地资源"一张网、一张图、一个库"数据库管理。

（二）建立和完善生态产品直接交易机制，为生态资源向资产和资本转化畅通渠道

在北京、广东、福建、重庆等 4 地的生态产品价值实现典型案例中，各地通过"政府+市场"模式，引入社会资本和专业运营商，以市场化手段盘活自然资源资产。政府基于已有资源数据平台，在保证林农享有平等自愿交易权和林地所有权的情况下，将零散的森林资源经营权和使用权集中流转，从而形成权属清晰、集中连片的优质"资产包"；通过开展规模化、专业化和产业化开发运营，设置特定约束性指标和相应的管控措施，构建规范的资源交易规则机制等，积极对接市场、资本和产业，形成不同主体间的交易需求；并建立完整的市场交易循环和清晰的各方权责，从而实现资源转变成资产和资本，使生态产品有了价值实现的基础和渠道，逐步推动生态产业化发

展，实现生态资本增值收益。以重庆市森林覆盖率指标交易为例，2019年11月，渝东北贫困县城口县与主城区九龙坡区签订了交易协议，完成了1.5万亩森林面积指标的交易，交易金额3750万元。双方逐步实现了共担生态保护成本、共享生态产品效益，促进了绿水青山和金山银山的价值双向转化。

（三）构建生态保护长效机制，持续提升生态产品高质量供给能力

在北京、广东、福建、重庆、吉林等5地的生态产品价值实现典型案例中，各地在林业改革深入推进和森林资源价值不断显化的良好趋势下，推动构建生态优先、绿色发展的生态保护长效机制，通过逐步建立和不断完善生态保护激励机制和补偿机制，进一步激发和调动不同主体开展育林造林和生态保护的积极性，明确让保护生态者不吃亏、能受益的价值导向，强化自然生态系统保护修复意识，推动生态效益与经济效益有机统一，实现了生态服务受益地区与重点生态功能地区的双赢，持续提升生态产品供给质量。以福建省南平市推动武夷山国家公园生态产品价值实现为例，当他通过实施生态保护补偿项目，对武夷山国家公园范围内生态资源所有者进行经济补偿，以签订地役管理合同的形式，国家公园管理局获得生态资源的经营管理权，但所有权仍为竹农所有，双方承担生态资源共管和保护义务。同时，鼓励社会资本参与公园产业项目经营，积极探索特许经营权竞标等方式，依法开展特许经营活动，既显化了自然资源资产的生态价值与民生改善有效统一，又形成了良性循环。

（四）打造独特生态产品名片，大力推进本地区的生态产业化和产业生态化

吉林省抚松县充分借助其得天独厚的资源优势，依托林海、矿泉、温泉、粉雪等自然禀赋，通过水源保护、产业集聚、品牌创优，建设以矿泉水为主的绿色饮品产业集群，推动水生态产品价值实现，创优矿泉水品牌，通过创新人参种植方式，锁住绿色生态，推动标准化生产，提升产品质量，延伸产业链条，打造精品品牌，创建交易平台，形成规模效益，不断壮大人参

产业，并以发展旅游业为突破口，围绕消夏避暑主题，积极开发特色旅游，依托火山温泉资源，丰富冰雪文化旅游内涵，放大长白山名山效应，打造了"21度的夏天""森林城市""冰雪运动天堂"等独特的生态产品和国际名片，构建了以旅游为主的服务业、以人参为主的医药健康业和以矿泉饮品为主的绿色食品业。三大产业产值2020年占全县GDP的比重达到73%，实现了生态产品价值的有效实现。

三　内蒙古建立健全林业生态产品价值实现机制的建议

（一）保护和合理可持续地供给森林生态产品

"森林是集水库、粮库、钱库、碳库于一身的大宝库"。保护和合理可持续地供给森林生态产品是生态产品价值实现的前提和基础。一方面，应加强森林资源的管理，执行严格的保护措施，坚决禁止打着生态产品价值实现的旗号，开展大规模产业开发的短视行为，防止通过过度开发或森林砍伐实现生态产品价值的过度转化，丧失长久的生态效益。另一方面，也应防止过度保护的"一刀切"行为，在严格保护的前提下推动合理开发，推广森林可持续管理的最佳实践。如有的国家公园范围涉及当地居民生产生活的空间，可以采取特许经营的方式，在非核心区允许开展适度的生态产品经营开发活动，确保生态产品的长期供应。

（二）全面查清内蒙古林业生态资产和生态本底

对内蒙古林业摸清底数、明晰权属、评估价值，查清内蒙古自治区林业生态资产和生态本底，是生态产品价值实现的基础。首先，厘清生态产品结构与功能，运用科技手段对林业生态产品基础数据进行捕捉、筛选、分类和整合，建立生态产品清单和信息云平台。其次，以构建形成具有完整的使用权、收益权、处置权等产权体系的林业生态产品市场交易体系为目标，推动生态产品从公共物品转化为具有商品属性的可交易产品，明晰产权，促进林

业生态产品价值实现及增值。最后，在持续推进呼伦贝尔市林草碳汇价值实现试点工作的基础上，开展生态产品价值核算，建立一套各方认可且相对科学的生态产品价值评价体系，全面评估林业生态产品总值，包括为政府开展生态保护补偿和绩效考核提供基于价值衡量标准的行政区域单元生态产品总值和为生态产品市场交易提供基准价格的特定地域单元生态产品价值两方面的评价体系。

（三）健全林业生态保护补偿和生态环境损害赔偿机制

生态产品保护补偿机制主要包括纵向生态保护补偿、横向生态保护补偿、生态环境损害赔偿等三方面内容，核心是应充分考虑生态产品的质量和价值，进一步健全补偿和赔偿标准。内蒙古要探索建立跨地区、跨流域、覆盖重点领域和重点区域的多元化全要素生态保护补偿机制，应尽快落实《生态保护补偿条例》等相关法规精神，推进财政纵向补偿、地区间横向补偿的试点，探索市场机制在生态保护补偿中的作用，在林业领域建立和完善与生态产品价值实现相关的市场化、多元化的生态保护补偿政策。例如，通过碳交易、绿色证书等市场机制，为保护森林生态产品的行为提供经济激励；探索开发地区对保护地区、生态受益区对生态保护区的资金补助、技术扶持等，多渠道增加生态建设投入等；有效丰富生态产品价值实现模式。

（四）完善林业生态产品交易市场和转化途径

市场机制的完善与创新是实现生态产品价值的关键。在各地区试点基础上，强化相关顶层设计，进一步扩展交易范围、提升交易规模、降低交易成本，完善林业生态产品交易市场和交易机制，尽快打破区域之间的壁垒，建立公平、开放、透明的市场规则，依托全国公共资源交易平台体系，搭建全国性交易市场，促进生产者和消费者之间的有效互动，扩大生态产品交易量。通过生态环境导向的开发（EOD）模式，把林业生态环境治理项目与关联产业打包开发，让市场化主体把这些产业未来的收益提前投入生态环境治理，再通过后期的产业价值增值，把治理成本收回来。充分利用区块链、物联网等新技术，通过有限数据的获取，运用模型或者算法得到相对准确的各主体权益利用数据，政府可以通过税收优惠、补贴等政策工具，来克服确权、核算成本过高等难题，通过市场机制来调节生态产品的供给与需求，实现价格机制对生态保护的激励和约束。

（五）大力发展与森林生态产品相关的生态产业

发展与森林生态产品相关的生态产业，如生态旅游、特色林产品加工等，可以有效激活森林资源的价值。政府应鼓励分类利用林地，支持发展种养业和森林康养产业，提供必要的财政支持和税收优惠，同时加强品牌建设，提升产品附加值。一是推进林业产品综合发展。积极落实国家林草局和自治区人民政府共同推进林草高质量发展的若干措施，深挖林业资源潜力为产业发展带来新动能，聚焦特色林果、林下经济、森林食品、林草中药材等优势产业；在不影响生态环境的前提下，探索以自然公园或保护区可利用区（合理利用区、缓冲区外等法律允许发展旅游产业的区域）的丰富自然景观适度开发森林康养项目；鼓励依托林区现有闲置房产发展休闲项目，为林产业发展注入全新动能。二是加快生态产业向文旅产业转型。扶持木材加工产业部分向文旅纪念品产业方向发展，将特色养殖产业和森林康养产业有机结合。根据文旅产业提档升级工程要求，对森林景区进行升级改造，开发露营、水上娱乐、园内娱乐打卡等体验项目，积极盘活现有闲置房产等资源，谋划森林康养红色教育基地，发展森林康养度假等侯鸟式养老模式，在旅游淡季与蒙医特色医疗结合发展医养产业，积极发展"农旅结合"的发展新业态。

（六）建立科学的生态产品价值实现政策体系

政策和法规的支持是推动生态产品价值实现的重要保障，包括建立和完善生态产品的标准体系、认证体系、市场准入和退出机制等，明确生态产品价值认定、交换和使用的规则，建立起一套完整的生态产品价值实现体系。一是加强对生态产品价值实现的监测和评价，建立科学的评价体系，定期评

估生态产品价值实现的效果，及时调整和完善相关政策措施。二是加强绿色金融产品和服务的创新，金融机构应开发与生态产品相关的贷款、保险等金融产品，为生态产业提供资金支持。借鉴江苏、福建等地创新推出的"环保贷""环保担""生态贷"等绿色金融产品，对EOD项目予以绿色金融倾斜支持，争取并用好森林抚育补贴和低效林改造项目，聚焦特色林果、森林食品和中草药申请林业产业化项目。同时，自治区及盟市政府可以设立专项基金，支持生态产品的价值实现和技术研发。三是深化内蒙古集体林权制度改革，落实《深化集体林权制度改革方案》相关要求，注重统筹保护优先与合理利用，提升林权资产功效，丰富林权利用功能，打通林权投融资梗阻，健全林业财产权益保护机制，支持有序开展林权流转，培育家庭林场、村集体林场等规模经营主体，支持发展木竹材、经济林、林下经济等绿色富民产业，积极培育森林康养等新业态，切实让百姓得实惠、有收益。

四　结论

内蒙古林业生态本身蕴含着无穷的经济价值，着力完善生态产品价值实现政策制度，打通"绿水青山"与"金山银山"双向转化通道及实现路径，森林等自然资源能够源源不断创造综合效益，实现经济社会可持续发展。新征程上，内蒙古坚持以习近平生态文明思想为指导，立足建设"两个屏障""两个基地""一个桥头堡"的战略定位，践行"绿水青山就是金山银山"理念，对林业生态产品价值实现先行探索，建立健全自然资源领域生态产品价值实现机制，推进生态产业化、产业生态化，以市场化方式反哺生态环境保护与治理，不仅能够助力内蒙古构建生态优先、绿色发展的生态文明建设新模式，也能更好地解决生态环境突出问题，不断改善生态环境质量，加快谱写人与自然和谐共生的中国式现代化内蒙古新篇章。

而内蒙古林业生态产品价值实现的影响因素和制约因素是多维度、多层次的，涉及经济、社会、技术、政策等多个方面，需要综合考虑和协调解决。内蒙古推进林业生态产品价值实现的实践探索是一个系统工程，建立健全的生态产品价值实现机制，要求我们在政策与制度设计、市场机制、技术创新和公众参与等多个层面进行创新和探索，需要综合考虑资源保护、市场交易、产业发展、金融创新和政策引导等多方面因素，通过一系列综合性政策的实施，有效促进生态产品的价值实现，实现林业经济效益与生态效益的双赢。

参考文献

高国力等：《不同类型生态产品价值实现研究——基于产业链金融链数据链协同视角》，电子工业出版社，2023。

焦晓东：《加快推进生态产品价值实现助力2030年前实现碳达峰》，《中国经济时报》2021年11月1日，第A3版。

吴联杯等：《森林生态产品及其价值核算－以北京市J林场为例》，《干旱区资源与环境》2024年第4期。

谢花林等：《自然资源领域生态产品价值实现研究》，经济科学出版社，2024。

B.21
内蒙古农村牧区人居环境整治提升研究

苏 文[*]

摘 要： 近年来，内蒙古深入学习运用"千万工程"经验，以农村牧区基本具备现代生活条件为目标，有力有序推进农村牧区人居环境整治提升，农牧民生活环境得到有效改善。但仍存在建设资金和管护资金缺口较大、基础设施不完善、农牧民参与度低、缺少有效监管手段等问题，与农业农村现代化要求和农牧民群众对美好生活的向往还有差距。为此，需要加大人居环境整治资金保障力度、有序推动农村牧区公共基础设施补齐短板、充分发挥农牧民主体作用以及强化人居环境督导检查，建设宜居宜业和美乡村。

关键词： 农村牧区 人居环境 乡村建设 内蒙古

党的二十届三中全会指出，运用"千万工程"经验，健全推动乡村全面振兴长效机制。改善农村牧区人居环境，是推进乡村全面振兴的一项重要任务，也是农牧民群众的热切期盼。改善农村牧区人居环境，是以习近平同志为核心的党中央从战略和全局高度做出的重大决策部署，是实施乡村振兴战略的重点任务，事关广大农牧民根本福祉，事关农牧民群众健康，事关美丽中国建设。近年来，内蒙古自治区深入贯彻落实习近平总书记关于"三农"工作的重要论述，瞄准农村基本具备现代生活条件目标，以学习运用"千万工程"经验为引领，聚焦提升乡村建设水平，努力构建农村牧区人居环境同地方经济发展水平相适应、相协调的工作体系，扭转了农村牧区长期

---

* 苏文，内蒙古自治区社会科学院公共管理研究所副研究员，主要研究方向为公共服务。

以来存在的脏乱差局面，农牧民群众环境卫生观念发生可喜变化，生活质量普遍提高。

一 内蒙古农村牧区人居环境整治的主要做法

（一）坚持高位推动落实，全面提升乡村建设成效

近年来，内蒙古以农村牧区基本具备现代生活条件为目标，制定出台一系列政策文件，有力保障了农村牧区人居环境整治提升。2018 年 6 月，《内蒙古自治区农村牧区人居环境整治三年行动方案（2018~2020 年）》明确到 2020 年农村牧区在加强村庄规划管理、推进农村牧区生活垃圾治理、推进农村牧区生活污水治理、开展厕所粪污治理、推进农牧业生产废弃物资源化利用、提升村容村貌、完善建设和管护机制七个方面的重点任务。2002 年 3 月，《农村牧区人居环境整治提升五年行动实施方案（2021~2025 年）》提出，到 2023 年，全区农村牧区新建卫生厕所 30 万户，生活污水治理率达到 26%，生活垃圾收运处置体系覆盖 50% 的行政村；到 2025 年，农村牧区人居环境显著改善，新建卫生厕所 45 万户左右，生活污水治理率达到 32% 左右，生活垃圾收运处置体系覆盖 60% 以上的行政村，农村牧区人居环境治理长效管护机制基本建立。2023 年 12 月，《农村牧区人口相对集中地区生活垃圾和污水集中治理行动方案》提出，从 2024 年开始，推动全区常住人口 1000 人以上的 536 个未实施垃圾集中治理的行政村，5 年内完成集中治理。

（二）建立协调推进机制，不断完善人居环境工作体系

2022 年 3 月，内蒙古建立由 29 个部门组成的农村牧区人居环境整治提升厅际工作协调推进机制，明确工作会议、定期调度、信息共享、督导督办四项工作制度，强化部门间协作，统筹推动农村牧区人居环境整治提升取得实效。一是建立乡村建设厅际协调机制。明确乡村建设重点任务 15 个牵头

部门和任务分工，形成专项任务责任制、工作会议、定期调度、信息共享、督导督办等五项具体工作机制。每年年初召开全区厅际协调机制工作会议，对全年工作进行安排部署；年中按季度调度成员单位工作推进情况；年底汇总形成乡村建设行动推进情况报告。二是建立农村人居环境整治提升厅际协调机制。设立厕所革命、农村牧区生活污水治理、农村牧区生活垃圾治理、村容村貌整体提升四个工作推进组，明确各组主要职责，确保各部门各司其职、分工协作，逐步形成协调顺畅的工作机制。三是建立村容村貌监测考核工作机制。农牧部门定期抽取部分旗县进行村庄生活垃圾整治明察暗访，将发现的问题及时反馈各盟市、旗县进行整改。通过日常监测、年终考核要求，制定村容村貌监测评价指标，切实传导压力，压紧压实责任，确保人居环境整治提升各项任务落地见效。2024 年上半年，全区各级发动群众投工投劳 102 万人次，清理乱堆乱放垃圾点 4.2 万个，清理生活垃圾 214 万吨、清理畜禽粪污等农业生产废弃物 99 万吨，村庄环境得到明显改善。2019 年以来，全区累计有 14 个旗县获评全国村庄清洁行动先进县。

（三）聚焦问题核心，切实找准人居环境整治发力点

针对农村牧区人居环境整治工作难题，进行精确的分析研判，因地制宜、分类施策，突出农牧民主体，尊重农牧民意愿，科学确定治理标准和目标任务。一是聚焦农牧民需求。坚持"乡村建设是为农民而建"，开展改善农村牧区人居环境面临的新老问题调研，听取嘎查村书记、村民代表的乡村建设需求和意见建议。积极落实《关于加强乡村建设项目库和任务清单管理的通知》要求，按照自下而上、农民主体的原则，组织全区嘎查村、乡镇两级根据农牧民需要和村庄规划提出建设需求，农牧部门对农牧民建设需求进行认真分析研究，并反馈给各行业主管部门。二是聚焦短板弱项。剖析乡村建设方面存在的短板弱项，组织各盟市、旗县编制本地区乡村建设行动任务进展监测分析报告，并针对短板弱项提出针对性措施。为解决农村牧区生活垃圾、生活污水集中治理率偏低的问题，内蒙古印发《农村牧区人口相对集中地区生活垃圾和污水集中治理行动方案》，争取 5 年内实现 1000 人以上

行政村生活垃圾集中处理和3000人以上行政村生活污水集中处理全覆盖。

（四）加强工作统筹，着力形成人居环境整治工作合力

一是统筹开展村庄清洁行动和绿化美化行动。内蒙古农牧厅一年一主题开展村庄清洁行动，林草局开展村庄美化绿化，妇联组织妇女建设美丽庭院，各部门密切配合、分工协作，相互促进、形成合力。2023年以来，全区村庄清洁行动累计清理非正规垃圾堆放点10.5万个，清理生活垃圾600万吨，清理畜禽粪污等农业生产废弃物367万吨。全区99%的行政村建立村庄清洁常态化保洁机制，先后有14个旗县区获评全国村庄清洁行动先进县。建设乡村绿化美化示范村519个，增加乡村生态绿量3.11万亩，庭院及四旁植树30.75万株。发动农村妇女在庭院种花种草，创建美丽庭院示范村168个、示范户10250个。二是京蒙协作助力乡村建设。启动实施京蒙协作六个"倍增计划"，健全完善京蒙协作资金帮扶支持体系。近两年北京市投入的各级财政援助资金中，用于打造乡村振兴典型7.2亿元，人居环境整治提升1.84亿元，乡村基础设施建设0.99亿元，教育、医疗、养老等基本公共服务1.22亿元，总投入占协作资金总额的28.38%，有效改善提升了脱贫地区的人居环境和乡村建设水平。三是重点打造"百村示范"工程。京蒙两地联合印发《关于做好京蒙协作乡村振兴示范村创建工作的通知》，以路水电气暖等乡村基础设施建设薄弱环节为着力点，持续推动京蒙协作乡村振兴"百村示范"工程，打造了兴安盟科右前旗平安村、赤峰市林西县乌兰沟村、乌兰察布市察右前旗南村等一批示范样板村。

（五）加强宣传引导，营造良好氛围改观念

将转变农牧民群众思想观念、推行文明健康生活方式作为农村牧区精神文明建设的重要内容。鼓励各地将村庄清洁行动纳入村规民约，全面落实"门前三包"制度，充分调动农牧民参与生活垃圾治理的积极性、主动性和创造性，形成全民共治共建共享的良好局面。各地积极建设爱心积分超市、制作乡风文明"红黑榜"、开展"美丽庭院"评比，激发群众"自己的事自

己办"的自觉。各地通过融媒体中心、微信公众号、标语横幅、宣传栏等形式，广泛宣传生活垃圾整治的必要性和重大意义，引导农牧民自觉养成文明健康、绿色环保的生产方式和生活习惯，形成政府引导、社会支持、群众参与、人人动手的良好氛围。定期征集推介农村牧区人居环境整治提升典型案例，召开人居环境整治提升现场会，引导各地向先进地区学习，结合实际情况科学合理选择治理模式。

二 内蒙古农村牧区人居环境整治的主要成效

随着"十四五"规划的深入实施和乡村振兴战略的全面推进，内蒙古农村牧区的人居环境整治工作取得了显著成效，不仅改善了农牧民的生活条件，还促进了生态宜居美丽乡村的建设。

一是农村牧区厕所革命持续深入推进。研发"内蒙古自治区农村牧区户厕信息系统"，运用信息化手段解决各地户厕建设信息共享难题，为精准推进农村牧区厕所改建提供数据支撑和决策依据。2021~2023年，新建农村牧区卫生户厕24.5万户，普及率提高8个百分点。

二是农村牧区生活污水得到有效治理。内蒙古实现农村牧区生活污水处理设施运行排查常态化，全区各盟市、旗县根据区域特点、气候条件、社会经济水平、生活习惯、人口数量、实际排污情况、运营成本等因素，科学选择适宜的污水处理与资源化利用模式，确保各地污水处理设施正常运行。截至2023年，全区累计完成3780个行政村生活污水治理，治理率由2018年的11.49%提高到34%，农村牧区黑臭水体基本消除。特别是沿黄3公里范围内289个行政村生活污水全部完成治理，"一湖两海"周边行政村生活污水治理率达到77.5%①。

三是农村牧区饮水安全得到有效保障。牢固树立"保供水就是保民生"理念，不断完善农村牧区供水长效运行管理体制机制，确保工程建得成、用

---

① 帅政：《守护好内蒙古这片碧绿这方蔚蓝这份纯净》，《内蒙古日报（汉）》2023年12月3日，第1版。

得起、管得好、长受益。创建 10 个农村牧区供水县域统管示范旗县，探索不同区域全面推进农村牧区供水高质量发展的组织方式、发展模式和要素路径。加快推进应急供水体系建设，推动 52 个旗县配备 332 辆应急送水车，全面强化应急保障能力，预防突发饮水事故。农村牧区自来水普及率由 2015 年的 60% 提高到 2023 年的 83.65%，提前 2 年完成水利部考核指标任务。截至 2023 年底，内蒙古建成农村牧区供水工程 44 万处，覆盖农牧民 1138 万人[①]。

四是农村牧区生活垃圾得到有效处理。制定出台进一步加强农村牧区生活垃圾整治、提升村容村貌的六项措施，对农村牧区环境卫生突出问题、难点问题进行整治。农村牧区生活垃圾收运处置体系覆盖率达到 77.44%，同比提高 12.34 个百分点。

五是农村牧区畜禽粪污得到集中收集处理。2016 年以来，积极争取中央及自治区资金 23 亿元，在全区 95 个旗县区整县推进实施畜禽粪污资源化利用项目，支持养殖场建设畜禽粪污收集、处理与还田利用设施设备，支持专业化服务组织提供粪肥还田服务，支持区域性粪污处理中心建设，带动县域内畜禽粪肥基本还田[②]。

三　内蒙古农村牧区人居环境整治的基层实践探索

（一）和林格尔县农村人居环境整治345模式，提升美丽乡村颜值

和林格尔县将农村人居环境整治作为推动乡村振兴的重要抓手，立足"三个坚持"，强化"四个保障"，推进"五个重点"，实现农村人居环境整治党政主导向群众主动转变、全村提升向全域提升转变、干净整洁向赏心悦

---

① 张慧玲：《内蒙古构建农村牧区"水源头"到"水龙头"全链条保障体系》，《内蒙古日报（汉）》2024 年 3 月 23 日，第 2 版。

② 《对自治区十四届人大二次会议第 076 号建议的答复》，https：//sthjt.nmg.gov.cn/xxgk/zfxxgk/fdzdgknr/jytabl/rdjy/202408/t20240816_ 2559308.html。

目转变。"三个坚持",即坚持逐级推动,党政"一把手"亲自抓、"三级书记"一起抓;坚持部门联动,组建由农牧、乡村振兴、生态环境、水务、住建等部门组成的农村人居环境整治工作专班;坚持群众主动,由党支部带头、党员示范,引领各村"两委"成员、党员、网格员、低保户、公益性岗位人员等八类人员齐动手。"四个保障",即强化资金保障、管护保障、考核保障和德治保障,形成多元投入、建管结合、奖惩分明、德治赋能的长效管护机制。"五个重点",即重点推进厕所革命、垃圾治理、污水治理、村貌治理和农废治理,形成统筹兼顾、整体谋划、由易到难、循序渐进的分类治理机制。

和林格尔县入选国家乡村振兴示范县创建名单。台格斗村荣获全国 50 个美丽乡村典型、"中国美丽休闲乡村"、"国家森林乡村"等称号,胜利营村等 16 个村被评为自治区级乡村绿化美化示范村。

(二)伊金霍洛旗学习运用"千万工程"经验实现乡村精彩蝶变

近年来,伊金霍洛旗把"千万工程"经验这把金钥匙运用到有力有效推动乡村全面振兴中,推动农牧业转型发展,促进乡村建设提档升级,努力探索乡村基层治理新路径,着力打造宜居宜业和美乡村。伊金霍洛旗先后荣获"全国十佳乡村振兴示范旗""中国最具幸福感城市·宜业宜居之城"等荣誉,入选"2023绿水青山就是金山银山实践案例"。

一是规划先行。坚持强化顶层设计,科学谋划发展,制定出台《伊金霍洛旗建设自治区"千万工程"试点旗实施方案》,着力打造"一圈三团三带"城乡区域发展新布局,努力走出具有伊金霍洛特色的"千万工程"经验实践路径。

二是将改善农村人居环境作为切入口和着力点。常态化开展"三清一改"村庄清洁行动,全力推进水电气改造工程,推进"无废乡村"建设,启动"零碳乡村"计划,打造各有特色的宜居宜业和美乡村,荣获"全国村庄清洁行动先进县"。

三是坚持以业为基,发展富民兴村产业。每年安排不少于 1 亿元乡村发展引导资金，发力延伸"环环增值"产业链，提升"天骄臻品"区域品牌知名度，做强田园综合体、现代农业产业园等产业平台，实现城乡产业联动发展，乡村产业发展韧性不断增强。获评"中国全面小康十大示范旗""全国高质量发展十大示范旗"。打造独具特色的"农旅产业"，"一村一品""一村一景"的生产模式已成为乡村发展的亮点，斩获"全国休闲农业和乡村旅游示范县"荣誉。推广"统种统养"的共富发展模式，农企紧密型利益联结比例达到70%以上。

四是重视乡村文化振兴，既要"塑形"也要"铸魂"。伊金霍洛旗因地制宜建设乡村文化礼堂、农家书屋、非遗展厅、村史馆等文化阵地，普及乡村文化，展示乡村历史文化资源，创新开展群众性文化活动，让农牧民的精神生活更加丰富多彩。大力倡导移风易俗，引领乡风文明新风尚，真正实现了从"环境美"到"心灵美"的"身有所栖、心有所寄"。

五是创新乡村治理模式。伊金霍洛旗学习运用"千万工程"抓基层、强基础、固基本的成功经验，聚焦构建党建引领、"五治融合"的乡村治理体系，总结推广"五五"治理模式、"四权四制三把关"等管理模式，开创了农村基层有人问事、有地方说事、有规矩办事的良好局面。

（三）准格尔旗聚焦人居环境整治关键点，绘就宜居宜业乡村新画卷

准格尔旗坚持把人居环境整治提升作为"一把手"工程，突出农民主体作用，整合各类资源强化保障，着力提升农村人居环境舒适度，加快建设宜居宜业和美乡村，先后荣获全国文明城市、国家园林县城、全国绿化先进集体等荣誉。

一是"一把手"亲自抓。成立旗委书记、旗长任双组长的人居环境整治行动领导小组，构建起统一领导、协调推进、责任明确的工作体系。财力倾斜下沉，建立了"财政专列、项目整合、部门帮扶"的投入机制。部门服务下沉，采取苏木乡镇、街道吹哨，部门报到的方式深入村社一线帮扶。

二是聚焦农民群众最关心的"脏乱差"问题。打好垃圾治理持久战、

水体治理歼灭战和粪污治理攻坚战。实现全域城乡环卫一体化，率先在全区探索"企村户"一体参与、以资源化利用为主的改厕模式。

三是发挥农民主体作用。推行农村物业"众筹+补贴"模式，激发村民主体积极性，实行积分制活化村民自治管理。对农户房前屋后环境、庭院环境、垃圾投放等行为进行量化监督，持续引导村民养成健康向上的生活习惯。

四是健全后续管护机制，建立了农户付费、村级统筹、政府补助的后续管护经费保障制度。

四 内蒙古农村牧区人居环境整治面临的困难

近年来，内蒙古在农村牧区人均环境整治中进行了不断探索，取得了一定的成效，但仍存在财政保障不足、基础设施建设短板明显、农牧民参与度不高、缺少有效监管手段等现实问题。

（一）人居环境整治和运维管护财政保障不足

随着农村牧区人居环境整治工作的不断深入，相关的资金需求也在不断加大。目前国家、自治区两级专项资金投入有限，盟市、旗县两级财政投入不足。截至2024年上半年，全区未纳入生活垃圾收运处置体系的2487个行政村，实现初步的全覆盖需建设资金17.4亿元。而2022~2023年，各级用于农村牧区人居环境整治资金为5.93亿元，仅占中央和自治区衔接推进乡村振兴补助资金的3.34%。同时，多渠道投入机制还没有建立，农村牧区生活垃圾治理主要依靠财政投入和专项政策性资金支持，村集体资金投入占很小的一部分，村民自筹和企业或社会团体的投入也极少。

（二）人居环境基础设施建设短板明显

内蒙古地域跨度大，乡村建设基础薄弱，建设成本高。加之各级农牧系统乡村建设业务力量不足，统筹推动人居环境工作明显力不从心，各部门之间工作合力不够强，人居环境公共设施建设短板弱项较多。全国乡村建设信息监测平台数据显示，内蒙古行政村生活污水处理设施覆盖率全国最低，占比仅为 9.6%；厕所粪污得到集中收集处理或资源化利用的行政村比例，低于西北地区平均水平 15.6 个百分点；村庄中已有生活污水处理设施可以正常运行的比例仅为 25%；抽样农户中采用清洁取暖的比例为 24.3%，位列全国倒数第四；部分村庄生活垃圾处理设施设备缺乏，导致生活垃圾在村庄周边乱扔乱倒，垃圾处置机制还不完善。

（三）农牧民参与积极性未能得到有效激发

各级政府及其职能部门成为人居环境整治的主体，而真正应该成为主体的广大农村居民则游离在外。在推进农村牧区人居环境整治进程中，地方为了完成上级下达的任务，基层及相关部门替代农村居民成为农村牧区人居环境整治的主体，而农牧民则因缺乏有效的参与机制，成为局外人。由于缺乏有效的信息传达和沟通机制，尽管政府和相关部门在人居环境整治方面做出了诸多努力，但在政策宣传、意见征集和反馈机制上仍存在不足。农牧民往往难以获取全面、准确的信息，也无法及时表达自己的诉求和意见，在整治过程中的参与感和获得感不强。此外，农牧民参与渠道不畅通、激励机制缺失以及部分地方基础设施和公共服务水平滞后等因素，也进一步削弱了他们的参与积极性。

（四）人居环境整治缺少有效监管手段

农村牧区人居环境整治涉及多个部门，如生态环境、农牧、住建等。当前，各部门在监管工作中尚未有效形成合力，相关责任部门落实不到位，整治过程中各参与主体奖惩制度不明晰、专业人才队伍配置缺失、定期联合检查机制不完善。基层领导干部对推进人居环境整治的重要性、长期性和系统性认识不到位，存在不坚持、不彻底的问题，缺乏久久为功的理念。人居环境监管工作仍以传统人工巡查为主，缺乏现代信息技术手段的运用，导致监管效率低下、问题发现不及时。如受村集体经济实力不强的制约，嘎查村没有把村庄垃圾整治摆在重要位置，作为乡村治理的重要

内容常抓常做，"清单制""积分制"等一些好的做法未在改善村容村貌中发挥出应有作用。

五 提升内蒙古农村牧区人居环境质量的对策建议

（一）加大人居环境整治资金保障力度

探索设立农村人居环境整治专项资金，建立"政府投入为主、社会支持为辅、政策性开发性金融机构参与"的多元化投入机制，并允许部分资金用于运行维护，加强资金保障。推动衔接推进乡村振兴补助资金向农村牧区生活垃圾治理倾斜，明确衔接资金中可用于乡村建设的比例，并适当放宽衔接资金用于乡村建设领域的部分限制条件，允许在农村牧区生活垃圾、生活污水治理等项目上使用，加大村庄清洁行动推进力度。鼓励金融机构支持农村牧区人居环境建设，对于农村牧区人居环境建设项目贷款，按比例给金融机构减免部分税费。紧抓京蒙协作对接发展机遇，积极争取对口帮扶政策的支持，吸引域外企业、工商资本、民间资本投入环境治理、休闲产业等生态绿色产业，参与农村牧区美丽乡村建设，助力农村牧区人居环境改善提升。

（二）有序推动农村牧区公共基础设施补短板

结合农村牧区的实际情况，推动旗县（市、区）制定科学合理的人居环境基础设施建设规划，明确建设目标、任务和时序。聚焦农村基本具备现代生活条件这一目标，扎实推进农村牧区人居环境整治提升五年行动，有序推动农村牧区人居环境基础设施补短板，不断提高基础设施完备度、公共服务便利度、人居环境舒适度，加快建设宜居宜业和美乡村。部署开展"十县百乡千村"创建行动，带动全区宜居宜业和美乡村建设渐次展开。加快推进符合地域特点的卫生厕所产品的试点与推广，构建联户、联村、村镇一体处理系统，健全适宜性、区域性卫生厕所技术标准体系；根据农村牧区人口规模、居住分布等情况梯次建设污水处理设施，提升污水、黑臭水体治理能力；完善农村牧区生活垃圾收运处置体系，推进源头分类减量、资源化处理利用。

（三）充分发挥农牧民主体作用

加强宣传教育，提升农牧民的环境卫生意识，通过宣传栏、广播等形式普及环保知识，引导树立"美好乡村自己建"的理念。实施奖惩机制，如设立"积分超市"，鼓励农牧民通过参与清洁行动获取积分，兑换生活物品，以此激发其积极性。注重示范引领，选取整治成效显著的村庄作为示范点，组织农牧民参观学习，感受环境改善带来的好处，从而自觉投身到整治行动中。科学划分政府部门与村级组织、村民在人居环境整治中的事权范围，由各级党委农村工作领导小组牵头协调推进重点任务，结合制度规章和法规条文，加大农村人居环境治理项目宣传力度，提高村务信息透明度，提高农牧民村务知晓率，完善农牧民参与人居环境整治提升和运维管护长效机制。

（四）强化农村牧区人居环境督导检查

建立健全农村牧区人居环境整治的监管体系，明确各级政府和相关部门的职责，对各级政府和相关部门的工作进行定期考核和评估。同时，加强监管队伍的建设，提高监管人员的专业素质和责任意识；积极运用现代信息技术手段，如卫星遥感、无人机航拍、大数据分析等，对农村牧区的人居环境进行实时监测和数据分析，及时发现并处理存在的问题，提高监管的效率和精准度；鼓励公众参与农村牧区人居环境整治的监管工作，建立举报奖励机制，对发现的问题进行及时处理和反馈。同时，加强媒体监督，对整治工作进展和成效进行报道，形成全社会共同关注、共同参与的良好氛围。

参考文献

平延龙：《"千万工程"视角下内蒙古农村牧区人居环境整治分析》，《农业展望》2024年第5期。

刘宁：《扎实推动边疆民族地区高质量发展》，《人民论坛》2023年第13期。

王永平：《内蒙古自治区农村牧区生态环境治理研究》，《环境与发展》2024年第4期。

陈弘、任鑫：《农村人居环境与经济协调发展的时空演化及障碍因素研究》，《生态经济》2024年第7期。

曹立：《有力有效推进乡村全面振兴》，《光明日报》2024年1月17日，第6版。

社会科学文献出版社

皮书

智库成果出版与传播平台

❖ 皮书定义 ❖

皮书是对中国与世界发展状况和热点问题进行年度监测,以专业的角度、专家的视野和实证研究方法,针对某一领域或区域现状与发展态势展开分析和预测,具备前沿性、原创性、实证性、连续性、时效性等特点的公开出版物,由一系列权威研究报告组成。

❖ 皮书作者 ❖

皮书系列报告作者以国内外一流研究机构、知名高校等重点智库的研究人员为主,多为相关领域一流专家学者,他们的观点代表了当下学界对中国与世界的现实和未来最高水平的解读与分析。

❖ 皮书荣誉 ❖

皮书作为中国社会科学院基础理论研究与应用对策研究融合发展的代表性成果,不仅是哲学社会科学工作者服务中国特色社会主义现代化建设的重要成果,更是助力中国特色新型智库建设、构建中国特色哲学社会科学"三大体系"的重要平台。皮书系列先后被列入"十二五""十三五""十四五"时期国家重点出版物出版专项规划项目;自2013年起,重点皮书被列入中国社会科学院国家哲学社会科学创新工程项目。

皮书网

（网址：www.pishu.cn）

发布皮书研创资讯，传播皮书精彩内容
引领皮书出版潮流，打造皮书服务平台

栏目设置

◆ **关于皮书**

何谓皮书、皮书分类、皮书大事记、
皮书荣誉、皮书出版第一人、皮书编辑部

◆ **最新资讯**

通知公告、新闻动态、媒体聚焦、
网站专题、视频直播、下载专区

◆ **皮书研创**

皮书规范、皮书出版、
皮书研究、研创团队

◆ **皮书评奖评价**

指标体系、皮书评价、皮书评奖

所获荣誉

◆ 2008 年、2011 年、2014 年，皮书网均
在全国新闻出版业网站荣誉评选中获得
"最具商业价值网站"称号；

◆ 2012 年，获得"出版业网站百强"称号。

网库合一

2014 年，皮书网与皮书数据库端口合
一，实现资源共享，搭建智库成果融合创
新平台。

皮书网

"皮书说"
微信公众号

权威报告·连续出版·独家资源

皮书数据库
ANNUAL REPORT(YEARBOOK)
DATABASE

分析解读当下中国发展变迁的高端智库平台

所获荣誉

- 2022年，入选技术赋能"新闻+"推荐案例
- 2020年，入选全国新闻出版深度融合发展创新案例
- 2019年，入选国家新闻出版署数字出版精品遴选推荐计划
- 2016年，入选"十三五"国家重点电子出版物出版规划骨干工程
- 2013年，荣获"中国出版政府奖·网络出版物奖"提名奖

皮书数据库　　"社科数托邦"
　　　　　　　微信公众号

成为用户

登录网址www.pishu.com.cn访问皮书数据库网站或下载皮书数据库APP，通过手机号码验证或邮箱验证即可成为皮书数据库用户。

用户福利

- 已注册用户购书后可免费获赠100元皮书数据库充值卡。刮开充值卡涂层获取充值密码，登录并进入"会员中心"—"在线充值"—"充值卡充值"，充值成功即可购买和查看数据库内容。
- 用户福利最终解释权归社会科学文献出版社所有。

数据库服务热线：010-59367265
数据库服务QQ：2475522410
数据库服务邮箱：database@ssap.cn
图书销售热线：010-59367070/7028
图书服务QQ：1265056568
图书服务邮箱：duzhe@ssap.cn

社会科学文献出版社　皮书系列
SOCIAL SCIENCES ACADEMIC PRESS (CHINA)

卡号：385913117975
密码：

基本子库
SUB DATABASE

中国社会发展数据库（下设 12 个专题子库）

紧扣人口、政治、外交、法律、教育、医疗卫生、资源环境等 12 个社会发展领域的前沿和热点，全面整合专业著作、智库报告、学术资讯、调研数据等类型资源，帮助用户追踪中国社会发展动态、研究社会发展战略与政策、了解社会热点问题、分析社会发展趋势。

中国经济发展数据库（下设 12 专题子库）

内容涵盖宏观经济、产业经济、工业经济、农业经济、财政金融、房地产经济、城市经济、商业贸易等 12 个重点经济领域，为把握经济运行态势、洞察经济发展规律、研判经济发展趋势、进行经济调控决策提供参考和依据。

中国行业发展数据库（下设 17 个专题子库）

以中国国民经济行业分类为依据，覆盖金融业、旅游业、交通运输业、能源矿产业、制造业等 100 多个行业，跟踪分析国民经济相关行业市场运行状况和政策导向，汇集行业发展前沿资讯，为投资、从业及各种经济决策提供理论支撑和实践指导。

中国区域发展数据库（下设 4 个专题子库）

对中国特定区域内的经济、社会、文化等领域现状与发展情况进行深度分析和预测，涉及省级行政区、城市群、城市、农村等不同维度，研究层级至县及县以下行政区，为学者研究地方经济社会宏观态势、经验模式、发展案例提供支撑，为地方政府决策提供参考。

中国文化传媒数据库（下设 18 个专题子库）

内容覆盖文化产业、新闻传播、电影娱乐、文学艺术、群众文化、图书情报等 18 个重点研究领域，聚焦文化传媒领域发展前沿、热点话题、行业实践，服务用户的教学科研、文化投资、企业规划等需要。

世界经济与国际关系数据库（下设 6 个专题子库）

整合世界经济、国际政治、世界文化与科技、全球性问题、国际组织与国际法、区域研究 6 大领域研究成果，对世界经济形势、国际形势进行连续性深度分析，对年度热点问题进行专题解读，为研判全球发展趋势提供事实和数据支持。

法律声明

"皮书系列"（含蓝皮书、绿皮书、黄皮书）之品牌由社会科学文献出版社最早使用并持续至今，现已被中国图书行业所熟知。"皮书系列"的相关商标已在国家商标管理部门商标局注册，包括但不限于LOGO（▉）、皮书、Pishu、经济蓝皮书、社会蓝皮书等。"皮书系列"图书的注册商标专用权及封面设计、版式设计的著作权均为社会科学文献出版社所有。未经社会科学文献出版社书面授权许可，任何使用与"皮书系列"图书注册商标、封面设计、版式设计相同或者近似的文字、图形或其组合的行为均系侵权行为。

经作者授权，本书的专有出版权及信息网络传播权等为社会科学文献出版社享有。未经社会科学文献出版社书面授权许可，任何就本书内容的复制、发行或以数字形式进行网络传播的行为均系侵权行为。

社会科学文献出版社将通过法律途径追究上述侵权行为的法律责任，维护自身合法权益。

欢迎社会各界人士对侵犯社会科学文献出版社上述权利的侵权行为进行举报。电话：010-59367121，电子邮箱：fawubu@ssap.cn。

社会科学文献出版社